安徽省“十三五”规划教材

新编应用写作实训教程（第3版）

XINBIAN YINGYONG XIEZUO SHIXUN JIAOCHENG

杨 靖 傅 祥/编著

图书在版编目(CIP)数据

新编应用写作实训教程 / 杨靖，傅样编著. —3版. —合肥:安徽大学出版社，2021.9

ISBN 978-7-5664-2288-0

Ⅰ.①新… Ⅱ.①杨… ②傅… Ⅲ.①汉语—应用文—写作—高等学校—教材
Ⅳ.①H152.3

中国版本图书馆 CIP 数据核字(2021)第 180881 号

本书系安徽省省级质量工程项目:"十三五"省级规划教材《新编应用写作实训教程(修订版)》(2017ghjc036)最终成果，安徽省 2020 年省级"双基"示范项目:教学示范课"文书学"系列成果之一。

新编应用写作实训教程(第 3 版)

Xinbian Yingyong Xiezuo Shixun Jiaocheng

杨 靖 傅 样 编著

出版发行: 北京师范大学出版集团
安 徽 大 学 出 版 社
(安徽省合肥市肥西路 3 号 邮编 230039)
www.bnupg.com.cn
www.ahupress.com.cn

印 刷: 合肥远东印务有限责任公司
经 销: 全国新华书店
开 本: 184mm×260mm
印 张: 17.75
字 数: 455 千字
版 次: 2021 年 9 月第 3 版
印 次: 2021 年 9 月第 1 次印刷
定 价: 48.00 元

ISBN 978-7-5664-2288-0

策划编辑: 马晓波 李 健 龚婧瑶
责任编辑: 马晓波 李海妹 龚婧瑶
责任校对: 刘婷婷
装帧设计: 李 军 孟献辉
美术编辑: 李 军
责任印制: 陈 如 孟献辉

前言

应用文是党政机关、企事业单位、社会团体和个人在日常工作、学习和生活中，处理公共事务及个人事务时所使用的具有规范体式和实用价值的文字信息载体，是施政执法、社会交际、信息传播的重要工具。从最早的甲骨卜辞开始，应用文体的写作有着悠久的历史。时至今日，无论是需要全面提高个人综合素养的大学生，还是广大文秘工作者，抑或是普通公民，具备一定的应用写作能力都有助于更加从容地处理各种事务，适应知识经济时代的要求。随着社会的发展、文明的进步、人际交往的频繁，应用文正发挥着愈来愈重要的作用。

著名作家、教育家叶圣陶先生曾指出："大学毕业生不一定能写小说诗歌，但是一定要能写工作和学习中实用的文章，而且非写得既通顺又扎实不可。"笔者长期在高校从事应用写作教学工作，深感学生用母语写作的整体能力与水平不容乐观。在就业竞争日趋激烈的今天，如何结合学生专业特点及未来职业生涯规划进行教学，培养学生对一向以"枯燥面目"示人的应用文的学习兴趣，真正提升学生的应用写作技能；如何将思政教育融入应用写作教材的编写与教学全过程，以文化人、以德育人，让学生在"润物细无声"中逐步理解应用写作的本质和写作者所应背负的家国情怀、道义责任，领悟政策精神，激发爱国热情，提升文化品位和人文素养，满足社会对复合型人才的需求……这些一直是笔者努力探索的课题。

为此，笔者编写了这本《新编应用写作实训教程(第 3 版)》。全书共分为七章，涵盖了人们日常工作、学习和生活中常用的 40 多个应用文种。第一章概述了应用文的基础知识；第二章阐释了党政机关公文格式规范；第三章至第七章详细介绍了各种不同类型应用文书的概念、特点、种类及写作要领，并附有范例及简析。全书每章后均附有综合实训，附录部分则精选了《党政机关公文处理工作条例》《党政机关公文格式》等国家规范标准。

本书系《新编应用写作实训教程(第 2 版)》的修订版。在保留原版精华的基础上，此次修订的主要内容有：

1. 教材是高校落实立德树人根本任务，实现课程思政的重要载体。为了配合应用文写作和文书学课程思政建设，此次教材修订更注重选择能够坚定学生理想信念，培养其政治认同、家国情怀、文化素养、宪法法治意识、道德修养的各种材料。

2. 为了体现 15 种法定党政机关公文的时效性，将第三章“党政机关公文写作”中的每篇例文均更换为各级各部门近三年公开发布的文件，且在文后附有文件来源网址；对其他章节例文也作了大幅度更换。同时，对所有更换的例文后的“简析”也随之进行了重新撰写。

3. 增加了“规范性文书写作”，删除了原第七章“申论写作”。

4.“综合实训”增补和更换了部分题目。

5.“附录”增加了与应用写作密切相关的国家标准《标点符号用法》。

6. 对部分措辞重新润色，以期全书文字表述更加准确精当。

本书遵循“通用、适用、实用”的编撰原则，关注学科前沿，突出能力培养，兼顾理论指导性与实践操作性，与同类教材相比，力求呈现出如下特色：

1. 编写依据立足国家最新文件处理规范。为了适应中国共产党机关和国家行政机关工作需要，推进党政机关公文处理工作科学化、制度化、规范化，2012 年 4 月 16 日，中共中央办公厅、国务院办公厅联合印发了《党政机关公文处理工作条例》，自 2012 年 7 月 1 日起施行。国家质量监督检验检疫总局和国家标准化管理委员会联合发布的《党政机关公文格式》(GB/T9704—2012)也于同日起正式实施。至此，实行多年的《中国共产党机关公文处理条例》(1996 年发布)、《国家行政机关公文处理办法》(2000 年发布)以及《国家行政机关公文格式》(GB/T9704—1999)宣告废止。《党政机关公文处理工作条例》和《党政机关公文格式》首次将党政机关的公文种类、格式标准、行文规则、办文流程和管理要求进行统一，实现了我国公文处理工作的历史性转变。在此背景下，本教材内容严格按照上述标准规范编写，体现了严谨负责的专业态度。

2. 编写体例系统科学。本书遵循理论→模仿→实践的内在逻辑思路，具体内容按照基础知识→例文→例文简析→综合实训的顺序编排，由抽象到具象，由知识传授到技能培养，学练结合，循序渐进，符合应用写作的学习规律和读者的认知习惯。

3. 例文选择紧扣时代脉搏，融入课程思政。有别于很多同类教材所附范文的陈旧过时，本书所选例文全部是近三年公开发布的党政公文和新产生的其他类别应用文，兼顾党政机关、企事业单位、社会团体及个人等不同发文主体，时代气息浓厚，能够体现世情国情党情民情，引导学生了解党和政府的方针政策，坚定中国特色社会主义道路自信、理论自信、制度自信、文化自信；同时也能够提升各层面读者的阅读兴趣，拓宽学习视野，加深对应用写作的感性认识。所选例文如第十三届全国人民代表大会第四次会议关于政府工作报告的决议，发布《保障农民工工资支付条例》的国务院令，为表达对抗击新冠肺炎疫情斗争牺牲烈士和逝世同胞哀悼之情宣布举行全国性哀悼活动的国务院公告，金砖国家外长正式会晤新闻公报，教育部应对新冠肺炎疫情工作领导小组办公室关于在疫情防控期间做好普通高等学校在线教学组织与管理工作的指导意见，乡村振兴战略规划(2018—2022 年)，中华人民共和国反间谍法实施细则，国家主席习近平发表的

2021 年新年贺词，国家副主席王岐山在中国和巴基斯坦建交 70 周年招待会上的致辞，高校工作简报，大学毕业生求职信，上市公司独立董事述职报告，房屋承租经纪服务合同范本等。

4. 综合实训丰富多彩。为突出教材的“实训”特色，笔者精心设计了大量习题，包括填空题、选择题、判断题、改错题、评析题、写作题、公文格式设计题等多种题型，形式多样，取材新颖。不同类型的练习题有助于读者获得全方位的应用写作技能训练，达到学用结合、学以致用的效果。

本书编写分工如下：

杨靖：第一章，第三章（部分内容），第四章（部分内容），第五章（部分内容），第六章，第七章，综合实训，前言，附录，参考文献。

傅样：第二章，第三章（部分内容），第四章（部分内容），第五章（部分内容）。

全书由杨靖提出编撰思路，统稿定稿。

本书在编写过程中参阅或引用了相关图书、报刊、网站中的有益资料，在此谨向所有作者表示深深的感谢和敬意！

本书系安徽省省级质量工程项目：“十三五”省级规划教材《新编应用写作实训教程（修订版）》（2017ghjc036）最终成果，也是安徽大学 2020 年省级“双基”示范项目：教学示范课“文书学”系列成果之一。责任编辑马晓波女士为本书的出版付出了大量的辛勤劳动，特别向她致以最诚挚的谢意。同时，感谢安徽大学出版社一直以来的大力支持，感谢安徽大学管理学院和教务处相关领导、同事一如既往的关心与鼓励。

本书既可作为普通高校、高职高专院校应用写作（或公文写作）课程的教材，也可作为各类成人自考、公务员考试的参考用书，还可作为文秘工作者及其他各类人员的自学读本。

由于笔者学识水平有限，加上编写过程中突遭新冠肺炎疫情在全球肆虐，日常工作、学习和生活受到影响，教材出版计划也一误再误，动荡仓促中许多设想未及在书中体现，以致本书疏漏和不当之处在所难免，甚为遗憾，敬请同行、专家、同学们及其他读者朋友们批评指正。最后祈愿山河无恙，人间皆安……

编著者

2020 年 10 月

目录
CONTENTS

第一章　应用文基础知识概述 …… 1

第一节　应用文概述 …… 1

第二节　应用文的主旨 …… 3

第三节　应用文的材料 …… 4

第四节　应用文的结构 …… 6

第五节　应用文的语言和表达方式 …… 8

综合实训 …… 10

第二章　党政机关公文格式规范 …… 18

第一节　党政机关公文版头格式 …… 19

第二节　党政机关公文主体格式 …… 20

第三节　党政机关公文版记格式 …… 23

第四节　党政机关公文特定格式 …… 24

综合实训 …… 26

第三章　党政机关公文写作 …… 30

第一节　决议　决定 …… 31

第二节　命令(令) …… 38

第三节　公报　公告　通告 …… 41

第四节　通知　通报 …… 60

第五节　报告　请示　批复 …… 70

第六节　意见 …… 82

第七节　议案 …… 90

第八节　函 …… 94

第九节　纪要 …… 97

综合实训 …… 102

第四章　事务文书写作 …… 107
第一节　计划 …… 107
第二节　总结 …… 114
第三节　调查报告 …… 119
第四节　述职报告 …… 123
第五节　简报 …… 127
第六节　公示 …… 131
第七节　提案 …… 133
第八节　会议方案 …… 138
第九节　会议记录 …… 142
综合实训 …… 144

第五章　规范性文书写作 …… 147
第一节　条例 …… 147
第二节　规定 …… 153
第三节　细则 …… 156
第四节　守则 …… 161
第五节　须知 …… 163
综合实训 …… 165

第六章　商务文书写作 …… 166
第一节　经济合同 …… 166
第二节　招标书　投标书 …… 173
第三节　经济活动分析报告 …… 178
第四节　可行性研究报告 …… 184
综合实训 …… 188

第七章　社交礼仪文书写作 …… 192
第一节　请柬　聘书 …… 192
第二节　答谢词　祝贺词　迎送词 …… 196
第三节　求职信 …… 204
第四节　竞聘词 …… 206
综合实训 …… 209

附录一　党政机关公文处理工作条例 …… 215
附录二　党政机关公文格式 …… 222
附录三　标点符号用法 …… 240
附录四　出版物上数字用法 …… 262
附录五　校对符号及其用法 …… 269
参考文献 …… 274

第一章

应用文基础知识概述

第一节　应用文概述

一、应用文的概念

应用文是党政机关、企事业单位、社会团体和个人在日常工作、学习和生活中，处理公共事务及个人事务时所使用的具有规范体式和实用价值的文字信息载体，是施政执法、社会交际、信息传播的重要工具。香港大学陈耀南教授在《应用文概说》一书中说："应用文，就是'应'付生活、'用'于实务的'文'章，凡个人、团体机关相互之间，公私往来，用约定俗成的体裁和术语写作，以资交际和信守的文字，都叫应用文。"

我国最早出现的应用文是"甲骨卜辞"，它是殷商王室利用龟甲兽骨进行占卜的记言记事的文字章句。卜辞数量繁多、内容丰富、文辞简约，诸凡历史、天文、医药、生产、祭祀、征伐等都有记载，可视为殷代王室的档案材料，是我国有实物可考的最早文书。《尚书》则是我国第一部以应用文为主体的文集。它收录了虞、夏、商、周各代的典、谟、训、诰、誓、命等政府的重要文书。正式将"应用文"作为一种文体概念提出的是清代的文艺理论家刘熙载，他在《艺概·文概》中有言："辞命体，推之即可为一切应用之文。应用文有上行，有平行，有下行。重其辞乃所以重其实也。"

二、应用文的特点

（一）实用性

应用文写作为解决实际问题而生，有着明确的目的性。虽然应用文与文学作品一样，都是"文"，但应用文重在"应用""实用"，这是应用文区别文学作品最突出的特征，也是应用文最根本的属性，是衡量应用文优劣的价值尺度。

（二）真实性

真实性是指应用文内容所涉及的人物、事件、地点、时间、数字等都必须绝对符合客观现实，容不得半点虚构与想象。唯其真实，才具有可信度、说服力、震慑力和感召力。

（三）程式性

程式性是指应用文的体式和处理程序有严格的规范。这种规范的程式形成有两方面原因：一是“约定俗成”，二是“法定使成”。如党政机关公文的格式设计就应以中共中央办公厅、国务院办公厅联合印发的《党政机关公文处理工作条例》（中办发〔2012〕14 号）以及《党政机关公文格式》（GB/T9704—2012）为标准依据。再如，从应用文正文的写作来看，也常常采用惯用的结构模式和习惯用语。

（四）针对性

针对性集中表现为两个方面：一是对象明确，有特定的发文范围与受文对象；二是指事明确。应用写作本来就是为解决实际事务而进行的，内容的针对性强，尤其是公文，常强调“一文一事”。

（五）时效性

时效性集中表现为两个方面：一是内容讲求时效，应适时解决现实中出现的问题；二是办文讲求时效，发文、收文及文件处理都必须及时。

三、应用文的作用

（一）指挥管理作用

应用文尤其是公务文书作为一种管理工具，与管理活动同步产生、运行。具有领导及管理职能的社会组织通过公务文书将决策意图和要求传达给受文者，以此实施对管理活动的组织与控制，发挥指挥管理作用。

（二）宣传教育作用

党政机关常常通过制发应用文传达新的方针政策，颁布新的法律法规，介绍新经验，树立新典型，从而对公众起到宣传教育、规范行为的作用。

（三）联系沟通作用

人们在日常工作、学习和生活中常需要借助应用文传递信息、通报情况、商洽事务、交流情感。应用文成为人们联系沟通的重要纽带。

（四）依据凭证作用

应用文反映了单位或个人的各项活动及制发意图，具有重要的现行效用。在现行效用失去后，仍可转化为档案供人查考。可见，应用文在生命周期的各个阶段均可发挥依据凭证作用。

四、应用文写作的发展趋势

作为一种社会现象，应用文写作已经伴随人类走过了漫长的历史进程。大体经历了上古时期、秦汉时期、魏晋南北朝时期、隋唐宋时期、元明清时期的萌芽、发展、成熟、高峰、稳定的阶段;辛亥革命以后,应用文写作进入了革新期,白话文逐步替代文言文成为应用文的表现载体;中华人民共和国成立后,应用文写作则进入了一个全新的历史发展时期,党和国家先后于1951年、1981年、1987年、1993年、2000年、2012年颁布了多项旨在规范文书工作的法规,极大促进了我国文书工作的规范化、现代化、科学化。随着现代经济与科学技术的不断发展,当代应用文写作的发展趋势呈现出了鲜明的时代特征。主要表现在如下几个方面:

1.应用文书的种类不断增加和细化,各种专业领域文书应运而生,如在人力资源管理、物流管理、电子商务活动、新型社交媒体等领域都出现了许多过去不曾有的文书种类。

2.随着社会行政管理逐步由政治行政向管理行政转变,由管理行政向服务行政发展,应用文书的使用越来越公开化、透明化。

3.由于国际交往的不断扩大,尤其是我国加入WTO后,应用文书的使用范围和格式规范越来越国际化;语言也突破了单一的汉语表述,向着多语化的方向发展。

4.随着电子信息技术的发展和计算机的普及,电子文书大量涌现,应用文书的书写载体、书写技术及传播方式正发生着重大而深刻的变化。

叶圣陶先生在《作文要道》中曾经说过:“大学毕业生不一定能写小说诗歌,但是一定要能写工作和学习中实用的文章,而且非写得既通顺又扎实不可。”总之,具备熟练的应用文写作技能已成为当下人们从事各种社会活动必备的基本功。应用文体的产生早于其他任何一种文体,因为应用文体比其他任何一种文体都更直接地参与生活。生活需要它,它应运而生。时至今日,随着社会的发展、文明的进步,应用文正发挥着越来越重要的作用。应用文写作作为写作学中一个独立的分支,也越来越受到人们的广泛重视。

第二节　应用文的主旨

一、主旨的概念

主旨,又称主题、题旨、立意等。具体地说,主旨就是通过文章的具体材料所表达出来的基本观点或要说明的主要问题,是对文章所写内容的最本质的概括。主旨是文章的“统帅”和“灵魂”。唐代诗人杜牧《答庄充书》有言:“为文以意为主,以气为辅,以辞采章句为之兵卫。”清代书画家蒋和《学画杂论》中也曾指出:“未落笔时,先须立意。”可见立意之重要。

二、主旨的要求

(一)正确

正确,就是观点、主旨要符合党的路线、方针、政策,符合客观事物的发展规律,揭示客观世界的本质。写作应用文,尤其是公文,要根据具体情况,结合有关政策法规,作出科学决策,而不可主观空谈,随意而为。

（二）集中

清代文论家刘熙载《艺概》有云："立意要纯，一而贯摄。"集中即"一文一事""一文一旨"。围绕一个主题思想说深说透，单纯专一，不枝不蔓，突出重点。

（三）鲜明

鲜明，就是清晰明确地表达出写作者的意图和观点，不能含糊不清、模棱两可。主旨肯定什么，否定什么；支持什么，反对什么；提倡什么，禁止什么，都应明白无误，不要隐晦曲折。

三、主旨的表现方法

（一）标题显旨

这种方式简洁明快，一目了然。主旨往往就是标题中的发文事由。

（二）篇首明旨

即开篇明义，开门见山。

（三）篇中立旨

即利用小标题或段落的开头表达分论点。

（四）篇末结旨

也称"卒章显志"，即在文尾处点明或强调文章主旨。

第三节　应用文的材料

一、材料的概念

所谓材料，就是作者为了写作目的而搜集或积累的能够表现文章主题的事实和理论等。应用文的材料是应用文写作的物质基础，也是说明主旨的支柱，是文章的"血肉"。

材料一般可分为两类：一类是事实材料，指现实生活中客观存在的事物，如典型事例、基本情况、统计数字等。另一类是理论材料，指原理、观点、定理、定律、格言，以及党的方针、政策和国家的法律、法规等。

在写作学中，人们常将文章比喻成人：主题有如人的灵魂，材料有如人的血肉，结构有如人的骨骼，语言有如人的细胞，表达有如人的外貌衣饰，这是很有道理的。

二、材料的要求

（一）真实

真实，是指写进应用文里的材料必须符合客观事实。选材应该经过鉴定核实，去伪存真，不可夹杂主观臆测、“合理想象”，更不能弄虚作假。试想如果一篇经济预测报告引用的数据材料有水分，那么它依此得出的结论便缺乏可靠的基础，难以令人信服。真实是应用文写作的生命。

（二）典型

典型，是指写进应用文里的材料，应该能够深刻地揭示事物的本质特征，具有代表性与说服力。典型的材料可以“以一当十”，突出主旨。以写作“通报”为例，无论是表彰先进还是批评错误，都要选取有代表性的典型材料，只有这样才能发挥其鼓励或警戒的效用。

（三）新颖

新颖，是指写进应用文里的材料，应该能够反映客观事物的最新面貌，呈现客观事物的发展变化趋势。为此，写作者要与时俱进，紧跟时代步伐，以高度的敏感发现新人、新事、新思想、新经验和新问题，以甄选出新鲜的写作材料。

（四）切题

切题，是指写进应用文里的材料，必须有针对性，能紧扣写作主旨。材料是否切题的实质是观点和材料是否统一的问题，游离于主旨之外的材料，无论多么生动，都应坚决割舍。

三、合理安排材料的方式

安排材料，是指在应用文写作中，要根据表现主旨的需要，按照一定的逻辑思路合理科学地组织材料，使材料与观点形成一个有机的整体。

应用文写作安排材料的方式主要有以下几种：

（一）先亮观点，后举材料

即在层次段落之首首先概括出观点，然后列举理论材料或事实材料来陈述观点的方法。这种方法的优点是观点鲜明，引人注目。

（二）先举材料，后亮观点

即先举事实或说明根据，然后推导出结论、归纳出观点的方法。这种方法的优点是由事到理，说服力强。

（三）边举材料，边亮观点

即一边举材料、一边亮观点的夹叙夹议的方法。这种方法的优点是既摆事实又讲道理，行文层层深入，便于读者理解。

第四节　应用文的结构

一、结构的概念

结构，就是文章的组织形式和内部构造。从宏观上看，是指文章的总体构思和框架；从微观上看，包括文章的层次、段落、开头、结尾、过渡、照应等的具体安排。文章的结构从实质上讲是作者认识客观事物的内部联系的思路在文章里有层次的反映。作者的思路愈清晰，文章的结构就愈缜密。

二、结构的要求

（一）反映客观事物的本质联系和规律

客观事物本身有它的存在形式和运动规律。文章是客观事物的反映，其结构形式应该体现客观事物的本质联系和规律。如商务文书在安排结构时就应充分反映商务活动的规律性，使结构符合人们阅读理解的一般规律。

（二）服从表现主旨的需要

文章的结构安排，就是要把材料组合成一个统一的有机整体以表现主旨。因此，材料的详略、层次段落的划分等，都必须紧紧围绕主旨服务。以请示的写作为例：顺序上应先写明请示理由，再引出具体请示事项，即全文主旨所在，最后以模式化请求语结束。详略上，理由部分应简明扼要；请示事项部分是全文重点，应写得具体明确。

（三）适应不同文种的体式特点

应用文一般都具有严格的体式规范。因此，安排结构时要注意适应不同的文章体式。如写通知，要写通知的目的依据、通知的事项和执行的要求；报告一般由报告目的、报告内容、结束语三部分构成。写经济活动分析报告，要写基本情况、分析评价和建议；写法规、规章则一般要以总则、分则和附则作总体布局。

三、结构的基本内容

（一）开头

应用文以实用为目的，开头宜开门见山，愈简洁愈好。常用的开头方式：

1. 概述情况式　开头即直接交代基本情况、基本问题或工作的大致过程。报告、会议纪要、调查报告、总结等常用此法开头。

2. 说明依据式　开头即引用上级指示精神、法律法规，或有关单位来文作为撰写的根据，常以“根据”“遵照”“按照”等词语领起下文。通知、批复、规章等常用此法开头。

3. 直陈目的式　常用“为”“为了”等词领起下文。法规、规章、合同、决定、通知、公告等常用此法开头。

4.交代原因式　常用“由于”“因为”“鉴于”等词领起下文，也可直接陈述发文原因，无明显标志。

5.阐明观点式　开头先提出观点，接着加以解释说明，以引起读者的重视。

6.引述来文式　开头引述对方来文、来电的标题、文号，然后引出下文。批复、复函均使用此法开头。

7.提出问题式　开头即提出问题，提示应用文书的主旨，以引起读者的注意与思考。各类调查报告常用此法开头。

（二）主体

主体是文章的重点和核心所在。主体部分的结构安排要充分考虑材料自身的内在逻辑关系，体现作者思路的展开步骤。应用文主体部分的结构安排主要有以下几种：

1.纵向推进　即按时间推移或内容深化来排列层次，其思路是纵向展开的。常见的有两种表现形式：

(1)直叙式　这是以时间先后为序，按照事情的发生、发展、变化过程的次序安排层次。调查报告、总结的正文常采用这种方式安排层次。

(2)递进式　这是按事理变化、发展的顺序，因果关系或对事物的认识过程来安排层次。如从提出问题、分析问题到解决问题，环环相扣，步步深入。说理性较强的文种常用这种方式安排层次。

2.横向展开　即按事物的不同方面或不同类别来排列层次，材料之间呈并列关系，其思路是横向展开的。多用于内容较为复杂、涉及面较广的应用文书，常见的有两种表现形式：

(1)按照事物的组成部分展开。

(2)按照事物的类属展开。

3.纵横交叉　即将纵向推进和横向展开综合起来交叉安排层次的方式。或以纵向为主，横向为辅；或以横向为主，纵向为辅。一些内容复杂、时空变换较大、篇幅较长的应用文书往往采用这种方式。

（三）结尾

结尾，是全文的收束。好的结尾使文章结构匀称完整，应用文的结尾要求简洁明了。常用的结尾方式：

1.指示性结尾　这种结尾方式多用于公文的下行文书，以向下属传达精神、布置工作、提出希望要求而结束全文，如决定、批复、会议纪要、通报等公文。

2.请求性结尾　即在结尾处向有关上级或业务主管部门提出有针对性的请求和意见。这种方式主要用于上行公文，如请示、上行性意见；平行公文如联系、商洽工作的函也有用此方式结尾的。

3.总结性结尾　即在结尾处对文中的主要观点或问题作出归纳或总结，使读者对全文有一个较完整的印象。总结、调查报告等常用此法结尾。

4.展望性结尾　即在结尾处用富有鼓动性的语言表达良好的祝愿、工作的信念、未来的愿景等。欢迎(送)词、开(闭)幕词、答谢词、慰问信、会议报告、述职报告等多用此法结尾。

5.说明性结尾　即在结尾处说明文件何时生效、废止,解释修改权归属问题等。合同、契约、协议书等往往用此法结束。

6.自然结尾　即自然收束,干脆利落,意尽而文止。规章制度、计划等多用此法结尾。

第五节　应用文的语言和表达方式

一、应用文的语言

语言是应用文作者表达思想的工具,是构成应用文的第一要素和物质载体。应用文的语言表达必须体现出应用文事务语体的特点和风格,做到明确、平实、简约、得体。

(一)明确

明确,即意思明白清楚、准确贴切,不晦涩,无歧义。表述符合客观事实,遣词造句合乎语法,判断推理合乎逻辑。语言明确有利于受众了解应用文的主要意图,不致产生理解上的偏差。叶圣陶先生在《公文写得含糊草率的现象应当改变》一文中曾指出:“公文不一定要好文章,可是必须写得一清二楚,十分明确,句稳词妥,通体通顺,让大家不折不扣地了解你说的是什么。”

(二)平实

平实,即平易、自然、朴实,不哗众取宠、藻饰铺陈、滥用修辞手法,而着力于通俗易懂、切实平和,使受文者易于接受。

(三)简约

简约,即表述简洁,词语精当,不说废话、空话、大话、套话。简而不遗不漏,约而不失一词。正如鲁迅先生在《二心集·答北斗杂志问》中所言:“写完后至少看两遍,竭力把可有可无的字、句、段删去,毫不可惜。”语言精练,可以加快阅文节奏,提高办事效率。为使语言简约,可以使用数括、拈字、缩略等修辞手法,还可适当运用一些文言词语,既言简意赅,又庄重典雅。

(四)得体

得体,即语言要适合交际题旨和语境。写作时应根据收发文双方各自的地位、职能、相互关系及行文目的、不同情境选用恰当的语气和词语。如颁布政令要威严庄重,商洽问题应谦诚礼貌,贺喜祝捷要热烈欢快,提出申请应委婉恳切。

应用文常用特定用语简表

用语名称	作用	常用特定用语
开端用语	用于文章开头，表示发语、引据	为，为了，为着，查，接，顷接，据，根据，按，遵照，依照，按照，鉴于，关于，兹，兹定于，今，随着，由于
称谓用语	用于表示人称或对单位的称谓	我(局)，本(厂)，你(校)，贵(公司)，该(协会)
递送用语	用于表示文、物递送方向	上行：报，呈 平行：送 下行：发，颁发，颁布，发布，印发，下达
引叙用语	用于复文引据	悉，收悉，惊悉，谨悉，欣悉，阅悉，接，顷接，前接，近接，现接，据
经办用语	用于表明进程	经，业经，已经，兹经，迭经，业已，早已，业于
过渡用语	用于承上启下	鉴于，为此，对此，据此，为使，对于，关于，有鉴于此，总之，综上所述
期请用语	用于表示期望请求	上行：请，恳请，拟请，特请，报请 平行：请，拟请，特请，务请，如蒙，即请 下行：希，望，希望，尚望，切望，希予，勿误
结尾用语	用于结尾表示收束	上行：当否，请批示；可否，请指示；如无不当，请批转；如无不妥，请批准；特此报告；以上报告，请批转；以上报告，请审核 平行：此致敬礼，为盼，为荷，特此函达，谨请赐复，尚望函复，特此证明 下行：为要，为宜，为妥，希遵照执行，特此通知，特此通告，此复，为……而努力，祝……，现予公布
谦敬用语	用于表示谦敬	蒙，承蒙，承蒙惠允，不胜感激，感谢鼎力相助
批转用语	用于批转或转发文件	批转，转发
征询用语	用于征请询问对有关事项的意见、态度	当否，妥否，可否，是否妥当，是否可以，是否同意，如无不当，如无不妥

二、应用文的表达方式

表达方式，是指作者运用语言文字表现客观事物和主观认识的具体方法、手段。人们通常使用的文章表达方式有五种，即叙述、说明、议论、抒情、描写。受文体的制约，应用文主要表达方式为说明、叙述和议论。

(一)叙述

叙述，是记载和陈述人物的经历和事件的发生、发展变化过程的一种表达方式。完整的叙述一般有六要素，即时间、地点、事件、起因、过程、结果。

叙述在应用文中是通报、调查报告、情况报告、事故报告等文种的主要表达方式，它主要用于交代背景，介绍文章涉及的人、事、单位的概况，记叙事件的发生、发展、结局，以及为议论提供事实依据等。

应用文叙述的特点：以概括叙述为主，讲求平铺直叙；常与其他表达方式结合运用，如夹叙夹议、叙事论理、叙述说明等。

（二）说明

说明，是用简洁明了的文字，对事物或事理的各种属性，如性质、特征、形状、成因、结构和功能等进行解释和介绍的一种表达方式。

在应用文写作中，大到对党和国家政策法规的宣传阐释，小到对日用消费品功能、使用的介绍，常需要使用说明这种表达方式。

应用文说明的特点：更讲究说明的客观性、内容的科学性和语言的准确性，较少使用形象化说明；常与议论、叙述结合使用，相辅相成。

（三）议论

议论，是作者就某个问题、事件进行评论、分析，表明自己的立场、观点和态度的一种表达方式。完整的议论由论点、论据和论证构成。

应用文议论的特点：常采用不完整论证，不需要多层次多角度的逻辑推理，简化论证过程，直接表明论证结果、立场；往往与其他表达方式结合使用，如通报、调查报告、总结、新闻评论、可行性分析报告等文种常采用夹叙夹议的表达方式。

（四）抒情

抒情，是凭借客观事物而抒发作者主观情感的表达手法。抒情的表达方式在礼仪类、新闻类文书中时有出现。在应用文写作中运用抒情一定要自然、真切、适度，最忌装腔作势、无病呻吟。

（五）描写

描写，就是用生动形象的语言，把人物或事物的状态、特征具体地描摹出来。应用文体中如通报、调查报告、消息、通讯、简报等会使用这种表达方式。使用时应切记做到简朴平实，力戒浮华，绝不可影响文章的真实性、准确性和严肃性。

综合实训

一、填空题

根据提示，在下列括号内填入适合应用文语体风格的词语。

1. 该批货品（　　）即可运抵你公司。[不多天、不久]

2. 以上请示（　　），请批复。[是不是恰当]

3. 你厂托运的机器设备已于 3 月 9 日运抵合肥，请速派人到南门货运站提取，特此（　　）。[通过信件相告]

4. 以上意见(　　),请批转各地区、各部门贯彻执行。[如果没有不妥当的地方]

5.(　　)今年财力紧张,图书馆扩建项目拟待明年财政状况改善后再行安排。[由于考虑到]

6. 你省在上海设立办事处的有关事宜,请(　　)上海市人民政府联系解决。[直接同]

7. 我院拟派出4名毕业班学生赴贵所实习,请予接洽(　　)。[感谢对方帮助]

8. 多媒体课件制作培训班招收学员,以采用自愿报名方式(　　)。[是适当的]

9. 你局《关于举办公文写作培训班收费问题的请示》(××发〔2020〕5号)(　　),经研究答复如下……[收到后知道了]

10. 经技术鉴定,此次大桥垮塌事故,(　　)施工质量低劣造成。[的确是]

二、不定项选择题

1. 应用文写作中选择材料的原则是(　　)

A. 材料应真实、新颖　　B. 材料应典型、切旨

C. 材料应是正面材料　　D. 材料应是直接材料

2. 可作为应用文征询用语的专用词语有(　　)

A. 为盼　　B. 当否　　C. 可否　　D. 为荷

3. 下列"请示"结语表达得体的是(　　)

A. 以上事项,请尽快批准

B. 以上所请,如有不同意,请来函商量

C. 情况紧急,请务必于本月10日前答复

D. 以上请示妥否,请批复

4. 下列语句表述不当的是(　　)

A. 我处已经派人前去接洽为感

B. 鉴于耕地已经被人强占,多次交涉没有结果

C. 我方明确表示,对过去的事情已经见谅了

D. 由于管理不善,河堤毁坏,渠道堵塞,已臻于不可收拾的地步

5. 下列语句没有歧义的是(　　)

A. 安徽省和江西省的部分地区遭受了洪灾

B. 谈判双方已就善后事宜达成一致意见

C. 该项目涉及4个课题组成员

D. 18岁以下的学生均可参赛

6. 应用文的主要作用有(　　)

A. 宣传教育　　B. 联系沟通　　C. 指挥管理　　D. 依据凭证

7. 以下哪项不是应用文的特点(　　)

A. 真实性　　B. 生动性　　C. 实用性　　D. 程式性

8. 应用文在表达方式上主要采用(　　)

A. 叙述　　B. 抒情　　C. 说明　　D. 议论

9. "为、为了、兹"属于应用文特定用语中的(　　)

A. 引叙用语　　B. 过渡用语　　C. 开端用语　　D. 经办用语

10. 应用文开头宜采用的写法有(　　)

A. 概述基本情况　　B. 直陈行文目的　　C. 交代行文依据　　D. 阐明基本观点

三、改错题

1. 根据文章内在逻辑关系，调整下面“意见”的结构层次顺序。

国务院办公厅关于加快发展保障性租赁住房的意见

国办发〔2021〕22号

各省、自治区、直辖市人民政府，国务院各部委、各直属机构：

近年来，各地区、各有关部门认真贯彻落实党中央、国务院决策部署，扎实推进住房保障工作，有效改善了城镇户籍困难群众住房条件，但新市民、青年人等群体住房困难问题仍然比较突出，需加快完善以公租房、保障性租赁住房和共有产权住房为主体的住房保障体系。经国务院同意，现就加快发展保障性租赁住房，促进解决好大城市住房突出问题，提出以下意见。

一、基础制度

(一)明确对象标准。(略)

(二)引导多方参与。(略)

(三)坚持供需匹配。(略)

(四)严格监督管理。(略)

(五)落实地方责任。(略)

二、指导思想

以习近平新时代中国特色社会主义思想为指导，全面贯彻党的十九大和十九届二中、三中、四中、五中全会精神，立足新发展阶段、贯彻新发展理念、构建新发展格局，坚持以人民为中心，坚持房子是用来住的、不是用来炒的定位，突出住房的民生属性，扩大保障性租赁住房供给，缓解住房租赁市场结构性供给不足，推动建立多主体供给、多渠道保障、租购并举的住房制度，推进以人为核心的新型城镇化，促进实现全体人民住有所居。

三、组织实施

(一)做好政策衔接。(略)

(二)强化部门协作。(略)

四、支持政策

(一)进一步完善土地支持政策。(略)

(二)简化审批流程。(略)

(三)给予中央补助资金。(略)

(四)降低税费负担。(略)

(五)执行民用水电气价格。(略)

(六)进一步加强金融支持。(略)

国务院办公厅

2021年6月24日

2. 指出下面“请示”在语言表达方面的不当之处，并加以修改。

××实验中心关于购买空调问题的请示

××研究所：

今年入夏以来，天气异常炎热。本实验中心工作人员6个人一个办公室，桌挨桌、椅靠椅，工作起来汗流浃背，有时汗水滴到实验报告上，严重影响了工作效率。虽然办公室装有一台柜式空调，但已年久失修，经常“罢工”。因此，我们准备用我中心“其他收入”款购买1台立式空调，价位约7500元左右。

妥否，请批示。

××实验中心

2021年7月2日

四、评析题

1. 阅读下面题为《习近平强调“短、实、新”文风有何深意?》(节选)的报道，谈谈你对“短、实、新”文风的理解。

中央党校今天(5月12日)举行2010年春季学期第二批入学学员开学典礼。中共中央政治局常委、中央书记处书记、中央党校校长习近平出席典礼并讲话。他强调，改进文风，在三个方面下功夫、见成效很重要。一是短。力求简短精练、直截了当，要言不烦、意尽言止，观点鲜明、重点突出。坚持内容决定形式，宜短则短，宜长则长。二是实。讲符合实际的话，不讲脱离实际的话；讲管用的话，不讲虚话；讲反映自己判断的话，不讲照本宣科的话。三是新。在研究新情况、解决新问题上有新思路、新举措、新语言，力求思想深刻、富有新意。(冉彪)

(来源：http://news.xinhuanet.com/politics/2010—05/13/c_1297520.htm)

2. 阅读下面报道，对比分析2020年“政府工作报告”部分修改前后的语句，用心体会公文语言表达的特点与要求。

最短的政府工作报告作了八十九处“微调”

中青报·中青网记者　杨杰

5月27日，参加十三届全国人大三次会议的代表们收到了关于政府工作报告修改情况的说明。根据代表委员审议、讨论时提出的意见和建议，国务院对政府工作报告作出了89处修改。

修改说明称，对已有内容的修改，能采纳的尽可能采纳；对新增加的建议，基本予以采纳。“微调”之后，近年来篇幅最短的政府工作报告有了更细致的补充。

屏对屏听取的意见很快被采纳

全国人大代表、上海财经大学公共经济与管理学院院长刘小兵在审议这份修改稿时发现自己的意见被采纳了。

5月23日下午，上海团举行小组讨论，刘小兵讲起政府工作报告里，“继续执行下调增值税税率和企业养老保险费率等制度”，容易误解为今年还要继续下降税负，建议再斟酌以表达得更清晰。

这个声音通过录音录像设备，传递给屏幕另一端的国务院职能部门，并最终成为今年政府工作报告里的一处“微调”——“继续执行下调增值税税率和企业养老保险费率等制度”补充修改为“继续执行去年出台的下调增值税税率和企业养老保险费率政策”。

5个字定语的增加，厘清了含义。刘小兵说，一次记者的采访让他注意到这处模糊的表达。记者将这句理解为在去年下调的基础上，今年加大力度下调税率费率，而刘小兵认为，今年是继续执行去年下调的税负。

他把两种解释带到会场，同组的代表大多赞成他的看法。5月26日，报告起草小组专门询问了刘小兵的电话。最终5月27日的修改稿中体现了他的意见。

代表们字斟句酌，对报告里细微的用词变化敏感。刘小兵注意到，“促进统一”的说法较以往少了“和平”两字。最终，在报告最后一条修改里，补充了“坚持一个中国原则，在‘九二共识’基础上推动两岸关系和平发展”。

全国人大代表、全国人大外事委员会副主任委员陈国民在小组讨论时提出，“对因灾因病遭遇暂时困难的人员”建议改为“对因灾因病因残遭遇暂时困难的人员”。最终，“因残”补充进报告。

全国人大代表、南京邮电大学校长杨震提到解决“停车难”等老百姓关切的痛点、难点、堵点民生问题，也补充进修改后的报告——“促进汽车消费，大力解决停车难问题”。

涉及疫情和公共卫生领域的修改有14处

这次全国两会，代表委员们普遍关心疫情之后公共卫生领域的建设。报告的89处修改中，涉及疫情和公共卫生领域的有14处。

例如，对新冠肺炎疫情的描述，修改稿增加“重大”二字。“这次新冠肺炎疫情，是新中国成立以来我国遭遇的传播速度最快、感染范围最广、防控难度最大的公共卫生事件”补充修改为“这次新冠肺炎疫情，是新中国成立以来我国遭遇的传播速度最快、感染范围最广、防控难度最大的重大突发公共卫生事件”。

“严惩非法捕杀和交易野生动物行为”补充修改为“严惩非法捕杀、交易、食用野生动物行为”。吃野味被明令禁止。

除已有的“改革疾病预防控制体制，完善传染病直报和预警系统，坚持及时公开透明发布疫情信息”等表述外，修改稿新增了“加强传染病防治能力建设”“加快公共卫生人才队伍建设”等表述。

全国人大代表、中国工程院院士、山东省肿瘤医院院长于金明说，数据显示，中国肿瘤患者的治疗效果不如美日等发达国家，除去一些客观原因外，最主要的原因就是发达国家做到了积极预防，早期筛查是提高疗效的关键。流行病学调查人员在早期发现、早期干预方面发挥着重要作用。但流行病学调查人才匮乏是全国各地的普遍现象。

报告还增加了“提高城乡社区医疗服务能力”“推进分级诊疗”的表述。于金明说到强化基层医疗的重要性时，举了韩国应对疫情的例子，“韩国所有的流调、核酸检测、防控都是在社区完成，原因在于他们的社区医疗水平很高，社区全科医生的水平很高。我国的分级诊疗机制需要进一步加快完善”。

十三届全国人大三次会议秘书处介绍，今年关于强化公共卫生法治保障体系的代表议案约占议案总数的1/4。

国务院工作人员回应代表时所做的工作值得肯定

政府工作报告的其他修改还包括,“粮食产量保持在1.3万亿斤以上”改为“粮食产量1.33万亿斤”。“少数干部不作为、不会为”补充修改为“少数干部不担当、不作为、不会为、乱作为”。

一些表述的改变更精确地服务“六保”:“资助以训稳岗”补充修改为“资助以训稳岗拓岗,加强面向市场的技能培训,鼓励以工代训,共建共享生产性实训基地”。“鼓励银行大幅增加小微企业信用贷、首贷、无还本续贷”补充修改为“完善考核激励机制,鼓励银行敢贷、愿贷、能贷,大幅增加小微企业信用贷、首贷、无还本续贷,利用金融科技和大数据降低服务成本,提高服务精准性”。

刘小兵认为,国务院工作人员回应代表时所做的工作和他们的态度,值得肯定。刘小兵说,2018年,他曾提出政府工作报告涉及个人所得税的描述应该用“免征额”,而非“起征点”,国务院相关工作人员专门到他的房间解释,“(工作人员)说‘起征点’用了好多年,大家习惯了。我说没关系,不是原则性问题”。

5月27日早上,全国人大代表、甘肃省律师协会会长尚伦生接到了来自国务院研究室的电话,“给我解释意见没被采纳的原因”。

尚伦生提出,应在政府工作报告中创新社会治理的部分加入治理能力现代化等内容。国务院工作人员向他解释,他所说的内容已分散到其他条款中。尚伦生对照了整个报告后,觉得解释得有道理,“他们很认真负责,只要是明确提出(意见建议),采纳与否都会有说明”。国务院各部门听取代表委员意见建议主要通过热线电话、网络视频、会议简报3种方式。

刘小兵说,政府工作报告哪里该改,哪里不该改,大家的评价标准不一。他今年提出,报告大量使用“基本民生”,需要界定“基本民生”的概念和内涵,而89处修改中未有回应。“定义在报告中无法改,但是政府在将来的工作中会不会界定清楚,会不会下达通知说明等,可以期待。”

去年,政府工作报告共修改83处,报告修改前有19300多字,修改后有20200多字,篇幅增加800多字。今年,只有万字的政府工作报告修改了更多地方,逐字逐句,讨论细致。

本报北京5月27日电

(来源:https://www.sohu.com/a/398152147_119038)

3.阅读下面报道,你对一向严肃的公文写作出现“淘宝体”“咆哮体”“甄嬛体”等这种现象作何评价?

网络语言进入政府公文贬褒不一 “淘宝体”通缉令让谁感觉不够严肃

中青报记者 桂杰

“亲,被通缉的逃犯们,徐汇公安‘清网行动’大优惠开始啦!亲,现在拨打110,就可预订‘包运输、包食宿、包就医’优惠套餐,在徐汇自首还可获赠夏季冰饮、编号制服……”这是上海警方在官方微博发出的一则“淘宝体”通缉令。记者了解发现,类似的通缉令在各地公安机关的官方微博上多次出现。如福州警方发布的通缉令:“亲,现在起至12月31日止,您拨打24小时免费客服热线110,包全身体检、包吃住,还有许多聚划算优惠套餐……您对此满意吗?满意请给全五分评价噢!”烟台警方发布的“各位在逃的兄弟姐妹,亲!立冬了,天冷了,回家吧。今年过年早,主动投案有政策,私信过来吧。”

一些网友认为，这种“淘宝体”的宣传把硬邦邦的通告内容变得轻松了，有利于减轻在逃人员的逆反心理，减轻其内心对公安机关的恐惧感，相信法律社会的人性化。

2012年5月29日，教育部、国家语委举行了《2011年度中国语言生活状况报告》新闻通气会。教育部语信司副司长田立新表示，像通缉令之类的政府公文不宜用“淘宝体”，以维护法律的严肃性。

田立新解释说，对于这种做法，存在不同的声音，其中有人认为，“淘宝体”的格式消除了司法的严肃性，司法不应带有更多的娱乐性。

除了通缉令，记者发现，还有大学录取通知书等多种公文使用“淘宝体”。2011年7月，南京理工大学给新生发送了“淘宝体”录取短信：“亲，祝贺你哦！你被南理工录取了哦！不错的哦！211院校哦！……”田立新认为，虽然有人认为该短信采用年轻人喜闻乐见的表达方式很亲切，但这种短信不够严肃，不能体现国家考试和公布录取结果的严肃性。

此前，连一向给人感觉严肃的外交部官方微博“外交小灵通”也用“淘宝体”发布了一则“中日韩三国合作秘书处”招聘公告。该公告用“亲”的称呼开头，用“不包邮”结束，中间还使用了“有木有”等带有“咆哮体”特征的词语以及网络表情符号。相关网络调查显示，不少人对此持批评态度，认为外交无小事，外交部门使用“淘宝体”语言显得过于随意。

“淘宝体”走进公文，与网络语言的迅速发展息息相关

教育部公布的《2011年度中国语言生活状况报告》显示，2011年中国人的语言中冒出了594条新词语。同时，往年出现的许多新词语已经消失，2006年至2010年出现的2977条年度新词语中，仅有41%保存下来。

报告显示，这些新词语多为三个字，占新词语总量的51.68%；其次为四字词语，占21.04%；二字词语只占15.66%。中国传媒大学教授侯敏认为，进入自媒体时代，人人都是造词专家，新词语不断登场并通过网络迅速传播。

专家分析，三字词语比例持续占优势，与近几年人们多用热门格式造词有关。2011年延续了2010年的“××门、××族、××哥、××体、微××”格式，其中“××体、微××”特别活跃，如咆哮体、淘宝体、宝黛体、撑腰体、高铁体及最近出现的舌尖体，以及微电影、微访谈、微小说、微生活、微招聘等。

语言专家、《汉语最近有点烦》一书作者一清在接受《中国青年报》记者采访时说，民间语言的发展变化和创新最丰富最迅捷，在形成和使用的过程中消解了传统的东西，甚至有负面作用，但在网络的语境下，官方如果进行完全否定是没有道理的，而且官方想否定也否定不了，更左右不了网民的喜好。

“网络人群感觉孤独，‘淘宝体’以‘亲’开口，虽然是以营销为目的，但给人感觉很亲和，这种民间的语态，单方面禁止是无效的。”一清认为，“语言环境决定语言传递方式，‘淘宝体’通缉令如果张贴在公安局门口就不合适。此外，在官方场合，国与国之间的外交场合，要求语言必须精确，‘淘宝体’也不适合。因此，要区分是在网络上、私人会所、座谈会上发言还是在党代会上发言，在不同的场合，发言者的语态、节奏、风格应完全不同。”

一清表示，检验网络语言是否有效的标准，就是看能不能达到预期的效果。

烟台市公安局官方微博的淘宝体通缉令受到网友热捧，迄今被转发283次，回复163次。微博发出两天，就有两名在逃人员投案自首。烟台市公安局的官方微博还对支持此次活动的媒体表示了感谢，对仍在逃亡路上的罪犯继续劝诫："感谢新浪微博，感谢胶东在线……各位在逃人员家属，仍未归案的在逃人员，别再犹豫了，私信过来，或直接拨打110。"

对于网络语言进入政府公文，专家持有不同意见。接力出版社副总编辑黄集伟认为："尽管文体有跨行业的随意性，但'淘宝体'在各种公文中走红恰恰是语文缺少创意的表现。汉语应该很有表现力，即便在网络上也应该有更好的方式和更好的表达。'淘宝体'的滥用和泛化其实是一种语言枯竭和没有创意的表现。"

"语言是一种仪式，公文更要遵守此道，就比如一个人要参加葬礼，就不该穿着拖鞋去。流行语有其自身的语境和环境，淘宝体是在网络上盯着用户钱包的，如果在公文中被滥用就是缺少语言训练的表现，显得极为不严肃。"黄集伟说，最好的语言是最得体的语言，比如乔布斯成名后到当初他辍学的母校去演讲，就不能用"亲，我来了"这样的表达方式，这是对别人的不尊重，也是对自己的不尊重。

（来源：http://news.xinhuanet.com/politics/2012—06/07/c_123248807_2.html）

4. 分析近5年政府工作报告的主旨、材料、结构、语言和表达方式。

5. 新冠肺炎疫情期间有哪些令你印象深刻的应用类文书？试举例说明并阐述它们所起的作用。

第二章

党政机关公文格式规范

公文格式规范指公文必须遵守的规格样式，包括其外在形式及内部结构标准。公文按照统一的格式规范写作既有利于作者清晰准确地表达写作意图，提高工作效率；又有利于阅读者快速阅文，及时了解公文所传递的信息；还有利于初学者迅速掌握公文写作技巧，增强公文写作的信心。尤其在办公自动化的今天，规范公文格式意义重大。

2012 年 6 月 29 日，国家质量监督检验检疫总局和国家标准化管理委员会联合发布了《党政机关公文格式》国家标准(GB/T9704—2012)，2012 年 7 月 1 日起正式实施。标准按照《党政机关公文处理条例》(中办发〔2012〕14 号)的规定，对《国家行政机关公文格式》(GB/T9704—1999)进行了较大幅度的修订。标准首次统一了党政机关公文格式要素的编排规则，有利于进一步提高各级党政机关公文制作水平和质量，有力推动党政机关公文处理工作实现科学化、规范化。

党政机关公文的外在形式包括公文用纸、页面设置、版头、主体、版记等要素。本章主要介绍其外在形式，内部结构将在第三章中详述。

党政机关公文用纸：A4 型纸，幅面尺寸：297mm×210mm。版面设置：天头(上白边)：37mm±1mm，地脚(下白边，不包括页码)：35mm。订口(左白边)：28mm±1mm，翻口(右白边)：26mm。版心尺寸：156mm×225mm。

排版规格：正文用 3 号仿宋体字，每面排 22 行，每行排 28 字。

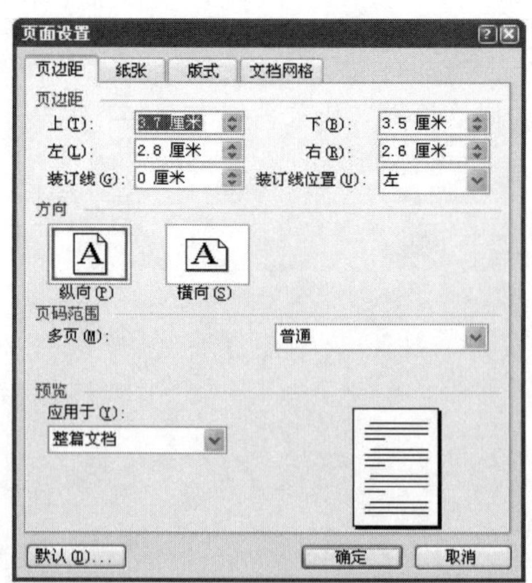

第一节　党政机关公文版头格式

党政机关公文首页红色分隔线以上的部分称为版头。版头包括份号、密级和保密期限、紧急程度、发文机关标志、发文字号、签发人和红色分隔线等若干项。

一、份号

份号是指公文印制份数的顺序号。涉密公文应标注份号，份号一般用6位3号阿拉伯数字，顶格编排在版心左上角第一行。

二、密级和保密期限

密级指公文的秘密等级。公文秘密分三个等级：绝密、机密和秘密。标注秘密等级和保密期限用3号黑体字，秘密等级顶格编排在版心左上角第二行；保密期限中的数字用阿拉伯数字标注。如秘密等级和保密期限同时标识，则在二者之间用“★”隔开。

三、紧急程度

紧急程度是公文送达和办理的时限要求。根据紧急程度，党政紧急公文分为“特急”“加急”，电报分为“特提”“特急”“加急”“平急”。公文如需标注紧急程度，一般用3号黑体字，顶格编排在版心左上角；如需同时标注份号、密级和保密期限、紧急程度，按照份号、密级和保密期限、紧急程度的顺序自上而下分行排列。

四、发文机关标志

发文机关标志代表公文的制发机关，由发文机关全称或者规范化简称加“文件”二字组成，也可以使用发文机关全称或者规范化简称。发文机关标志居中排布，上边缘至版心上边缘35mm，推荐使用红色小标宋体字，字号由发文机关酌定，以醒目、美观、庄重为原则。

联合行文时，发文机关标志既可以并用联合发文机关名称，也可以单独用主办机关名称；如需同时标注联署发文机关名称，一般应当将主办机关名称排列在前；如有“文件”二字，应当置于发文机关名称右侧，以联署发文机关名称为准上下居中排布。

五、发文字号

发文字号代表某发文机关当年发文的顺序号，由发文机关代字、年份和发文顺序号组成。联合行文时，使用主办机关的发文字号。发文字号编排在发文机关标志之下空二行位置，用3号仿宋体字居中排布；年份、发文顺序号用阿拉伯数码标注；年份应标全称，用六角括号“〔〕”括入；发文顺序号不加“第”字，不编虚位（即1不编为01），在阿拉伯数字后加“号”字。

上行文的发文字号居左空一字编排，与最后一个签发人姓名处在同一行。

六、签发人

上报的公文需标识签发人姓名，平行排列于发文字号右侧。发文字号居左空一字，签发人姓名居右空一字；签发人用 3 号仿宋体，签发人后标全角冒号，冒号后用 3 号楷体字标识签发人姓名。

如有多个签发人姓名，主办单位签发人姓名置于第一行，其他签发人姓名从第二行起在主办单位签发人姓名之下按发文机关顺序依次排列，下移红色反线，应使发文字号与最后一个签发人姓名处在同一行并使红色反线与之的距离为 4mm。

七、版头中的分隔线

红色分隔线是用于区分版头与主体的标志，发文字号之下 4mm 处居中印一条与版心等宽（156mm）的红色直线。

第二节　党政机关公文主体格式

党政机关公文首页红色分隔线（不含）以下、公文末页首条分隔线（不含）以上的部分称为主体。包括公文标题、主送机关、公文正文、附件说明、发文机关署名、成文日期、印章、附注和附件等若干项。

一、标题

标题又称公文的名称，由发文机关名称、事由和文种组成。主标题一般用 2 号小标宋体字分一行或多行居中排布；回行时，要做到词意完整、排列对称、长短适宜、间距恰当。标题排列应当使用梯形或菱形。副标题一般采用 3 号楷体字。公文正文中一级标题使用黑体字，二级标题使用楷体字，三级、四级标题使用仿宋体字。

【例】　　国务院办公厅关于开展国家脱贫攻坚普查的通知

二、题注

题注也称为题下标示，是说明标题的，居中位于标题下，一般用来注明该文件通过的时间、地点及施行的时间等，用小括号括上。题注的字号一般与正文相同。

【例】　第十三届全国人民代表大会第四次会议关于政府工作报告的决议

（2021 年 3 月 11 日第十三届全国人民代表大会第四次会议通过）

三、主送机关

主送机关是公文的主要受理机关，应当使用机关全称、规范化简称或者同类型机关统称。编排于标题下空一行位置，居左顶格，回行时仍顶格，最后一个机关名称后标全角冒号。如主送机关名称过多导致公文首页不能显示正文时，应当将主送机关名称移至版记，置于抄送机关之上一行，之间不加分隔线。主送机关用 3 号仿宋体字标注，最后一个主送机关名称后标全角冒号。

四、正文

正文是公文的主体，用来表述公文的内容，公文首页必须显示正文。一般用3号仿宋体字，编排于主送机关名称下一行，每个自然段左空二字，回行顶格。文中结构层次序数依次可以用“一、”“（一）”“1.”“（1）”标注。

五、附件说明和附件

附件是公文正文的说明、补充或者参考资料。附件说明是指公文附件的顺序号和名称。公文如有附件，在正文下空一行左空二字用3号仿宋体字编排“附件”二字，后标全角冒号和附件名称。如有多个附件，使用阿拉伯数字标注附件顺序号（如“附件：1. ××××××”）；附件名称后不加标点符号。附件名称较长需回行时，应当与上一行附件名称的首字对齐。

附件应当另面编排，并在版记之前，与公文正文一起装订。“附件”二字及附件顺序号用3号黑体字顶格编排在版心左上角第一行。附件标题居中编排在版心第三行。附件顺序号和附件标题应当与附件说明的表述一致。如附件与正文不能一起装订，应当在附件左上角第一行顶格编排公文的发文字号并在其后标注“附件”二字及附件顺序号。

【例1】

××××××××××××××××××××××××××。

附件：1. ××××××××××

2. ××××××××××

发文机关署名

2020年9月25日

【例2】

附件1

附件标题

××。

六、发文机关署名、成文日期和印章

公文写作完成后应署发文机关全称或者规范化简称。

成文日期署会议通过或者发文机关负责人签发的日期。联合行文时，署最后签发机关负责人签发的日期。用阿拉伯数字将年、月、日标全，年份应标全称，月、日不编虚位（即1不编为01）。

印章和签名章是公文生效的标志。公文中有发文机关署名的，应当加盖发文机关印章，并与署名机关相符。有特定发文机关标志的普发性公文和电报可以不加盖印章。

当公文排版后所剩空白处不能容下印章或签发人签名章、成文日期时，可以采取调整行距、字距的措施解决。

（一）加盖印章的公文

成文日期一般右空四字编排，印章用红色，不得出现空白印章。

单一机关行文时，一般在成文日期之上、以成文日期为准居中编排发文机关署名，印章端正、居中下压发文机关署名和成文日期，使发文机关署名和成文日期居印章中心偏下位置，印章顶端应当上距正文（或附件说明）一行之内。

联合行文时，一般将各发文机关署名按照发文机关顺序整齐排列在相应位置，并将印章一一对应、端正、居中下压发文机关署名，最后一个印章端正、居中下压发文机关署名和成文日期，印章之间排列整齐、互不相交或相切，每排印章两端不得超出版心，首排印章顶端应当上距正文（或附件说明）一行之内。

【例 1】 单一机关行文

××××××××××××××××××××××××××××××××。

【例 2】 联合行文

××××××××××××××××××××××××××××××××。

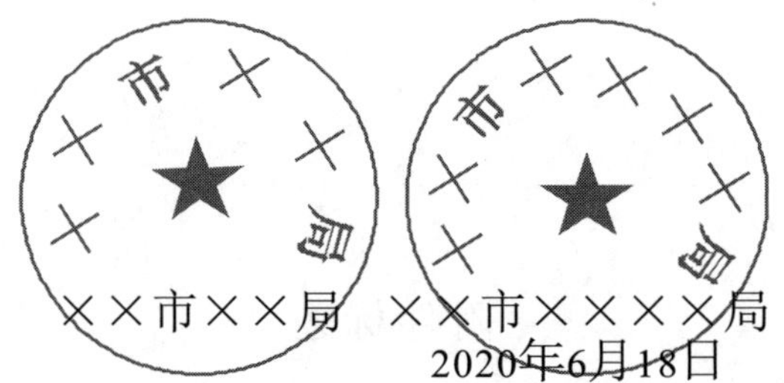

（二）不加盖印章的公文

单一机关行文时，在正文（或附件说明）下空一行右空二字编排发文机关署名，在发文机关署名下一行编排成文日期，首字比发文机关署名首字右移二字，如成文日期长于发文机关署名，应当使成文日期右空二字编排，并相应增加发文机关署名右空字数。

联合行文时，应当先编排主办机关署名，其余发文机关署名依次向下编排。

（三）加盖签发人签名章的公文

正文末以领导人署名的公文要加盖该领导人的红色签名章。

单一机关制发的公文加盖签名章时，在正文（或附件说明）下空二行右空四字加盖签发人签名章，签名章左空二字标注签发人职务，以签名章为准上下居中排布。在签名章下空一行右空四字编排成文日期。

联合行文时，应当先编排主办机关签发人职务、签名章，其余机关签发人职务、签名章依次向下编排，与主办机关签发人职务、签名章上下对齐；每行只编排一个机关的签发人职务、签名章；签发人职务应当标注全称。

七、附注

附注即公文印发传达范围等需要说明的事项。公文如有附注，用 3 号仿宋体字，居左空二字加圆括号标注在成文日期下一行。

【例】

××××××××××××××××××××××××××。

附件：××××××××××

发文机关署名

2020 年 7 月 22 日

（附注）

第三节　党政机关公文版记格式

党政机关公文末页首条分隔线以下、末条分隔线以上的部分称为版记。包括分隔线、抄送机关、印发机关和印发时间。

一、版记中的分隔线

版记中的首条分隔线是用于区分主体与版记的标志。首条分隔线位于版记中第一个要素之上，末条分隔线与公文最后一面的版心下边缘重合。版记中的分隔线与版心等宽(156mm)，首条分隔线和末条分隔线用粗线（推荐高度为 0.35mm)，中间的分隔线用细线（推荐高度为 0.25mm)。

二、抄送机关

抄送机关是指除主送机关外需要执行或者知晓公文内容的其他机关。使用机关全称、规范化简称或者同类型机关统称。

公文如有抄送，一般用 4 号仿宋体字，在印发机关和印发日期之上一行、左右各空一字编排。“抄送”二字后加全角冒号和抄送机关名称，回行时与冒号后的首字对齐，最后一个抄送机关名称后标句号。

如需把主送机关移至版记，除将“抄送”二字改为“主送”外，编排方法同抄送机关。既有主送机关又有抄送机关时，应当将主送机关置于抄送机关之上一行，之间不加分隔线。

三、印发机关和印发日期

印发机关指公文的送印机关，印发日期指公文的送印日期。印发机关和印发日期一般用 4 号仿宋体字，编排在末条分隔线之上，印发机关左空一字，印发日期右空一字，用阿拉伯数字将年、月、日标全，年份应标全称，月、日不编虚位(即 1 不编为 01)，后加“印发”二字。

版记中如有其他要素，应当将其与印发机关和印发日期用一条细分隔线隔开。

除上述格式要素外，公文对页码标注也有要求。页码指公文页数顺序号。一般用 4 号半角宋体阿拉伯数字，编排在公文版心下边缘之下，数字左右各放一条一字线；一字线上距版心下边缘 7mm。单页码居右空一字，双页码居左空一字。公文的版记页前有空白页的，空白页和版记页均不编排页码。公文的附件与正文一起装订时，页码应当连续编排。

【例】

抄送：省委办公厅，省人大常委会办公厅，省政协办公厅。

××省人民政府办公厅　　　　2020年8月6日印发

—3—

第四节　党政机关公文特定格式

公文的特定格式系指前述文件标准格式以外的其他格式，包括命令格式、纪要格式、信函格式三种。采用这些特定格式印制的公文和通常文件格式印制的公文作用与效力是相同的，只是表现形式有所不同。

一、命令格式

(一)命令标志及令号

命令标志由发文机关全称加“命令”或“令”字组成，居中排布，上边缘至版心上边缘为 20mm，推荐使用红色小标宋体字，字体以醒目、美观、庄重为原则。发文机关标志下空二行居中编排令号，令号用 3 号仿宋体字。令号下空二行编排正文。

(二)命令标题及主送机关

命令标题位于令号下空二行居中、用 2 号小标宋体字书写；如命令标志为标题，就在令号下空二行、左顶格用 3 号仿宋体字标注主送机关名称；如主送机关位于版记中就直接左空二字拟写正文。

(三)正文及落款

正文用 3 号仿宋体字，段前空两格书写。

落款见前文“加盖签发人签名章的公文”。

二、纪要格式

根据《党政机关公文格式》规定,“纪要格式可以根据实际制定”。从目前党政机关公文实践来看,纪要格式主要包括三部分:

(一)版头

版头包括纪要的标志、发文顺序号、发文单位名称、时间和分隔线。

1. 纪要标志　由“×××××纪要”组成,居中排布,推荐使用红色小标宋体字,上边缘至版心上边缘为 35mm。

2. 发文顺序号　纪要标识下空二行用 3 号仿宋体书写发文顺序号。

3. 发文单位名称及日期　顺序号下空一行,用 3 号仿宋体左空一格写纪要起草单位名称,右空一格写纪要签发日期。

4. 分隔线　在纪要起草单位名称及日期之下空 4mm 画一条红色分隔线。

(二)主体

1. 标题　分隔线之下空二行用 2 号小标宋体字或宋体字书写,分一行或多行居中排布。

2. 正文　标题下空一行,左侧空二字用 3 号仿宋体字书写。

3. 标注出席人员名单　一般用 3 号黑体字,在正文或附件说明下空一行左空二字编排“出席”二字,后标全角冒号,冒号后用 3 号仿宋体字标注出席人单位、姓名,回行时与冒号后的首字对齐。

4. 标注请假和列席人员名单　除依次另起一行并将“出席”二字改为“请假”或“列席”外,编排方法同出席人员名单。

(三)版记

与一般公文版记相同。

三、信函格式

(一)版头

版头包括发文机关标志、红色双线及发文字号。发文机关标志使用发文机关全称或者规范化简称,居中排布,上边缘至上页边为 30mm,推荐使用红色小标宋体字。联合行文时,使用主办机关标志。

发文机关标志下 4mm 处印一条红色双线(上粗下细),线长为 170mm,居中排布。

如需标注份号、密级和保密期限、紧急程度,应当顶格居版心左边缘编排在第一条红色双线下,按照份号、密级和保密期限、紧急程度的顺序自上而下分行排列,第一个要素与该线的距离为 3 号汉字高度的 7/8。

发文字号顶格居版心右边缘编排在第一条红色双线下,与该线的距离为 3 号汉字高度的 7/8。

（二）主体

主体包括标题、主送机关、正文、落款、时间及印章。它们的字体、字号及格式要求与一般党政公文相同，这里不再赘述。

标题居中编排，与其上最后一个要素相距二行。

第二条红色双线上一行如有文字，与该线的距离为 3 号汉字高度的 7/8。

首页不显示页码。

便函在字体、字号的选择上可以灵活些，但不能使用美术字、隶书体等。

（三）页边底线

距下页边 20mm 处印一条上细下粗的红色双线，长度为 170mm。

（四）版记

版记不加印发机关和印发日期、分隔线，位于公文最后一面版心内最下方。

综合实训

一、不定项选择题

1. 国家党政机关公文版面格式分为三大部分，即（　　）

A. 文头、主体、文尾　　B. 版头、主体、版记

C. 标题、正文、落款　　D. 导语、事项、结语

2. 下面说法错误的是（　　）

A. 盖印应端正、清晰，做到上压正文，下压成文日期

B. 一件联合发文，可有数个发文号

C. 联合行文的成文日期以最后签发机关的签发日期为准

D. 题注一般用圆括号标注于标题下方

3. 当公文排版后所剩空白处不能容下印章位置时可采取（　　）

A. 在下一页标识“此页无正文”，然后盖章

B. 直接在下一空白页盖章

C. 应采取调整行距、字距的措施，使印章与正文同处一面

D. 上述措施都可以

4. 国家党政机关公文规定用纸采用（　　）

A. A4 型　　B. 16 开型　　C. B5 型　　D. A4 型和 16 开型

5. 公文结构层次序数正确的表达方式是（　　）

A. 一、1、(1)①　　B. 一、1、(一)(1)　　C. 一、(一)1. (1)　　D. 一、(一)1、(1)

6. 公文如需标注紧急程度，一般（　　）

A. 顶格编排在版心左上角　　B. 顶格编排在版心右上角

C. 空两格编排在版心左上角　　D. 空两格编排在版心右上角

7. 公文标题回行时，要做到(　　)

A. 词意完整　　B. 排列对称　　C. 长短适宜　　D. 间距恰当

8. 公文页码编排应(　　)

A. 单页码居左空一字　　B. 双页码居左空一字

C. 单页码居右空一字　　D. 双页码居右空一字

9. 下面有关发文字号说法正确的是(　　)

A. 年份应标全称　　B. 年份用六角括号“〔〕”括入

C. 发文顺序号加“第”字　　D. 发文顺序号不编虚位(即 1 不编为 01)

10. 附件是指(　　)

A. 公文正文的说明　　B. 公文正文的补充

C. 公文印发传达范围等需要说明的事项　　D. 公文相关参考资料

11. 公文如有附件，应当位于(　　)

A. 正文下一行，顶格编排“附件”二字，后编全角冒号和附件名称。附件名称后不加标点符号

B. 正文下一行，顶格编排“附件”二字，后编全角冒号和附件名称。附件名称后加句号

C. 正文下空一行，左空二字编排“附件”二字，后编全角冒号和附件名称。附件名称后不加标点符号

D. 正文下空一行，左空二字编排“附件”二字，后编全角冒号和附件名称。附件名称后加句号

12. 下列说法正确的是(　　)

A. 单一机关行文时，印章顶端应当上距正文(或附件说明)一行之内

B. 单一机关行文时，印章顶端应当上距正文(或附件说明)一行之外

C. 联合行文时，首排印章顶端应当上距正文(或附件说明)一行之内

D. 联合行文时，首排印章顶端应当上距正文(或附件说明)一行之外

13. 下列说法正确的是(　　)

A. 加盖印章的公文，成文日期一般右空四字编排

B. 单一机关制发的公文加盖签发人签名章时，在正文(或附件说明)下空两行右空四字加盖

C. 联合行文加盖签发人签名章时，签发人职务应当标注全称

D. 加盖签发人签名章的公文，在签名章下空一行右空四字编排成文日期

二、判断题

1. 涉密公文应当标注份号。(　　)

2. 上行文的发文字号居左空一字编排，与最后一个签发人姓名处在同一行。(　　)

3. 公文标题多行排列时应当使用梯形或菱形。(　　)

4. 保密期限中的数字用小写汉字数字标注。(　　)

5. 公文首页可以不显示正文。(　　)

6. 单一机关行文时，发文机关署名和成文日期居印章中心偏上位置。(　　)

7. 最后一个抄送机关名称后应当标句号。(　　)

8. 公文的附件与正文一起装订时，页码应当分别编排。(　　)

9.联合行文时,发文机关标志不可以单独用主办机关名称。 (　　)

10.有特定发文机关标志的普发性公文和电报可以不加盖印章。 (　　)

11.函的发文字号应顶格居版心右边缘编排在第一条红色双线下。 (　　)

12.纪要应当标注出席、请假、列席等人员名单。 (　　)

三、改错题

从公文格式规范和语言规范角度修改下面这份“意见”。

国务院办公厅文件

国发[2021]第4号

国务院加快建立健全绿色低碳循环发展经济体系的指导意见

各省、自治区、直辖市人民政府,国务院各部委、各直属机构:

建立健全绿色低碳循环发展经济体系,促进经济社会发展全面绿色转型,是解决我国资源环境生态问题的基础之策。为贯彻落实党的十九大部署,加快建立健全绿色低碳循环发展的经济体系,提出以下看法:

一、……………………

(一)、……………………

……………………………………

(二)、………………

二、……………………

……………………………………

附件:1、……

国务院

2021.2.2

国务院办公厅　　二〇二一年二月二日印发

四、下面是一份“请示”的构成要素,请在电脑上制作一份格式规范的“请示”,将各要素放在合适的位置上。

1.××〔20××〕55号

2.××市××局关于成立××省第××届运动会××市代表团的请示

3.20××年5月5日印发

4.妥否,请批示。

5.市政府:

6.20××年5月4日

7.抄送:×××,×××××

8.××省第××届运动会将于20××年10月在××举行,本届运动会由××省人民政府主办,省体育局、省教育厅、××市人民政府共同承办。为加强参赛工作领导,拟成立××省第××届运动会××市代表团,代表团组成人员和单位依照往年惯例并征求了相关单位意见,现依程序报市政府审批。如无不妥,请以市政府名义下发。

9.××市××局办公室
10.××市××局(印章)
11.签发人:×××
12.××市××局文件
13.(联系人:××,电话:×××××××)
14.附件:关于成立××省第××届运动会××市代表团的通知(代拟稿)

第三章

党政机关公文写作

在应用文这一庞大的文章类群中，公文是最重要的组成部分。公文是公务文书的简称，有广义和狭义之分。广义的公文是指在社会活动中处理公务时形成的具有特定效力和惯用体式的各种文字材料，包括国家法定公文、事务文书、商务文书、司法文书等。狭义的公文即法定公文，专指党和国家公文法规规定的具有规范的体式和法定效力，并按特定的处理程序进行传输的公文。比如2012年4月，中共中央办公厅、国务院办公厅联合印发的《党政机关公文处理工作条例》中规定的15种公文：决议、决定、命令（令）、公报、公告、通告、意见、通知、通报、报告、请示、批复、议案、函、纪要；又如2017年7月，中央军委主席习近平签署命令所发布的《军队机关公文处理工作条例》中规定的12种公文：命令、通令、决定、指示、通知、通报、报告、请示、批复、函、通告、纪要。

为了适应中国共产党机关和国家行政机关（以下简称党政机关）工作需要，推进党政机关公文处理工作科学化、制度化、规范化，2012年4月16日，中共中央办公厅、国务院办公厅联合印发了《党政机关公文处理工作条例》（以下简称《条例》）（中办发〔2012〕14号），从2012年7月1日起开始执行。《条例》实现了党的机关和行政机关的公文种类、格式标准、行文规则、办文流程和管理要求的统一，彻底解决了我国公文处理长期以来党政不一的问题。《条例》既是对中华人民共和国成立70多年来特别是改革开放以来党政机关公文处理工作宝贵经验的总结与升华，又是我国今后一个时期指导公文工作的一部经典法规。

党政机关公文是党政机关实施领导、履行职能、处理公务的具有特定效力和规范体式的文书，是传达贯彻党和国家方针政策，公布法规和规章，指导、布置和商洽工作，请示和答复问题，报告、通报和交流情况等的重要工具。本章主要介绍《条例》中规定的15种法定公文及其写作方法。

公文写作是党政机关从事管理工作的人员必备的工作技能。一个机关公文水平的高低代表了机关管理者对国家法律法规及政策掌握的程度，反映了机关管理者的文字水平和业务能力。因此正确掌握公文写作的规律和技巧是做好管理工作的基础和前提。

第一节　决议　决定

※　决　议

一、决议的概念

根据《条例》规定，决议是一种适用于会议讨论通过的重大决策事项的公文。决议既适用于中国共产党各级机关、国家行政机关，也适用于人大、政协及其他机构。

二、决议的特点

（一）权威性和稳定性

决议通常按照一定的组织原则和程序召开组织成员会议或代表会议，经过集体认真讨论和表决通过后形成，并以会议名义发布生效。未经会议再次讨论和表决通过，任何人都无权修改原决议的内容，它是召开会议机构的意志的反映，其表述的观点和对事项的评价具有重要的指导意义。

（二）适用范围广泛

决议的内容涉及范围比较广泛，只要是会议表决定下的重大原则问题和事项都可以以决议这种文种发布。

三、决议的种类

（一）通过重要文件的决议

指会议经过对某些文件的审议，表决同意并批准的决议。此类决议一般篇幅短小，既是重大决策，又具有知照性质。如《全国人民代表大会常务委员会关于批准2019年中央决算的决议》。

（二）通过重要决策事项的决议

指会议参加者对某些重要决策事项经过讨论，达成一致所形成的决议。如《中共中央关于社会主义精神文明建设指导方针的决议》。

四、决议的写作

（一）标题

会议名称＋事由＋文种

【例】　中国共产党第十九次全国代表大会关于《中国共产党章程（修正案）》的决议

（二）题注

标题下正中用括号注明会议名称及决议通过的时间。如(2017 年 10 月 24 日中国共产党第十九次全国代表大会通过)。

（三）正文

1. 通过重要文件的决议　首先概述会议通过情况；其次对会议通过的文件给予充分肯定，表明批准态度；最后提出号召、要求。

2. 通过重要决策事项的决议　首先写明决议的背景、依据、目的，或简要介绍出席会议的人员、审议表决结果等，一般以过渡句“特作如下决议”引出下文；其次对会议决议事项一一阐述，内容层次较多时可采用分条列项式或用“会议赞成”“会议同意”“会议认为”“会议指出”“会议要求”“会议号召”等会议类文书常用语引出独立的自然段落；最后对贯彻执行决议提出要求。

【例 1】

第十三届全国人民代表大会第四次会议关于政府工作报告的决议

（2021 年 3 月 11 日第十三届全国人民代表大会第四次会议通过）

第十三届全国人民代表大会第四次会议听取和审议了国务院总理李克强所作的政府工作报告。会议高度评价“十三五”时期我国经济社会发展取得的历史性成就，充分肯定国务院过去一年的工作，同意报告提出的“十四五”时期主要目标任务和 2021 年经济社会发展的总体要求、主要目标和工作部署，决定批准这个报告。

会议号召，全国各族人民更加紧密地团结在以习近平同志为核心的党中央周围，高举中国特色社会主义伟大旗帜，以习近平新时代中国特色社会主义思想为指导，全面贯彻党的十九大和十九届二中、三中、四中、五中全会精神，增强“四个意识”、坚定“四个自信”、做到“两个维护”，坚持稳中求进工作总基调，立足新发展阶段，贯彻新发展理念，构建新发展格局，以推动高质量发展为主题，以深化供给侧结构性改革为主线，以改革创新为根本动力，以满足人民日益增长的美好生活需要为根本目的，坚持系统观念，巩固拓展疫情防控和经济社会发展成果，更好统筹发展和安全，扎实做好“六稳”工作、全面落实“六保”任务，保持经济运行在合理区间，促进经济社会持续健康发展，同心协力、拼搏进取、扎实工作，确保“十四五”开好局起好步，以优异成绩庆祝中国共产党成立 100 周年。

（来源：http://www.npc.gov.cn/npc/kgfb/202103/75ada6baedf44b9594ca065ba2a029e6.shtml）

≫ 简析：这是一篇通过重要文件的决议。第一部分概括说明了会议的名称、程序和内容，明确了同意并批准政府工作报告的决议事项；第二部分以“会议号召”引出对贯彻执行决议的要求。全文简明扼要，态度鲜明。

【例 2】

十一届上海市委九次全会决议

（2020 年 6 月 23 日中国共产党上海市第十一届委员会第九次全体会议通过）

中国共产党上海市第十一届委员会于 2020 年 6 月 23 日召开第九次全体会议。

出席这次全会的有市委委员 81 人，市委候补委员 6 人。市纪委委员、有关方面负责同志和部分党的十九大上海代表、市第十一次党代表大会代表列席了全会。

全会由市委常委会主持。全会审议通过了《中共上海市委关于深入贯彻落实“人民城市人民建，人民城市为人民”重要理念，谱写新时代人民城市新篇章的意见》。××同志就《意见（讨论稿）》作了说明并讲话。

全会认为，2019 年习近平总书记考察上海期间，提出了“人民城市人民建，人民城市为人民”重要理念，深刻揭示了中国特色社会主义城市的人民性，赋予了上海建设新时代人民城市的新使命，为我们以更高的政治站位、思想起点谋划推进城市工作，更好地体现时代性、把握规律性、富于创造性，指明了前进方向、提供了根本遵循。全市要深入贯彻落实习近平总书记考察上海重要讲话精神，充分认识“人民城市人民建，人民城市为人民”重要理念的深刻内涵和重大意义，以共建为根本动力，以共治为重要方式，以共享为最终目的，努力打造人人都有人生出彩机会的城市、人人都能有序参与治理的城市、人人都能享有品质生活的城市、人人都能切实感受温度的城市、人人都能拥有归属认同的城市，奋力开拓人民城市建设的新境界。

全会指出，要把握人民城市的根本属性，始终坚持人民至上，把人民的主体地位、发展要求、作用发挥贯穿于城市工作的全过程和各领域，一张蓝图绘到底，集中力量办大事，加快建设具有世界影响力的社会主义现代化国际大都市。要把握人民城市的人本价值，更好满足人民对美好生活的向往，以更优的供给满足人民需求，用最好的资源服务人民，提供更多的机遇成就每个人。要把握人民城市的生命体征，走出一条符合超大城市特点和规律的治理现代化新路子，如履薄冰地守牢安全底线，以系统性思维强化整体协同，以全周期管理提升能力水平。要把握人民城市的战略使命，更好代表国家参与国际合作与竞争，继续把做优做强城市核心功能作为主攻方向，面向全球拓展功能、面向未来塑造功能、面向基础夯实功能，发挥对内对外开放两个扇面的枢纽作用，努力成为国内大循环的中心节点、国内国际双循环的战略链接。要把握人民城市的精神品格，着力提升城市软实力，追求卓越、争当一流、勇立潮头，胸怀“两个大局”、坚持“四个放在”，对坚定走中国特色城市发展道路充满自信。要把握人民城市的主体力量，打造共建共治共享的社会治理共同体，充分激发人民群众的主人翁精神，强化人民群众参与的制度化保障。

全会要求，要以高质量发展打牢人民城市物质基础，全面增强辐射引领的核心功能，持续优化宜业宜居的城市格局，充分释放人尽其能的创造活力。要以大民生视野增进人民群众福祉，进一步满足多层次、个性化、高品质的民生需求，提供更加优质均衡的基本公共服务，守牢民生保障的底线。要以软实力提升彰显人民城市精神品格，大力弘扬上海城市精神和城市品格，不断彰显红色文化、海派文化、江南文化的独特魅力，更好地延续城市文脉、保留城市记忆。要以“两张网”建设牵引和推动城市治理现代化，以政务服务“一网通办”完善全方位服务体系，以城市运行“一网统管”实现城市全周期管理，以绣花般功夫推进城市精细化管理。要以规范化建设增强基层服务群众能力，做强基层资源保障能力，做实家门口服务体系，做优多方参与基层社会治理格局。要以系统性防控守牢城市安全底线，构筑城市安全预防体系、城市安全常态化管控和应急保障体系。要以共同体意识汇聚人民群众的智慧和力量，畅通民意表达的渠道，完善民主协商的机制，激发群策群力的行动，让人民群众真正成为城市发展的积极参与者、最大受益者、最终评判者。

全会强调，建设人民城市，关键在党。要坚持和加强党对人民城市建设的全面领导，健全党委统一领导、党政齐抓共管、全社会共同参与的城市工作格局。要强化党建引领，扎紧织密党在城市基层的组织体系，探索走出一条符合超大城市特点和规律的基层党建新路。要提升能力本领，建立不忘初心、牢记使命长效机制，加快培养懂城市、会管理、善治理的干部队伍。要完善制度供给，健全城市规划、建设、管理、服务的法规规章和标准规范体系，全面推进依法依规治理。要营造浓厚氛围，努力使“人民城市人民建，人民城市为人民”重要理念深入人心，汇聚起共建美好城市、共创美好生活的强大合力。

全会指出，要全力以赴做好下半年各项工作，毫不放松抓好常态化疫情防控，努力促进经济平稳健康发展，办好第三届中国国际进口博览会和浦东开发开放30周年庆祝活动，深化自贸试验区临港新片区、长三角生态绿色一体化发展示范区等重点区域改革开放，切实保障和改善民生，加快推进城市治理现代化，保障城市安全运行，科学谋划“十四五”发展，扎实推进党的建设，奋力实现今年经济社会发展目标任务。

全会审议并通过了《中国共产党上海市第十一届委员会第九次全体会议关于递补市委委员的决定》，决定递补×××、××、×××、×××同志为市委委员。

全会号召，全市各级党组织和广大党员干部群众要更加紧密地团结在以习近平同志为核心的党中央周围，以习近平新时代中国特色社会主义思想为指导，全面贯彻党的十九大和十九届二中、三中、四中全会精神，深入贯彻习近平总书记考察上海重要讲话精神，自觉践行“人民城市人民建，人民城市为人民”重要理念，不忘初心、牢记使命，扎实工作、不懈奋斗，加快建设具有世界影响力的社会主义现代化国际大都市，奋力创造新时代上海发展新奇迹，共同谱写新时代“城市，让生活更美好”的新篇章。

（来源：http://cpc.people.com.cn/n1/2020/0624/c64387－31758235.htm）

≫ 简析：这是一篇通过重要决策事项的决议。首先概述会议召开的基本情况；其次采用“全会认为”“全会指出”“全会要求”“全会强调”等会议类文书常用语引出独立的自然段落，对会议决策事项进行一一阐述；最后以“全会号召”引出对全市各级党组织和广大党员干部群众的希望要求。全篇结构完整，层次清晰。

※ 决　定

一、决定的概念

根据《条例》规定，决定是一种适用于对重要事项作出决策和部署、奖惩有关单位和人员、变更或者撤销下级机关不适当的决定事项的指挥性公文。

二、决定的特点

（一）权威性

决定是领导机关经过调查研究、讨论，郑重作出的，其内容所涉及的都是比较重要的事项和重大的行动。它一经下发，就要求有关单位和人员必须贯彻执行，不得违反。而且使用决定的单位级别较高，所以其具有较强的权威性。

（二）稳定性

决定必须以法律法规和国家有关方针政策为依据，必须符合客观实际，只有这样才经得起实践的检验。特别是重大决定一旦作出，常常带有战略意义，需要在较长时间内发挥作用，下级机关也需要稳定的政策以便于执行，所以决定的内容应该在相对时期内稳定，不能朝令夕改。例如，中国共产党第十二届中央委员会第三次全体会议 1984 年 10 月 20 日通过的《中共中央关于经济体制改革的决定》，一直是我国经济体制改革的主要政策依据。

（三）明确性

决定作出的安排、要求必须明确，不能模棱两可，这样既便于下级机关贯彻执行，也使其权威性和约束力得到体现。所以，在语言的运用上要简练、精确，内容结构的安排上要严谨，不能让下级机关产生理解上的偏差。

三、决定的种类

（一）部署性决定

对重要事项或者重大行动作出部署、安排的决定。这类决定对下级机关有较强的行政约束力。

（二）奖惩性决定

对有突出贡献的先进集体、个人进行奖励或对发生重大事故的单位和有严重违纪行为的人员进行惩罚的决定。

（三）变更撤销性决定

上级机关对下级机关所作出的不适当决定事项予以变更或者撤销时使用的决定。

四、决定和决议的区别

1. 使用范围、频率不同　在使用范围上决定较决议更加广泛，使用频率也更高，既可以用于大中型会议，也可以用于小型会议。

2. 发文目的和具体内容性质不同　虽然决定和决议都是针对重要的事项，但发文目的和具体内容性质不同：决议具有认可性，它是表决后的意见，决定具有施行性，它要求的是行动；决议事项大而原则，决定事项相对单一具体。

3.通过方式不同　决议的内容必须是经会议讨论表决通过的；决定可以是经会议讨论表决通过的事项，也可以是由领导班子定下来的事项。

4.时间标注位置不同　决议必须在标题下方标明通过的时间，即要有题注，而许多决定则在正文后标明领导签发的时间，只有经会议讨论通过的决定才在标题下方标明通过的时间。

五、决定的写作

（一）标题

发文机关＋事由＋文种

【例】 中共中央国务院　中央军委关于表彰全国抗击新冠肺炎疫情先进个人和先进集体的决定

（二）题注

会议通过的决定，在标题下正中用括号注明会议名称及决定通过的时间。

（三）主送机关

主送机关即决定的受文机关。要在正文前一行顶格书写，回行顶格。

（四）正文

1.部署性决定　一般由缘由、事项、号召三部分内容组成。(1)缘由部分简要说明作出决定的背景、目的、根据、意义等，常以过渡句"现作出如下决定"或"现决定如下"引起下文；(2)事项部分是部署性决定的中心，说明"做什么"和"怎样做"，要求明确、具体，同时用语要简练、庄重；(3)号召部分也可以说是决定的执行希望和要求。其作用是加深人们对决定事项的认识和理解，提高执行决定的主动性和自觉性，增强决定的执行力和感染力。

2.奖惩性决定　一般先写明奖惩的依据，即概述先进事迹或事故错误情况并进行评价；然后写明奖惩决定，奖励和处罚方法要具体明确；最后提出希望号召，或指出教训加以警戒。

3.变更撤销性决定　一般先写明变更或撤销不适当决定事项的缘由，然后说明变更或撤销的具体决定内容即可。

（五）落款

署发文机关名称、成文日期并加盖印章。如是普发性的决定可不加盖印章。

【例1】

国务院关于授权和委托用地审批权的决定

各省、自治区、直辖市人民政府，国务院各部委、各直属机构：

为贯彻落实党的十九届四中全会和中央经济工作会议精神，根据《中华人民共和国土地管理法》相关规定，在严格保护耕地、节约集约用地的前提下，进一步深化"放管服"改革，改革土地管理制度，赋予省级人民政府更大用地自主权，现决定如下：

一、将国务院可以授权的永久基本农田以外的农用地转为建设用地审批事项授权各省、自治区、直辖市人民政府批准。自本决定发布之日起，按照《中华人民共和国土地管理法》第四十四条第三款规定，对国务院批准土地利用总体规划的城市在建设用地规模范围内，按土地利用年度计划分批次将永久基本农田以外的农用地转为建设用地的，国务院授权各省、自治区、直辖市人民政府批准；按照《中华人民共和国土地管理法》第四十四条第四款规定，对在土地利用总体规划确定的城市和村庄、集镇建设用地规模范围外，将永久基本农田以外的农用地转为建设用地的，国务院授权各省、自治区、直辖市人民政府批准。

二、试点将永久基本农田转为建设用地和国务院批准土地征收审批事项委托部分省、自治区、直辖市人民政府批准。自本决定发布之日起，对《中华人民共和国土地管理法》第四十四条第二款规定的永久基本农田转为建设用地审批事项，以及第四十六条第一款规定的永久基本农田、永久基本农田以外的耕地超过三十五公顷的、其他土地超过七十公顷的土地征收审批事项，国务院委托部分试点省、自治区、直辖市人民政府批准。首批试点省份为北京、天津、上海、江苏、浙江、安徽、广东、重庆，试点期限一年，具体实施方案由试点省份人民政府制定并报自然资源部备案。国务院将建立健全省级人民政府用地审批工作评价机制，根据各省、自治区、直辖市的土地管理水平综合评估结果，对试点省份进行动态调整，对连续排名靠后或考核不合格的试点省份，国务院将收回委托。

三、有关要求。各省、自治区、直辖市人民政府要按照法律、行政法规和有关政策规定，严格审查把关，特别要严格审查涉及占用永久基本农田、生态保护红线、自然保护区的用地，切实保护耕地，节约集约用地，盘活存量土地，维护被征地农民合法权益，确保相关用地审批权“放得下、接得住、管得好”。各省、自治区、直辖市人民政府不得将承接的用地审批权进一步授权或委托。

自然资源部要加强对各省、自治区、直辖市人民政府用地审批工作的指导和服务，明确审批要求和标准，切实提高审批质量和效率；要采取“双随机、一公开”等方式，加强对用地审批情况的监督检查，发现违规问题及时督促纠正，重大问题及时向国务院报告。

国务院（印章）

2020 年 3 月 1 日

（来源：http://www.gov.cn/zhengce/content/2020－03/12/content_5490385.htm）

≫ 简析：这是一份部署性决定（发文字号：国发〔2020〕4 号）。第一段交代行文目的、依据和背景，以过渡句“现决定如下”引出决定事项；第二、三段写明具体两点决定事项；第四、五段分别对各省、自治区、直辖市人民政府和自然资源部提出要求。全篇结构清晰完整。

【例 2】

安徽省人民政府关于 2019 年度安徽省科学技术奖励的决定

各市、县人民政府，省政府各部门、各直属机构：

为深入学习贯彻习近平新时代中国特色社会主义思想，坚定实施创新驱动发展战略，省政府决定，对为我省科学技术进步、经济社会发展作出突出贡献的科学技术人员和组织给予奖励。

根据《安徽省科学技术奖励办法》规定，经省科学技术奖励评审委员会评审，省委、省政府批准，授予×××同志安徽省重大科技成就奖；授予“EAST 双输运垒的实现及其应用”等

8项成果安徽省自然科学奖一等奖;授予"微/纳结构材料修复土壤污染的原理及应用"等12项成果安徽省自然科学奖二等奖;授予"生物质热解液化及其催化制氢机理研究"等23项成果安徽省自然科学奖三等奖;授予"极端环境承压设备安全性能测试仪研发与应用"等3项成果安徽省技术发明奖一等奖;授予"便携非正交3D坐标测量系统研制及应用"等5项成果安徽省技术发明奖二等奖;授予"生物质制气成套设备研发及其应用"等9项成果安徽省技术发明奖三等奖;授予"稳态强磁场国家大科学工程"安徽省科学技术进步奖特等奖;授予"砀山酥梨品种改良及减灾增效生产关键技术与应用"等32项成果安徽省科学技术进步奖一等奖;授予"安徽省城市水生态治理关键技术及应用"等93项成果安徽省科学技术进步奖二等奖;授予"工业机器人研发以及在铸造行业的应用"等149项成果安徽省科学技术进步奖三等奖。

希望获奖单位和个人珍惜荣誉、再接再厉,追求卓越、勇攀高峰,在新起点上创造新业绩。全省广大科技工作者要以×××同志及全体获奖人员为榜样,不忘初心、牢记使命,继续发扬追求真理、勇于创新的科学精神,积极投身"四个一"创新主平台和"一室一中心"分平台建设,努力争取原始创新重大突破,攻克关键核心技术,推进基础研究、应用基础研究和技术创新融通发展,加快科技成果转化应用,为打造科技创新策源地、建设现代化五大发展美好安徽作出新的更大贡献。

附件:2019年度安徽省科学技术奖获奖项目(人员)

安徽省人民政府(印章)
2020年6月24日

(来源://www.ah.gov.cn/public/1681/8336351.html)

≫ 简析:这是一份表彰性决定(发文字号:皖政〔2020〕31号)。首先交代行文目的及表彰决定,其次写明表彰依据及具体表彰事项,最后对获奖对象及安徽省科技工作者提出希望和要求。随文附有附件。全篇层次清晰,结构适用于所有表彰性的公文,如嘉奖令和表彰性通报。

第二节 命 令(令)

一、命令(令)的概念

根据《条例》规定,命令(令)是一种适用于公布行政法规和规章、宣布施行重大强制性措施、批准授予和晋升衔级、嘉奖有关单位和人员的指挥性公文。

命令(令)的发文机关是有严格限制的。《中华人民共和国宪法》和《中华人民共和国地方各级人民代表大会和各级人民政府组织法》规定:国家主席、国务院总理、各部部长、各委员会主任及地方各级人民政府可以发布命令(令),其他机关不得随意发布。

二、命令(令)的特点

(一)法规性

命令(令)的发布者必须是具有发布命令权限的机关,程序性较强。因此,实际上命令

(令)就是法令。

(二)权威性

命令(令)来自具有高度权威的机关和领导人,它具有使人信服的力量。虽然命令(令)本身不是法律、法规,但是它可以作为颁布法律、法规的形式,可以确定法规和规章的生效日期、施行范围等,因而具有法律的效力和法定的权威性。

(三)强制性

命令(令)的内容集中体现了国家机关及其执行机关的指挥意图,对受文机关具有极强的约束力和指挥力。它一经发布,有关单位和人员必须无条件地服从和执行,必须"令行禁止"。否则,将受到严肃处理。

(四)严肃性

命令(令)的内容限于对行政法规和规章的发布以及对重大事件或重要问题、事项的指挥与处理,因此在态度上庄重、严肃,语气上坚决、有力。

三、命令(令)的种类

(一)按发布命令(令)的名义划分

命令(令)可分为以机关名义发布的和以领导人名义发布的两种。如《中华人民共和国国务院令》《中华人民共和国主席令》。

(二)按命令(令)内容的性质划分

命令(令)从内容的性质上可分为发布令、行政令、批准授予和晋升衔级令、嘉奖令。发布令用于公布法律、发布重要行政法规和规章。行政令用于发布施行重大强制性行政措施,其中包括任免令、通缉令、戒严令等。任免令是任命或免除政府重要官员职务时所颁发的命令。这种命令有时单独使用,即只有任职事项或免职事项,称为任职令或免职令,有时在一份命令中同时具有任免事项,称为任免令;通缉令是公安机关根据国家法律规定,动员和组织人民群众共同查找、堵截、追捕在逃犯罪嫌疑人归案而发布的;戒严令是国家或某一地区遇到特殊情况时而采取非常措施所发布的命令,如增设警戒、限制交通等。批准授予和晋升衔级令主要针对军、警、海关等特定岗位。嘉奖令用于对为国家和人民作出显著贡献的人员或单位进行嘉奖。

四、命令(令)的写作

(一)标题

1.发文机关名称/发文机关主要领导人职务+文种

【例1】 安徽省人民政府令

【例2】 中华人民共和国主席令

2.发文机关名称＋事由＋文种

【例】 国务院关于授予×××等277名同志海关关衔的命令

（二）命令期号

命令期号目前没有硬性规定，可以以签发命令的领导人任期内的发令顺序编号，如国家主席令；也可以编大流水号，如国务院令。

（三）正文

1.发布令　写明公布的是什么法律、法规或规章，什么时间、经过什么机关或会议通过或批准，自什么时候开始执行、实施或生效。如"××法规已由××会议于×年×月×日通过，现予发布/公布，自×年×月×日起施行"。也有的写得更简单，如"现发布《××××规定》。本规定自发布之日起实行"。

2.行政令

（1）一般行政令　首先写命令原因，其次是具体的命令事项。

（2）任免令　首先写任免原因，其次写任免事项。

（3）通缉令　第一，写通缉原因，即案情；第二，是被通缉人的特征；第三，与警方的联系方式等；第四，奖励办法；第五，附上犯罪嫌疑人近照或画像。这五项内容可根据具体情况增减。

（4）戒严令　首先写戒严的原因，其次写戒严的方式、措施及时间，最后提出要求。

3.批准授予和晋升衔级令　首先写批准授予和晋升衔级原因，其次写批准授予和晋升衔级事项。

4.嘉奖令　首先写明嘉奖的原因，即被嘉奖者的主要事迹；其次写嘉奖的方式和事项；最后提出希望、要求、号召等。

（四）落款

在正文右下空两行署上发文机关领导人职务，签发人签名章，在署名下面空一行写上日期。

【例1】

中华人民共和国国务院令

第724号

《保障农民工工资支付条例》已经2019年12月4日国务院第73次常务会议通过，现予公布，自2020年5月1日起施行。

总　理　李克强

2019年12月30日

（来源：http://www.gov.cn/zhengce/content/2020－01/07/content_5467278.htm）

≫ 简析：这是一份国家最高行政机关发布行政法规的命令。正文直接写明被公布的法规名称、法规通过的时间、会议名称以及施行时间。该命令开门见山，为发布令常用写作形式。

【例 2】

中华人民共和国主席令

第五十号

根据中华人民共和国第十三届全国人民代表大会常务委员会第二十次会议于 2020 年 6 月 30 日的决定：

免去×××(女)的审计署审计长职务；

任命××为审计署审计长。

中华人民共和国主席　习近平

2020 年 6 月 30 日

（来源：http://www.81.cn/xue－xi/2020－06/30/content_9843698.htm）

≫ 简析：这是一份由国家主席颁发的任免令。该命令分两部分：第一部分是命令依据“根据……”，第二部分是命令事项“免去……；任命……”。该命令开门见山，为任免令常用写作形式。

第三节　公报　公告　通告

※　公　报

一、公报的概念

根据《条例》规定，公报是一种适用于公布重要决定或者重大事项的公文。

公报属于报道性公文，其发布方式没有密级限制，因而带有强烈的新闻色彩，常常通过报纸、电台、电视、网络等媒体公开发布，而不采用红头文件发文。

二、公报的特点

（一）发文机关的权威性

从发布公报的机关来说，公报一般是由党和国家的领导机关或有关主管机关发布，一般的机关、团体、单位不宜使用。

（二）公布内容的重要性

从公报公布的内容来看，也都是国内外关注的涉及国家政治、经济、军事、外交等方面的重大事件、重要决定或者重要数据。一般性的事件、事项不宜使用公报。

(三)写作和发布方式的新闻性

公报的内容类似于最新的消息。因此写作时在时间上要注意把握时效,在形式上无须保密,一般没有主送机关、抄送机关,而是普告天下,采用新闻的笔法。在发布方式上大多通过广播、报纸、网络等媒体发布。

三、公报的种类

(一)按公报的内容划分

1.会议公报　即发布重要会议的基本情况、主要精神、议决事项的公报。

2.新闻公报　即发布党和国家重要决定或者重大事件的公报。

3.统计数据公报　即有关主管机关经过调查、统计,得出有关数据后向社会公布的公报。

4.外交公报　即政党、国家、政府之间就某些重大事件或问题经过会谈、协商后,取得一致意见、签署协定,或者经过谈判达成谅解之后而公布的公报。

(二)按发布的时间划分

1.定期发布的公报　如大多数统计数据公报。

2.不定期发布的公报　如会议公报、新闻公报、外交公报等。

四、公报的写作

(一)标题

1.会议名称+文种

【例】　中国共产党第十九届中央委员会第五次全体会议公报

2.发文者名称(或信息针对地域)+时间+事由+文种

【例】　安徽省2019年国民经济和社会发展统计公报

3.发布公报的双方(多方)名称+事由+联合(新闻)+文种

【例】　中华人民共和国和所罗门群岛关于建立外交关系的联合公报

(二)题注

题注是指发布公报的机关、公报通过的时间或公报发布的时间,位于标题之下正中,用圆括号括上。

(三)正文

1.导语　(1)新闻公报一般开门见山,直接概述新闻事实;(2)会议公报一般直接介绍会议召开的时间、地点,出席、列席会议的人员、人数,主持人及谁作了讲话等;(3)外交公报一般先概括介绍国与国或政党与政党之间在何时、何地举行会谈及会谈结果;(4)统计数据公报一般先写明制发公报的原因、背景。

2. 主体　(1)新闻公报要具体详细写明新闻事实，并对此进行评析；(2)会议公报要将会议的过程，如听取了什么、讨论了什么、学习了什么概括写出，然后在理论上进行概括，一般每个自然段通过“会议认为”“会议回顾”“会议肯定”“会议指出”“会议强调”“会议号召”等语词引出；(3)外交公报一般分条列项逐一叙述双方讨论的问题、达成的共识、交换的意见等；(4)统计数据公报一般是分类列项公布具体数据。

3. 结束语　不是必写内容，可根据情况自定。

【例 1】

2019 年全国教育事业发展统计公报

2019 年，在党中央、国务院坚强领导下，教育系统坚持以习近平新时代中国特色社会主义思想为指导，深入贯彻党的十九大和十九届二中、三中、四中全会精神、全国教育大会精神以及党的教育方针，全面落实《中国教育现代化 2035》和《加快推进教育现代化实施方案(2018—2022 年)》，加快推进教育现代化，建设教育强国，办好人民满意的教育，各级各类教育事业发展取得了新进展。

一、综合

全国共有各级各类学校 53.01 万所，比上年增加 1.13 万所，增长 2.17%；各级各类学历教育在校生 2.82 亿人，比上年增加 660.62 万人，增长 2.40%；专任教师 1732.03 万人，比上年增加 59.18 万人，增长 3.54%。

二、学前教育

全国共有幼儿园 28.12 万所，比上年增加 1.45 万所，增长 5.44%。学前教育入园幼儿[2]1688.23 万人；在园幼儿[3]4713.88 万人，比上年增加 57.46 万人，增长 1.23%。学前教育毛入园率[4]达到 83.4%，比上年提高 1.7 个百分点。

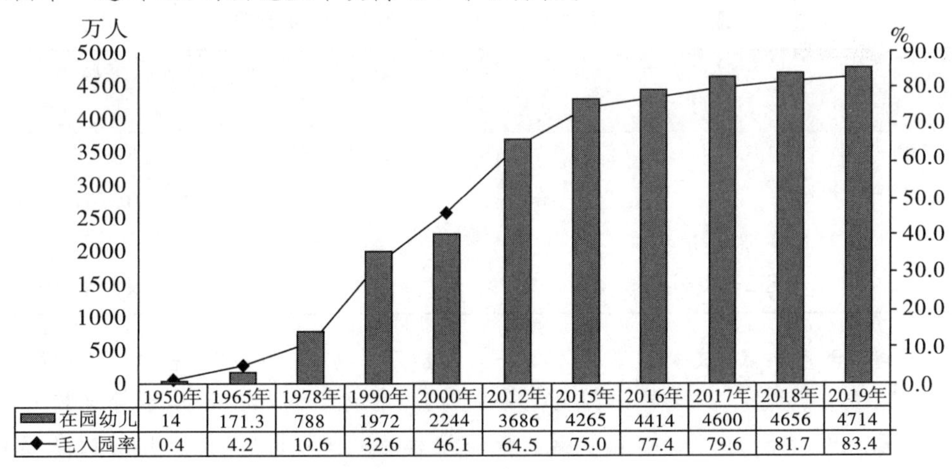

	1950年	1965年	1978年	1990年	2000年	2012年	2015年	2016年	2017年	2018年	2019年
在园幼儿	14	171.3	788	1972	2244	3686	4265	4414	4600	4656	4714
毛入园率	0.4	4.2	10.6	32.6	46.1	64.5	75.0	77.4	79.6	81.7	83.4

图 1　学前教育在园幼儿和毛入园率

幼儿园教职工 491.57 万人，比上年增加 38.43 万人，增长 8.48%；专任教师 276.31 万人，比上年增加 18.17 万人，增长 7.04%。

三、义务教育

全国共有义务教育阶段学校 21.26 万所，招生 3507.89 万人，在校生 1.54 亿人，专任教师 1001.65 万人，九年义务教育巩固率[5]94.8%。

1. 小学

普通小学 16.01 万所，比上年减少 0.17 万所，下降 1.03%。另有小学教学点 9.65 万个，比上年减少 0.49 万个。招生 1869.04 万人，比上年增加 1.74 万人，增长 0.09%；在校生 10561.24 万人，比上年增加 221.98 万人，增长 2.15%；毕业生 1647.90 万人，比上年增加 31.41 万人，增长 1.94%。小学学龄儿童净入学率[6]99.94%。

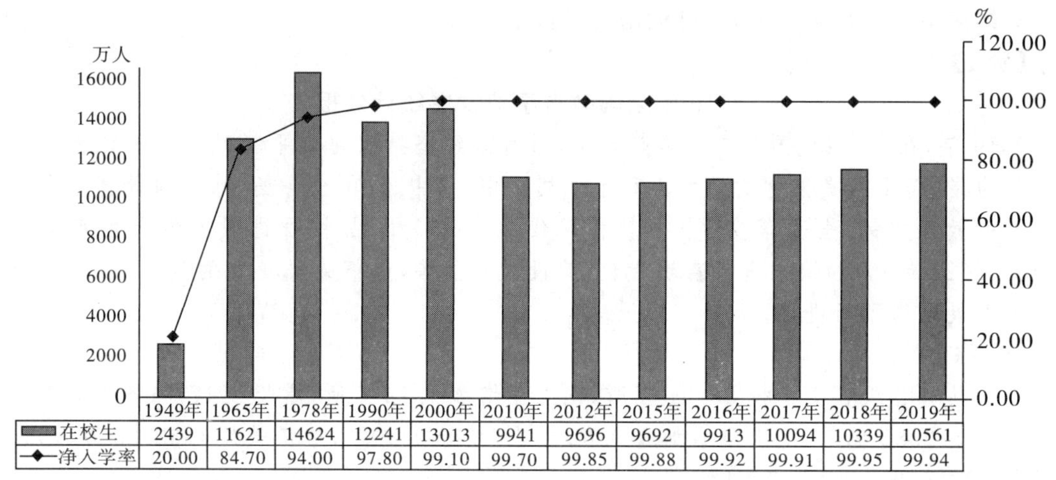

	1949年	1965年	1978年	1990年	2000年	2010年	2012年	2015年	2016年	2017年	2018年	2019年
在校生	2439	11621	14624	12241	13013	9941	9696	9692	9913	10094	10339	10561
净入学率	20.00	84.70	94.00	97.80	99.10	99.70	99.85	99.88	99.92	99.91	99.95	99.94

图 2 小学在校生和净入学率

小学教职工[7]585.26 万人，比上年增加 12.01 万人，增长 2.10%；专任教师[8]626.91 万人，比上年增加 17.72 万人，增长 2.91%。专任教师学历合格率[9]99.97%，与上年持平。生师比 16.85 : 1。

表 1 小学学校数、教职工、专任教师情况

	学校数（所）	教职工数（人）	专任教师数（人）
普通小学	160148	5852646	6269084
其中：小学	160148	5455504	5106740
九年一贯制学校	—	—	694041
十二年一贯制学校	—	—	88785

普通小学（含教学点）校舍建筑面积 81586.32 万平方米，比上年增加 2966.79 万平方米。设施设备配备达标[10]的学校比例情况分别为：体育运动场（馆）面积达标学校 90.22%，体育器械配备达标学校 95.38%，音乐器材配备达标学校 95.17%，美术器材配备达标学校 94.97%，数学自然实验仪器达标学校 94.70%，各项比例比上年均有提高。

小学总班数 280.78 万个，比上年增加 5.39 万个。其中，56～65 人的大班 10.22 万个，比上年减少 6.36 万个，占总班数的比例 3.64%，比上年下降 2.38 个百分点；66 人以上的超大班 6385 个，比上年减少 6444 个，占总班数的比例 0.23%，比上年下降 0.24 个百分点。

2. 初中

初中学校 5.24 万所（含职业初中 11 所），比上年增加 433 所，增长 0.83%。招生 1638.85 万人，比上年增加 36.26 万人，增长 2.26%；在校生 4827.14 万人，比上年增加

174.55 万人，增长 3.75%；毕业生 1454.09 万人，比上年增加 86.33 万人，增长 6.31%。初中阶段毛入学率[4]102.6%。

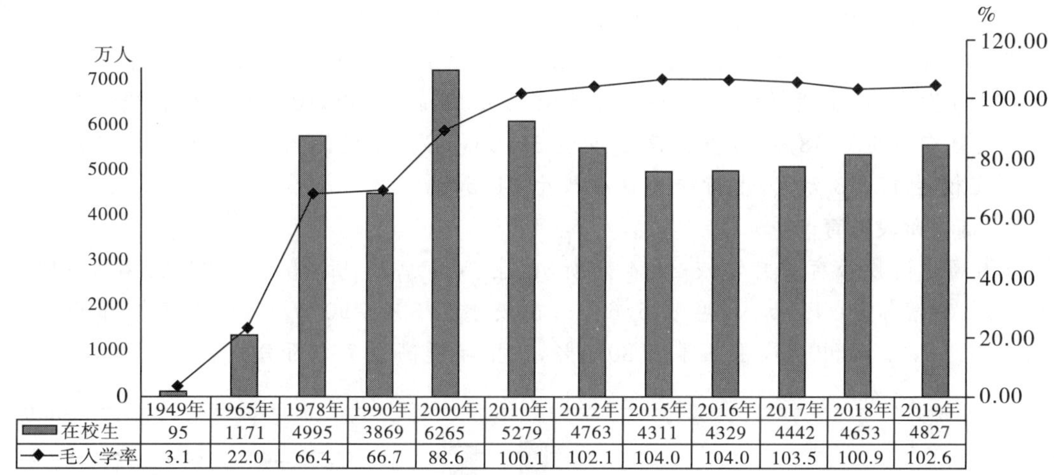

图 3　初中在校生和毛入学率

初中教职工 435.04 万人，比上年增加 15.67 万人，增长 3.74%；专任教师[11]374.74 万人，比上年增加 10.84 万人，增长 2.98%。初中专任教师学历合格率 99.88%，比上年提高 0.02 个百分点。生师比 12.88:1。

表 2　初中学校数、教职工、专任教师情况

	学校数（所）	教职工数（人）	专任教师数（人）
初中	52415	4350422	3747429
其中：初级中学	35038	2816689	2586066
九年一贯制学校	17366	1533323	638380
十二年一贯制学校	—	—	99941
完全中学	—	—	422685
职业初中	11	410	357

初中校舍建筑面积 67962.80 万平方米，比上年增加 3594.67 万平方米。设施设备配备达标的学校比例情况分别为：体育运动场（馆）面积达标学校 93.54%，体育器械配备达标学校 96.56%，音乐器材配备达标学校 96.22%，美术器材配备达标学校 96.02%，理科实验仪器达标学校 96.12%，各项比例较上年均有提高。

初中总班数 104.41 万个，比上年增加 4.32 万个。其中，56～65 人的大班 4.21 万个，比上年减少 3.82 万个，占总班数的比例 4.04%，比上年下降 3.99 个百分点；66 人以上的超大班 2725 个，比上年减少 3220 个，占总班数的比例 0.26%，比上年下降 0.33 个百分点。

3. 进城务工人员随迁子女[12]

义务教育阶段在校生中进城务工人员随迁子女 1426.96 万人。其中，在小学就读 1042.03 万人，在初中就读 384.93 万人。

四、特殊教育

全国共有特殊教育学校 2192 所，比上年增加 40 所，增长 1.86%；特殊教育学校共有专任教师 6.24 万人，比上年增加 0.37 万人，增长 6.31%。

招收各种形式[13]的特殊教育学生 14.42 万人，比上年增加 2.07 万人，增长 16.76%；在校生 79.46 万人，比上年增加 12.87 万人，增长 19.32%。其中，附设特教班在校生 3845 人，占特殊教育在校生 0.48%；随班就读在校生 39.05 万人，占特殊教育在校生 49.15%；送教上门[14]在校生 17.08 万人，占特殊教育在校生 21.50%。

五、高中阶段教育[15]

全国高中阶段教育共有学校 2.44 万所，比上年增加 55 所，增长 0.23%；招生 1439.86 万人，比上年增加 90.11 万人，增长 6.68%；在校学生 3994.90 万人，比上年增加 60.23 万人，增长 1.53%。高中阶段毛入学率 89.5%，比上年提高 0.7 个百分点。

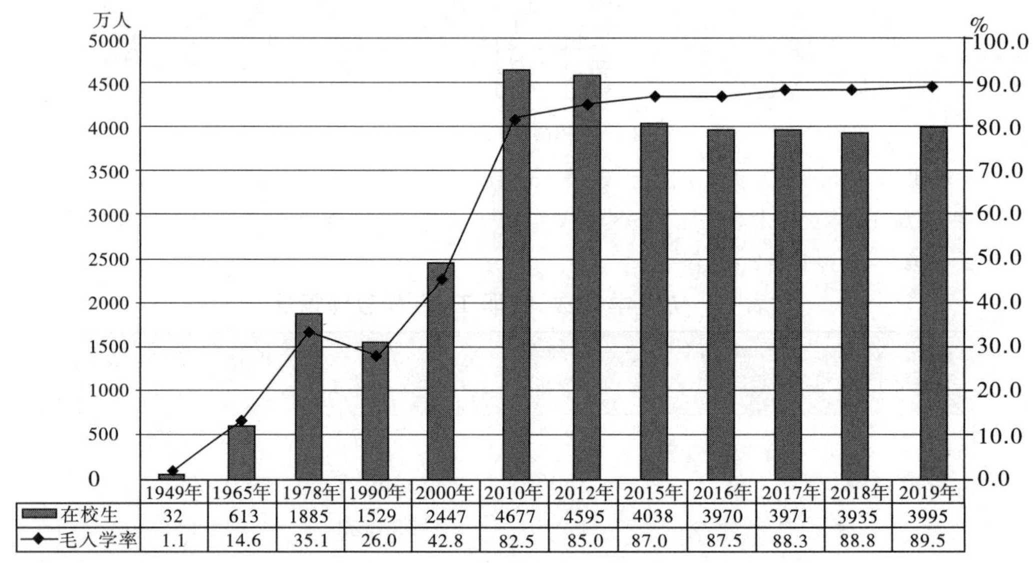

	1949年	1965年	1978年	1990年	2000年	2010年	2012年	2015年	2016年	2017年	2018年	2019年
在校生	32	613	1885	1529	2447	4677	4595	4038	3970	3971	3935	3995
毛入学率	1.1	14.6	35.1	26.0	42.8	82.5	85.0	87.0	87.5	88.3	88.8	89.5

图 4　高中阶段在校生和毛入学率

1. 普通高中

普通高中 1.40 万所，比上年增加 227 所，增长 1.65%；招生 839.49 万人，比上年增加 46.79 万人，增长 5.90%；在校生 2414.31 万人，比上年增加 38.93 万人，增长 1.64%；毕业生 789.25 万人，比上年增加 10.01 万人，增长 1.28%。

普通高中教职工 283.37 万人，比上年增加 9.11 万人，增长 3.32%；专任教师 185.92 万人，比上年增加 4.67 万人，增长 2.57%。生师比 12.99∶1；专任教师学历合格率 98.62%，比上年提高 0.21 个百分点。

表 3　普通高中学校数、教职工、专任教师情况

	学校数（所）	教职工数（人）	专任教师数（人）
普通高中	13964	2833658	1859342
其中：完全中学	5392	1084014	544134
高级中学	7003	1381078	1228091
十二年一贯制学校	1569	368566	87017

普通高中校舍建筑面积 56788.56 万平方米，比上年增加 2582.51 万平方米。普通高中设施设备配备达标的学校比例情况分别为：体育运动场（馆）面积达标学校 91.62%，体育器械配备达标学校 94.20%，音乐器材配备达标学校 93.20%，美术器材配备达标学校 93.31%，理科实验仪器达标学校 93.84%。

2. 成人高中

成人高中 333 所，比上年减少 21 所；在校生 4.12 万人，毕业生 3.42 万人。成人高中教职工 2509 人，专任教师 1933 人。

3. 中等职业教育[16]

中等职业学校 1.01 万所，比上年减少 151 所。其中，普通中等专业学校 3339 所，比上年增加 17 所；成人中等专业学校 1032 所，比上年减少 65 所；职业高中 3315 所，比上年减少 116 所；技工学校 2392 所，比上年增加 13 所。

中等职业教育招生 600.37 万人，比上年增加 43.32 万人，占高中阶段教育招生总数的 41.70%。其中，普通中专招生 255.50 万人，比上年增加 13.57 万人；成人中专招生 49.73 万人，比上年增加 3.48 万人；职业高中招生 152.18 万人，比上年增加 11.86 万人；技工学校招生 142.95 万人，比上年增加 14.41 万人。

中等职业教育在校生 1576.47 万人，比上年增加 21.21 万人，占高中阶段教育在校生总数的 39.46%。其中，普通中专在校生 703.59 万人，比上年增加 4.17 万人；成人中专在校生 106.85 万人，比上年减少 6.28 万人；职业高中在校生 405.73 万人，比上年增加 4.65 万人；技工学校在校生 360.31 万人，比上年增加 18.67 万人。

中等职业教育毕业生 493.47 万人，比上年增加 6.19 万人。其中，普通中专毕业生219.96 万人，比上年增加 1.38 万人；成人中专毕业生 48.19 万人，比上年减少 2.91 万人；职业高中毕业生 126.89 万人，比上年减少 0.40 万人；技工学校毕业生 98.42 万人，比上年增加8.13 万人。

表 4　中等职业教育学生情况

	毕业生数（人）	招生数（人）	在校生数（人）
中等职业教育	4934674	6003657	15764713
其中：普通中专	2199648	2555022	7035872
成人中专	481851	497336	1068475
职业高中	1268928	1521763	4057316
技工学校	984247	1429536	3603050

中等职业学校教职工107.33万人，比上年增加0.70万人。其中，普通中专教职工39.86万人，比上年增加1094人；成人中专教职工5.00万人，比上年减少1868人；职业高中教职工33.98万人，比上年增加308人；技工学校教职工27.18万人，比上年增加5099人。

中等职业学校专任教师84.29万人，比上年增加0.94万人，生师比[17]18.94∶1。其中，普通中专专任教师30.95万人，比上年增加4577人；成人中专专任教师3.80万人，比上年减少1537人；职业高中专任教师28.48万人，比上年增加1758人；技工学校专任教师20.07万人，比上年增加2679人。

六、高等教育

全国各类高等教育在学总规模[18]4002万人，高等教育毛入学率51.6%。全国共有普通高等学校2688所(含独立学院257所)，比上年增加25所，增长0.94%。其中，本科院校1265所，比上年增加20所；高职(专科)院校1423所，比上年增加5所。全国共有成人高等学校268所，比上年减少9所；研究生培养机构828个，其中，普通高等学校593个，科研机构235个。普通高等学校校均规模[19]11260人，其中，本科院校15179人，高职(专科)院校7776人。

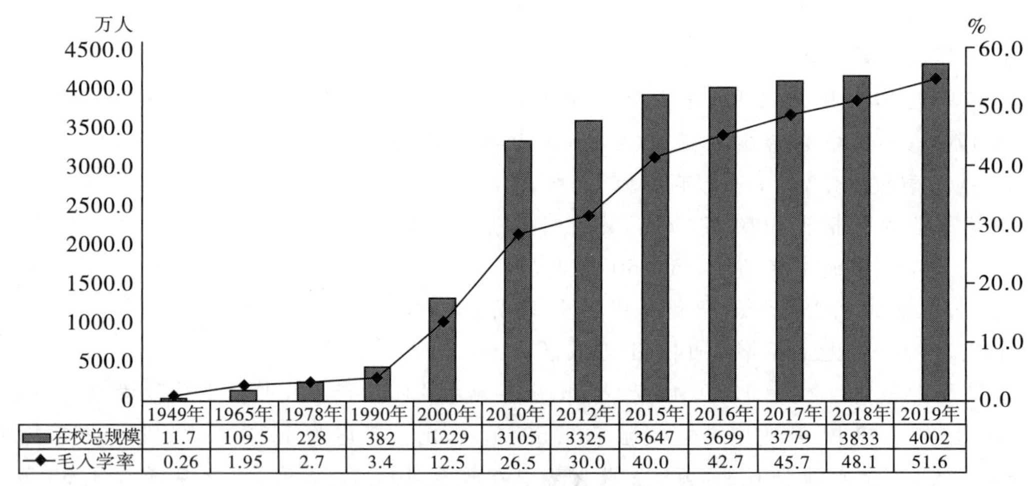

图5 高等教育在学总规模和毛入学率

研究生招生[20]91.65万人，其中，招收博士生10.52万人，招收硕士生81.13万人。在学研究生286.37万人，其中，在学博士生42.42万人，在学硕士生243.95万人。毕业研究生63.97万人，其中，毕业博士生6.26万人，毕业硕士生57.71万人。

普通本专科招生914.90万人，比上年增加123.91万人，增长15.67%；在校生3031.53万人，比上年增加200.49万人，增长7.08%；毕业生758.53万人，比上年增加5.22万人，增长0.69%。另有五年制高职转入专科招生46.00万人；专科起点本科招生31.75万人。

表 5　普通本专科学生情况

	毕业生数（人）	招生数（人）	在校生数（人）
普通本专科	7585298	9149026	30315262
其中：本科	3947157	4312880	17508204
专科	3638141	4836146	12807058

成人本专科招生 302.21 万人，比上年增加 28.90 万人，增长 10.57%；在校生 668.56 万人，比上年增加 77.57 万人，增长 13.13%；毕业生 213.14 万人，比上年减少 4.60 万人，下降 2.11%。

全国高等教育自学考试学历教育报考 596.37 万人次，取得毕业证书 48.98 万人。

普通高等学校教职工 256.67 万人，比上年增加 7.92 万人，增长 3.18%；专任教师 174.01 万人，比上年增加 6.74 万人，增长 4.03%。普通高校生师比[21]为 17.95∶1，其中，本科院校 17.39∶1，高职（专科）院校 19.24∶1。成人高等学校教职工 3.61 万人，比上年减少 1939 人；专任教师 2.06 万人，比上年减少 1267 人。

普通高等学校校舍建筑面积[22]101248.41 万平方米，比上年增加 3534.85 万平方米；教学科研仪器设备总值[23]6095.08 亿元，比上年增加 562.02 亿元。

七、民办教育

全国共有各级各类民办学校 19.15 万所，比上年增加 8052 所，占全国比重 36.13%；招生 1774.33 万人，比上年减少 5.42 万人，下降 0.30%；各类教育在校生 5616.61 万人，比上年增加 238.40 万人，增长 4.43%。其中：

民办幼儿园 17.32 万所，比上年增加 7457 所，增长 4.50%；入园儿童 904.68 万人；在园幼儿 2649.44 万人，比上年增加 9.66 万人，增长 0.37%。

民办普通小学 6228 所，比上年增加 49 所，增长 0.79%；招生 159.04 万人，比上年增加 3.74 万人，增长 2.41%；在校生 944.91 万人，比上年增加 60.33 万人，增长 6.82%。

民办初中 5793 所，比上年增加 331 所，增长 6.06%；招生 243.11 万人，比上年增加 12.64 万人，增长 5.48%；在校生 687.40 万人，比上年增加 51.10 万人，增长 8.03%。

民办普通高中 3427 所，比上年增加 211 所，增长 6.56%；招生 135.86 万人，比上年增加 18.91 万人，增长 16.17%；在校生 359.68 万人，比上年增加 31.41 万人，增长 9.57%。

民办中等职业学校[24]1985 所，比上年减少 8 所，下降 0.40%；招生 89.99 万人，比上年增加 8.76 万人，增长 10.79%；在校生 224.37 万人，比上年增加 14.67 万人，增长 6.99%。

民办高等学校 757 所（含独立学院 257 所，成人高校 1 所），比上年增加 7 所。普通本专科招生 219.69 万人，比上年增加 35.75 万人，增长 19.43%；在校生 708.83 万人，比上年增加 59.23 万人，增长 9.12%。硕士研究生招生 876 人，在学 1865 人。

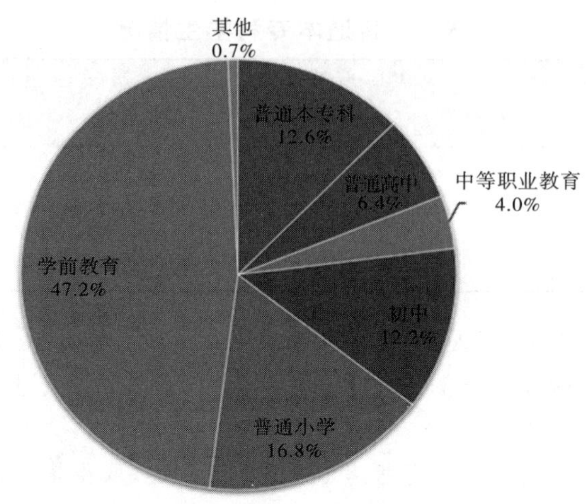

图6 民办教育在校生规模结构

(来源:http://www.moe.gov.cn/jyb_sjzl/sjzl_fztjgb/202005/t20200520_456751.htm)

≫ 简析:这是一篇教育部面向社会发布的统计公报(因篇幅所限,文后"注释"略)。导语部分概述了制发公报的背景缘由;主体部分公布了2019年我国"综合""学前教育""义务教育""特殊教育""高中阶段教育""高等教育""民办教育"七个方面的各项统计数据并辅之以图表。全文以数据和图表说话,便于大众精准把握2019年中国教育事业发展状况。

【例2】

金砖国家外长正式会晤新闻公报

(2020年9月7日)

一、金砖国家外长正式会晤于2020年9月4日以视频方式举行。2020年金砖国家主席国俄罗斯主持会议。

二、外长们就政治安全、经贸财金、可持续发展等领域的重大国际和地区问题交换了意见,并回顾了金砖国家合作取得的进展。外长们讨论了在第75届联合国大会期间相互支持彼此倡议并开展更紧密合作的可能性。

三、外长们忆及2020年是联合国成立75周年暨第二次世界大战结束75周年,支持继续就共同关心的问题开展合作,包括通过常驻联合国及其他国际组织代表团定期会晤等。

四、外长们回顾联合国诞生于第二次世界大战惨剧中,作为人类一项共同的使命,欲免后世再遭战祸。外长们支持举办纪念联合国成立75周年系列高级别活动。外长们进一步呼吁坚决反对复活纳粹意识形态、种族主义、仇外心理及歪曲历史。外长们重申需要加强国际合作,推动构建人类命运共同体。外长们强调,要加大新兴市场国家和发展中国家参与全球决策,使全球治理更具包容性、代表性和参与性。

五、外长们重申致力于维护和尊重国际法,包括联合国宪章宗旨与原则,支持联合国在国际体系中发挥中心作用,各主权国家合作维护和平与安全、推进可持续发展、促进和保障所有人的人权与基本自由。外长们强调国际组织完全由成员国主导并促进共同利益的重要性。外长们呼吁,在主权平等、不干涉内政、相互尊重、合作共赢原则基础上,构建更加公平正义、平等包容和具有代表性的多极化国际体系，以此纪念联合国成立75周年。外长们强调，不得采取任何违反国际法和《联合国宪章》的强制性措施。

六、外长们回顾2005年世界首脑会议成果文件，重申需要对联合国包括其安理会进行全面改革，使之更具代表性、效力和效率，增强发展中国家代表性，以应对全球挑战。中国和俄罗斯重申重视巴西、印度和南非在国际事务中的地位和作用，支持其希望在联合国发挥更大作用的愿望。

七、外长们认可金砖国家经贸部长于2020年7月23日发表的关于多边贸易体制和世界贸易组织改革联合声明，重申支持以世贸组织为代表、透明、开放、包容、非歧视、基于规则的多边贸易体制。外长们重申世贸组织改革的重要性，强调世贸组织在促进国际贸易可预见性、稳定性和法律确定性方面的核心作用。外长们强调世贸组织成员遵守世贸组织规则和承诺的重要性，应避免采取与世贸组织的精神和规则相悖的单边和保护主义措施。外长们强调迫切需要恢复和维护世贸组织争端解决机制正常运作。外长们还注意到采取贸易便利化措施对促进金砖国家贸易关系的重要性。

八、外长们承认当前各种全球挑战相互关联，需要加强国家间合作，应对这些挑战必须重振外交努力，加强并改革多边体系，包括联合国、世界贸易组织、世界卫生组织、国际货币基金组织及其他国际组织等。外长们对新冠肺炎大流行导致的全球性重大挑战以及其在全球范围内对卫生、社会和经济所造成的冲击表示严重关切。外长们对逝者表示哀悼，对受影响家庭的处境感同身受，并向所有一线医务工作者致敬。外长们重申当务之急是维持就业和收入，尤其是对社会最弱势群体。外长们强调恢复国际经济增长和国际贸易、增强市场稳定性和韧性的紧迫性。外长们强调国家间开展双边和多边合作具有重要价值。

九、外长们回顾2015年《乌法宣言》关于加大共同努力应对新型传染病风险的决定。外长们认可世界卫生组织作用，强调加强金砖国家对全球卫生安全作出积极贡献的重要性，以及在联合国、世卫组织和其他国际组织框架内采取协调行动的必要性。外长们期待国际社会评估并借鉴包括政府间机构在内的各层面应对新冠肺炎大流行及其影响的措施，进而确定最佳实践，确保通过加大政治支持、资金投入和资源等手段，更好地帮助各国应对新冠肺炎大流行以及其他当前和未来的卫生挑战。外长们回顾2018年《约翰内斯堡宣言》关于建立金砖国家疫苗研发中心的决定，鼓励中心尽早投入有效运作。

十、外长们强调所有相关国际组织和金融机构需大力协作，确保及时全面地处理新冠肺炎大流行对社会经济权利和发展权造成的负面影响。外长们强调要减轻大流行对可持续发展影响。外长们重申要充分、及时落实2030年可持续发展议程和相关可持续发展目标、《联合国气候变化框架公约》及其《京都议定书》和《巴黎协定》。外长们认可2020年7月30日第六届金砖国家环境部长会议声明。

十一、外长们强调通过金砖国家科技、创新和创业合作，实现经济尽快复苏和高质量发展的重要性。鉴此，外长们回顾了2020年8月24日金砖国家工业部长会议关于加强新工业革命领域合作联合声明，赞赏新工业革命伙伴关系咨询小组所做工作。

十二、外长们赞赏新开发银行为基础设施建设和可持续发展提供金融支持，并为金砖国家应对新冠肺炎大流行的卫生和经济影响所做贡献。外长们欢迎新开发银行理事会设立100亿美元紧急援助贷款并批准总金额40亿美元的4笔贷款。外长们认可新开发银行为尽早扩员所做准备工作取得的进展。

十三、外长们强调以政治和外交方式，通过对话化解日益增多的国际和平与安全挑战至关重要。外长们强调，各国需在裁军和防扩散领域继续共同努力，确保外空活动的长期可持续性，并防止外空军备竞赛。外长们强调迫切需要谈判一项具有法律约束力的多边文书，以填补适用于外空的国际法空白，包括防止在外空部署武器和对外空物体使用或威胁使用武力。外长们强调务实的透明和建立信任措施将有助于实现上述目标。

十四、外长们强调金砖国家继续开展探索及和平利用外空合作的重要性，包括通过联合国和平利用外空委员会渠道。

十五、外长们强调遵守和加强《禁止生物武器公约》的重要性，包括通过达成附加议定书建立有效核查机制等。外长们重申公约是禁止生物和毒素武器的核心机制，其职能不应同其他机制重叠，包括涉及联合国安理会的相关问题。解决执行问题的努力应符合《禁止生物武器公约》。

十六、外长们重申对禁止化学武器组织的支持，呼吁《禁止化学武器公约》缔约国保持该公约完整性，并就恢复禁化武组织协商一致精神开展建设性对话。

十七、外长们对世界各地暴力加剧和冲突持续，并在国际和地区层面造成重大冲击表示关切。外长们同意，无论何种历史背景及独特性质，都应根据国际法准则及条款特别是《联合国宪章》，通过政治对话和谈判等和平方式和外交手段化解冲突。外长们注意到联合国安理会第2532号决议要求所有冲突方立即停止除联合国授权的反恐行动外所有敌对行动，并呼吁在新冠肺炎大流行背景下实现持久的人道主义停火。

十八、外长们对中东北非局势表示严重关切，强调该地区冲突和危机应通过包容性对话等政治和外交方式解决。外长们核可2020年8月26日金砖国家中东事务副外长级磋商新闻公报。

十九、外长们对非洲部分地区的安全形势和持续武装冲突表示关切，呼吁国际社会根据非洲人民所提“以非洲方式解决非洲问题”原则，支持旨在加强非洲和平与安全的区域和次区域倡议。外长们赞赏非盟承诺推进“2020年消弭枪声”倡议，并强调联合国与非盟在国际和安领域强化伙伴关系的重要性。

二十、外长们对马里局势表示严重关切。外长们忆及联合国和非盟强调迫切需要恢复宪法秩序，呼吁各攸关方同西非国家经济共同体开展建设性合作，找到打破当前僵局、早日恢复马里宪法与民主秩序的和平解决办法。

（略）

三十、外长们满意地赞赏2020年俄罗斯担任主席国期间，尽管受当前全球性挑战不利影响，金砖国家仍保持举办活动的势头和延续性，致力于取得务实成果，造福各国人民。俄罗斯强调其决心进一步深化金砖国家政治安全、经贸财金、人文交流“三轮驱动”战略伙伴关系。

三十一、印度、中国、南非和巴西全力支持俄罗斯在2020年秋季举办金砖国家领导人第十二次会晤，致力于共同努力取得丰硕成果。

（来源：http://new.fmprc.gov.cn/web/wjbzhd/t1812776.shtml）

≫ 简析：这是一份外交部发布的外交性新闻公报，采用条文式结构。第一条是导语，交代了金砖国家外长会晤的时间、方式及会议主持国；第二条至第三十条（因篇幅所限，第二十一条至第二十九条略)是公报的主体部分,明确了参加会议的外长们达成的各项共识;最后一条属于结束语,写明下次会晤的时间安排,表达了各国团结合作共同努力的决心。全文分条列项,有利于读者快速清晰掌握会议达成事项。

※ 公 告

一、公告的概念

根据《条例》规定,公告是一种适用于向国内外宣布重要事项或者法定事项的公文。

公告通常由国家行政管理机关、人大、司法机关及新华社等,通过报纸、杂志、广播、电视、网络等新闻媒体发布,或者在专用公告栏中张贴。但是目前社会上乱用公告的现象十分严重,很多没有使用"公告"这个文种资格的单位且文件内容又是一般事项的,也以公告的形式在媒体上公布或随便张贴。比如商品展销公告、商店开业公告、不准养狗公告、出租公告、承包公告,等等,这种现象有损于公告的权威性,应当及时纠正,使公告的严肃性真正体现出来。

二、公告的特点

(一)作者的限定性

公告一般由党和国家的高层领导机关、权力机关、行政管理机关、司法机关等制发,其他机关、单位不能随意制发。

(二)内容的重要性

从公告的事项内容上来看,它或者体现了党和国家的政策精神、法律法规,或者是重要的国事,因而其影响和意义是重大而深远的。

(三)措辞的慎重性

公告的措辞和语体是审慎、严谨和郑重的。因为公告既是国家形象的象征,也是各级管理机关原则性和权力的体现,因而要求措辞得体、文势明快、表意完整。

(四)内容的单一性

公告要求一事一文,内容单一。

(五)发布的广泛性

公告发布的广泛性,一是指发布的范围是广泛的,既向国内又向国外;二是指受文的对象是广泛的,它没有特定的受文对象,而是面向国内外公众。

(六)发布方式的多样性

公告既可以在公告栏中张贴,也可以通过政府网站、报纸、杂志、广播、电视等媒体发布。

三、公告的种类

(一)重大事项性公告

即向国内外告知重大事项、重要事件,有时还提出需要遵守的事项或要求的公告。常见的有国家重要领导人职务的变动、领导人的出访或其他重大活动、重要科技成果或军事行动的公布、对重大灾难事件的哀悼,等等。例如为表达全国各族人民对四川汶川大地震遇难同胞的深切哀悼,国务院2008年5月18日发布公告,将2008年5月19日至21日定为全国哀悼日。

(二)法定事项性公告

即依据有关法律和法规的规定,一些重要事情和主要环节必须公布的公告。例如《中华人民共和国专利法》第三十九条规定:“发明专利申请经实质审查没有发现驳回理由的,由国务院专利行政部门作出授予发明专利权的决定,发给发明专利证书,同时予以登记和公告。发明专利权自公告之日起生效。”

四、公告与公报的区别

1.公告涉及的是重大事项和法定事项,公报涉及的则是关乎国家各方面工作的重大事项和重要决定,内容涵盖的范围更加广泛。

2.公告公布的内容简明扼要,公报公布的内容具体详细,带有新闻报道的性质。

五、公告的写作

(一)标题

1.发文机关+事由+文种

【例】 国家税务总局关于修订企业所得税年度纳税申报表的公告

2.发文机关+文种

【例】 安徽省人民代表大会常务委员会公告

(二)发文期号

即公告在一年中的发文顺序号,或一届会议所发公告的顺序号。

(三)正文

1.公告原因　即为什么发布公告。

2.公告事项　即公告的主要内容,这部分不要求分析、评论,如果内容较多,可以分条列项来写。

3.公告结语　一般另起一行,写“特此公告”“现予公告”。也可不写结语。

（四）落款

在正文右下方署上发文机关的名称，在署名的下一行写上日期。

【例 1】

国务院公告

为表达全国各族人民对抗击新冠肺炎疫情斗争牺牲烈士和逝世同胞的深切哀悼，国务院决定，2020 年 4 月 4 日举行全国性哀悼活动。在此期间，全国和驻外使领馆下半旗志哀，全国停止公共娱乐活动。4 月 4 日 10 时起，全国人民默哀 3 分钟，汽车、火车、舰船鸣笛，防空警报鸣响。

2020 年 4 月 3 日

（来源：http://www.gov.cn/zhengce/content/2020－04/03/content_5498472.htm）

≫ 简析：这是一份重要事项性公告。正文交代了发布公告的目的、缘由，明确了决定的公告事项及具体要求。全篇语言简洁有力，体现了国家对抗击新冠肺炎疫情斗争牺牲烈士和逝世同胞的深切哀悼之意。

【例 2】

中华人民共和国国家发展和改革委员会

公　告

2020 年　第 1 号

为贯彻落实党中央、国务院关于深入推进简政放权、放管结合、优化服务，改善营商环境的有关要求，经商国务院相关部门，决定废止《国家物价局、财政部关于发布中央管理的地矿系统行政事业性收费项目及标准的通知》（价费字〔1992〕251 号）等 85 件价格规范性文件，现予以公告。

附件：国家发展改革委决定废止的价格规范性文件目录

国家发展改革委（印章）

2020 年 3 月 12 日

（来源：https://www.ndrc.gov.cn/xxgk/zcfb/gg/202003/t20200320_1223779.html）

≫ 简析：这是一份法定事项性公告。正文交代了发布公告的目的、缘由，明确了决定的公告事项，并以“现予以公告”结束全文。随文附有附件。

※　通　告

一、通告的概念

根据《条例》规定，通告是一种适用于在一定范围内公布应当遵守或者周知的事项的周知性公文。

二、通告的特点

(一)内容的规定性

通告的制发主体通常是具有一定权限和一定管理职能的行政机关或权力机关。内容主要在于对某些事项作出行政性规定和法规性的限制,要求人们遵守或知晓。

(二)公布范围的地域性

通告是在一定范围内公布应当遵守或者周知的事项,因而具有周知性。但这里的"周知"往往是相对的,有地域范围的限制。它所告知的对象大到国家范围,小到某个单位内部区域,凡与通告内容相关人员都是通告所告知的对象。

(三)内容的单一性

一份通告,其内容只能写一件事项,即一事一文。

(四)事项的具体性

通告在写作上要求内容具体,叙述、说明清楚,便于被告知者知晓。

(五)发布形式的多样性

通告既可以按一般公文方式行文,也可以在某些场所张贴,还可以借助媒体在广播里宣读,在报纸、电视、网络上发布。

三、通告的种类

(一)周知性通告

即让人知晓某些事务(如停水、停电、停气)或办理某些事务(如注册、登记、年检)的通告。

(二)规范性通告

即令行禁止类的通告。其内容是对某些事项作出行政性规定或法规性限制,要求一定范围内的机关单位或有关人员遵守执行。

四、通告与公告的区别

(一)公布的事项不同

通告用于公布应当遵守、办理的事项,或者一般性周知的事项,事项可大可小,大都具有规范性和专门性;公告则用于宣布重大事件或法定事项,大都具有庄重性和新闻性。

（二）公布的范围不同

通告在国内一定范围内公布，而公告是向国内外公布。

（三）发文机关不同

通告的发布不受限制，既可由各级政府机关发布，也可由企事业单位或某职能部门发布，而公告只能由国家管理机关、权力机关或者授权某新闻媒体发布。

（四）发文方式不同

通告既可以用文件的形式发布，也可以用张贴的方式或通过媒体发布，而公告多是通过媒体发布。

五、通告的写作

（一）标题

1.发文机关＋事由＋文种

【例】 工业和信息化部关于深化信息通信领域“放管服”改革的通告

2.发文机关＋文种

【例】 合肥市公安局通告

3.文种

（二）主送机关

主送机关即通告的受文机关或个人，也可不写。

（三）正文

1.通告原因　即发布通告的依据和目的。通告原因在语言上要求概括、简明，常以“特通告如下”或“现将（就）有关事项通告如下”等过渡句引起下文。

2.通告事项　即通告的主体部分，周知性通告要具体写明通告的有关事项或有关规定。如果内容较多，可采用分条列项的写法。规范性通告的事项一般都是采用分条列项式，以便阅读和理解。

3.通告结语　有的告知通告内容施行的时间及范围，如“本通告自某年某月某日起施行”；有的发出希望和号召；有的直接以“特此通告”作结。通告结语不是必写内容。

4.落款　以正式文件形式发出的通告，落款与一般文件相同；张贴或利用媒体发布的通告，须标注发布通告的机关名称和领导签发的时间。

【例 1】

北京市人民政府关于在本市部分区域试鸣防空警报的通告

为增强市民的国防观念和防空防灾意识，提高对防空警报信号的识别和认知度，根据《中华人民共和国人民防空法》《中华人民共和国国防教育法》及《北京市人民防空条例》有关规定，市政府决定，2020 年 9 月 19 日（全民国防教育日）在本市部分区域试鸣防空警报。现就有关事项通告如下：

一、警报试鸣时间

2020年9月19日(星期六)上午10时00分至10时23分。

二、警报试鸣范围

本市五环路以外区域。

三、警报试鸣形式

防空警报鸣放按照“预先警报”“空袭警报”“解除警报”的顺序进行，每种警报鸣放时间3分钟、间隔7分钟。

预先警报：10时00分至10时03分，试鸣预先警报，鸣36秒、停24秒，反复3遍，时间3分钟。

空袭警报：10时10分至10时13分，试鸣空袭警报，鸣6秒、停6秒，反复15遍，时间3分钟。

解除警报：10时20分至10时23分，试鸣解除警报，连续鸣放，时间3分钟。

防空警报试鸣期间，请广大市民和临时来京人员在听到警报后保持正常的工作和生活秩序。

特此通告。

北京市人民政府(印章)

2020年9月11日

(来源：http://www.beijing.gov.cn/zhengce/zfwj/zfwj2016/szfwj/202009/t20200914_2059554)

≫ 简析：这是一份由地方人民政府发布的周知性通告(发文字号：京政发〔2020〕19号)。第一段交代了行文目的、依据和通告事项，以过渡句“现就有关事项通告如下”引出下文；主体部分详细告知具体事项；最后以“特此通告”结束。全篇结构完整，层次清晰。

【例2】

淮南市人民政府关于划定高排放非道路移动机械禁用区的通告

为进一步改善环境空气质量，减少非道路移动机械污染排放，根据《中华人民共和国大气污染防治法》和《淮南市人民政府办公室关于印发柴油货车污染防治攻坚战实施方案的通知》(淮府办秘〔2019〕35号)的相关规定，本市划定高排放非道路移动机械禁止使用区(以下简称禁用区)。现将有关事项通告如下：

一、禁用区范围

(一)寿县：东至东津渡大桥、南至滨湖大道、西至定湖大道、北至靖淮桥。

(二)凤台县：县城中心区域(东至淮河，西至凤蒙路—凤利路—南湖大道一线，南至淮河，北至淮阜铁路线)。

(三)大通区：大通主城区(东至中兴路，西至居仁村，南至舜耕山，北至淮蚌铁路线)，九龙岗镇城区(东至镇东路，西至万向路，南至舜耕山，北至洞山东路)，国庆东路洛河段两侧500米范围内，国庆东路上窑段两侧500米范围内，大通工业园区。

(四)田家庵区：东至田大路，西至与谢家集区交界处，南至舜耕山，北至淮河沿线。

(五)谢家集区：东至蔡新路；南至蔡新路至夏郢孜西路至二通道；西至二通道至医院路；北至医院路至平山路至蔡新路。

（六）八公山区：东至水张铁路线（八公山镇至山王镇李嘴孜段），西至东西部第二通道，南至常山路，北至东西部第二通道与淮凤路交界处。

（七）潘集区：东至孔李大桥连接线，西至西外环路，南至珠江路，北至滨河路。

（八）毛集实验区：102省道以南，高速下路口以东，焦岗湖以北，焦岗湖镇史集路以西。

（九）淮南经济技术开发区：东至中兴路高压走廊一洛九路，西至田大路，南至洞山东路，北至淮河大坝。

（十）淮南高新技术产业开发区：东沿淮舜南路，玉兰大道，和风大街，瓦埠湖路，春申大街至淮河大道南段，西沿青桐大道，泰康街至合淮路，北至沿山路。

（十一）八公山风景名胜区、舜耕山风景区、上窑国家森林公园：全部辖区。

二、适用范围及高排放标准

（一）本通告适用于在施工工地、物流园区、大型工矿企业、港口码头、铁路货场作业的非道路移动机械，主要包括但不限于以下机械类型：挖掘机、起重机、推土机、装载机、压路机、摊铺机、平地机、叉车、打桩机、铲车、牵引车、摆渡车等。

（二）非道路移动机械有下列情形之一的属高排放：

1.排放黑烟等明显可视污染物的或经检测污染物排放超过《非道路柴油移动机械排气烟度限值及测量方法》（GB36886—2018）规定限值的；

2.所装用柴油机达不到《非道路移动机械用柴油机排气污染物排放限值及测量方法（中国第三、四阶段）》（GB20891—2014）第三阶段标准的。

三、禁用区高排放非道路移动机械管理

（一）在禁用区内使用的非道路移动机械，排放的大气污染物不得超过规定排放标准。工程招标和施工、生产中，鼓励选用电动、气动非道路移动机械。

（二）2020年4月30日之前，凡使用非道路移动机械的单位、个人，需向所在辖区生态环境部门办理编码登记和环保标牌。新购置或转入的非道路移动机械，应在购置或转入之日起30日内完成办理编码登记。

（三）在禁用区内使用高排放非道路移动机械的，由生态环境部门依据《中华人民共和国大气污染防治法》相关规定予以处罚。

（四）城乡建设、交通运输、城市管理、重点工程、农业农村、林业、园林、水利、市场监督等有关部门根据各自监管职责，建立非道路移动机械管理制度，在日常管理工作中落实本通告要求。

（五）禁用区内，各类项目单位应建立非道路移动机械进场管理台账，禁止高排放非道路移动机械进场使用。

（六）在用非道路移动机械未安装污染控制装置或者污染控制装置不符合要求，不能达标排放的，应加装或者更换符合要求的污染控制装置；对明显不能达标排放的非道路移动机械，应立即停止使用，并予以维修。

四、实施时间

本通告自发布之日起施行。

2020年3月6日（印章）

（来源：http://www.huainan.gov.cn/public/6596035/1258286298.html）

≫ 简析:这是一份由地方人民政府发布的规范性通告(发文字号:淮府秘〔2020〕11 号)。第一段交代了行文目的、依据和通告事项,并以过渡句“现就有关事项通告如下”引出下文;主体部分分条列项告知规范事项;最后明确通告的实施时间。全篇条理清晰,内容具有约束力,体现了发文机关的权威性。

第四节　通知　通报

※　通　知

一、通知的概念

根据《条例》规定,通知是一种适用于发布、传达要求下级机关执行和有关单位周知或者执行的事项,批转、转发公文的周知性公文。

二、通知的特点

(一)告知性

通知是知照性公文,它告知相关单位、个人应该做什么、为什么做,并提出做的要求。

(二)广泛性

通知是使用频率高、范围广的文种。主要体现在以下几方面:(1)可以用来处理多种公务;(2)作者广泛,没有层次限制;(3)主要作为下行文,但也可以作为平行文,向非隶属机关发行。因此,它流向广泛,具有普发性。

(三)执行性

通知多作下行文使用,不管是直发公文还是批转、转发公文,其内容都是要求下属单位学习、讨论或执行、办理,下属单位收到后都要服从通知的安排;当它作为平行文使用时,也要求收文单位了解或办理。所以,它的执行性很强。

(四)单纯性

一份通知一般只布置或通报一件工作事项,因此内容单纯。

三、通知的种类

(一)批转、转发性通知

(1)批转性通知,即把下级机关的公文加批示意见后以通知的形式下发。(2)转发性通知,即把上级机关、平行机关或不相隶属机关的公文,加意见后以通知的形式转发下去。

（二）发布性通知

即职能机关以通知的形式发布规定、办法和条例等规章，印发有关文件，并加说明性文字，要求受文机关遵照执行。发布性通知与批转/转发性通知比较相似，它们的区别是发布性通知绝大部分发布的是法规类文件，批转/转发性通知批转/转发的则是常用的各类法定公文。

（三）指示性通知

即上级机关向下属机关传达领导意图或部署工作、交代任务而发的，内容又不适于用"决定"或"指示"的通知。

（四）事务性通知

这种通知用于上级机关对要求执行的具体事务制定办法、规定，对某些具体问题作出决定和处理意见，以便下级机关办理或遵循。与指示性通知相比，事务性通知在更具体的层面告知人们如何操作。

（五）告谕性通知

这种通知是向有关单位或部门、个人传达有关事项、情况，如建立或调整机构、人事任免、启用或更换印章、召开会议等，使对方知晓，便于工作。

四、通知的写作

（一）标题

1. 批转、转发性通知的标题

发文机关＋"批转"/"转发"＋被批转/转发文件的题名＋文种

【例1】 国务院批转国家发展改革委关于2017年深化经济体制改革重点工作意见的通知

【例2】 国务院办公厅转发住房城乡建设部关于完善质量保障体系提升建筑工程品质指导意见的通知

2. 发布性通知的标题

发文机关＋关于发布/关于颁布/关于印发/关于实施＋原文件名称＋文种

【例】 安徽省人民政府关于印发安徽省"数字政府"建设规划（2020—2025年）的通知

3. 指示性、事务性、告谕性通知的标题

发文机关＋事由＋文种

【例】 国务院关于核定并公布第八批全国重点文物保护单位的通知

（二）主送机关

主送机关即通知的受文机关。一般发到单位，告谕性通知还可以发给个人。

（三）正文

1. 批转/转发性通知的正文　即"批示意见"，一般比较简短，包括发文的缘由、执行要求两大部分。即“××同意××《关于×××××××××的××》,现转发给你们,请结合实际情况,认真贯彻执行”。或“××《关于×××××××××的××》已经××同意,现转发给你们,请结合实际情况,认真贯彻执行”等。有的批转/转发性通知的正文还加上一段具体的指示性意见。

2.发布性通知的正文　包括发布缘由、执行要求两部分。即写明发布行政法规和规章的名称、说明性文字、执行要求即可。即“《×××××××××××××》已经××批准,现印发给你们,请认真贯彻执行”。或“《×××××××××××××》已经×年×月×日××××××××会议通过,现予发布实施”。或“现将《×××××××××××××》发给你们,自×年×月×日起施行”,等等。

3.指示性、事务性、告谕性通知的正文　一般包括通知缘由、通知事项和结尾三部分。(1)缘由,即发出通知的依据或目的,文字应力求简短概括,然后用过渡句“特作如下通知”/“特通知如下”等转入通知事项。(2)通知事项,大都采用分条列项法,具体提出要求、措施、办法。(3)结尾,一般用“特此通知”结尾,也可省略。

(四)落款

署发文机关名称、成文日期并加盖印章。

【例1】

教育部办公厅关于印发《高等学校命名暂行办法》的通知

各省、自治区、直辖市教育厅(教委),新疆生产建设兵团教育局:

为规范高等学校命名工作,依据相关法律法规规定,结合高校设置工作实际,教育部研究制定了《高等学校命名暂行办法》,现印发给你们,请遵照执行。

教育部办公厅(印章)

2020年8月20日

(来源:http://www.moe.gov.cn/srcsite/A03/s7050/202008/t20200827_480729.html)

≫ 简析:这是一份印发性通知(发文字号:教发厅〔2020〕6号),属发布性通知大类。全篇开门见山交代清楚被印发的文件名称并提出执行要求,是发布性通知常规写法。

【例2】

国务院办公厅转发国家发展改革委

关于促进特色小镇规范健康发展意见的通知

各省、自治区、直辖市人民政府,国务院各部委、各直属机构:

国家发展改革委《关于促进特色小镇规范健康发展的意见》已经国务院同意,现转发给你们,请认真贯彻执行。

国务院办公厅(印章)

2020年9月16日

(来源:http://www.gov.cn/zhengce/content/2020－09/25/content_5547095.htm)

≫ 简析:这是一份转发性通知(发文字号:国办发〔2020〕33号)。全篇开门见山交代清楚被转发的文件名称并提出执行要求,是批转/转发性通知常规写法。

【例 3】

关于深入学习贯彻习近平总书记2020年中国医师节重要指示精神进一步加强医务工作者队伍建设的通知

各省、自治区、直辖市及新疆生产建设兵团卫生健康委、中医药局：

在2020年中国医师节，习近平总书记代表党中央向全国广大医务工作者致以节日祝贺和诚挚慰问，李克强总理作出批示，充分体现了党中央、国务院对广大医务工作者的关怀厚爱和殷切希望，为我们统筹推进新冠肺炎疫情防控和卫生健康事业改革发展坚定了信心，凝聚了力量，指明了方向。为深入学习贯彻习近平总书记重要指示精神，进一步加强医务工作者队伍建设，现将有关事项通知如下：

一、深入学习领会习近平总书记重要指示精神，深刻认识加强医务工作者队伍建设的重要意义

习近平总书记的重要指示充分肯定了广大医务工作者为抗击新冠肺炎疫情作出的重大贡献，高度评价了广大医务工作者彰显出的崇高精神，勉励广大医务工作者崇尚医德、钻研医术、秉持医风、勇担重任，努力促进医学进步，为建设健康中国、增进人民健康福祉作出新贡献，号召各级党委政府、全社会都要关心爱护医务工作者，推动形成尊医重卫的良好氛围。

习近平总书记的重要指示既是对广大医务工作者的巨大鼓舞，也是对加强医务工作者队伍建设的有力鞭策。各级卫生健康行政部门（含中医药主管部门，下同）要切实提高政治站位，深刻领会习近平总书记重要指示精神的丰富内涵，深刻认识医务工作者在建设健康中国中肩负的职责使命，深刻认识加强医务工作者队伍建设的目标方向和主要任务，以更强烈的责任担当、更有力的工作举措，把习近平总书记和党中央对医务工作者的关心关爱转化为加强医务工作者队伍建设的具体行动和工作实践，进一步激发广大医务工作者投身健康中国建设、推动卫生健康事业改革发展的积极性、主动性和创造性。

二、深入贯彻习近平总书记重要指示精神，加快建设高质量的医务工作者队伍

（一）优化医务工作者队伍规模和结构。深入贯彻实施《全国医疗卫生服务体系规划纲要（2015—2020年）》，立足国情和经济社会发展阶段，着眼于健康中国建设和深化医改大局，以人民群众不断增长的健康服务需求为导向，进一步壮大医务工作者队伍总体规模。综合考虑服务人口、经济状况、自然条件、医疗资源、疾病谱变化等因素，优化完善城乡和区域医务工作者队伍布局，筑牢基层和偏远地区医疗卫生服务网底。重点加强全科、公共卫生、护理、儿科、麻醉、精神卫生、重症医学、病理、医学检验等紧缺专业人员队伍建设，满足人民群众多层次多样化健康服务需求。

（二）提升医务工作者培训培养质量。在全行业树立终身学习理念，建立完善院校医学教育、毕业后医学教育、继续医学教育三阶段连续统一、有机衔接的卫生健康人才教育培训体系。深入实施住院医师规范化培训制度，推进公共卫生医师规范化培训试点，强化对包括全科医生在内的临床医生的流行病等公共卫生知识培训，加强培训基地和师资队伍建设，提高培训同质化水平。以需求为导向，以岗位胜任力为核心，以基层和紧缺专业为重点，强化全员继续医学教育，促进医防结合，提升教育质量，加强医学新理论和新技术培养，提升医务工作者创造性思维能力和临床实践能力。

（三）提高医务工作者医疗技术水平和服务质量。紧扣人民群众健康服务需求新趋势、新变化，加快建立整合型医疗卫生服务体系，提供健康教育、疾病预防、诊断、治疗、康复、护理等连续医疗卫生服务。加快构建分级诊疗体系，加强区域医疗中心和医联体建设，推动优质医疗资源下沉，补齐基层服务能力短板。深入实施改善医疗服务行动计划，创新服务方式，增进人文关怀，提升群众获得感和满意度。充分发挥“互联网+”作用，丰富医疗和护理服务内涵。支持医师多点执业，提升优质医疗服务可及性。落实医疗质量核心制度，确保医疗质量安全。

（四）完善医务工作者队伍激励保障机制。从提升薪酬待遇、发展空间、执业环境、社会地位等方面入手，调动广大医务工作者积极性。推动各地落实“两个允许”，合理调整医疗服务价格，完善财政补偿政策，提高医务工作者的阳光收入，深化医务人员薪酬制度改革，落实基层医疗卫生机构绩效工资制度。符合条件的医务工作者可以享受乡镇工作补贴、卫生防疫津贴、医疗卫生津贴和护龄津贴等。发挥职称评审的“指挥棒”作用，坚持实践导向和科学评价，突出品德能力和工作业绩，科学设置评价标准，坚决破除唯论文、唯学历、唯外语倾向，鼓励医务工作者扎根防病治病一线。

（五）改善医务工作者工作条件和环境。严格落实《劳动法》《职工带薪年休假条例》《国务院关于职工工作时间的规定》等有关要求，指导医疗卫生机构合理设置工作岗位，科学测算工作负荷，合理配置工作人员，避免医务工作者长期超负荷工作，保障医务工作者休息休假时间。加强医生办公室、值班室和休息室改造，为医务工作者提供良好的工作和后勤服务。加强对医务工作者职业危害和劳动安全卫生防护培训，做好防护物资和设备储备。定期组织医务工作者体检和心理健康评估，有针对性地开展干预和疏导，减轻医务工作者身心压力。

（六）营造全社会尊医重卫良好氛围。广泛深入开展《健康中国行动（2019—2030年）》，加强健康促进，普及健康知识，繁荣健康文化，引导公众树立尊重医生就是尊重生命的理念，增强对卫生健康工作和医务工作者的理解认同。持续开展对优秀医务工作者的宣传活动，选树先进典型，弘扬崇高精神，提高医务工作者的社会地位和职业认同感。贯彻落实《医疗纠纷预防和处理条例》，加强平安医院建设，巩固“三调解一保险”纠纷化解机制，严厉打击涉医违法犯罪，切实维护良好的医疗秩序。

三、加强组织领导和统筹协调，确保习近平总书记重要指示精神落到实处

各级卫生健康行政部门要把贯彻落实习近平总书记重要指示精神作为当前和今后一个时期的重要政治任务，精准把握加强医务工作者队伍建设在实施健康中国战略和深化医改中的基础性定位，切实加强组织领导和统筹协调。要积极争取本地区党委和政府支持，会同有关部门建立工作协同机制，形成责权明确、分工协作、齐抓共管的工作格局。要紧扣广大医务工作者最关心、最直接、最现实的问题，找准突破口和着力点，明确工作任务，细化责任分工，按照时间表路线图，持续深入开展工作，把各项政策措施抓实抓细抓落地，确保取得实效。

国家卫生健康委（印章）
国家中医药管理局（印章）
2020年9月22日

（来源：http://www.nhc.gov.cn/yzygj/s7655/202009/7f950ec96a78433e917bc0e1fea07ca8.shtml）

≫ 简析：这是一份指示性通知（发文字号：国卫医发〔2020〕20号），第一段交代了行文背景、缘由，然后用过渡句“现将有关事项通知如下”引出通知事项。主体部分从“深入学习领会习近平总书记重要指示精神”到“深入贯彻习近平总书记重要指示精神”到“确保习近平总书记重要指示精神落到实处”，层层递进，要求明确，措施可行。

※ 通 报

一、通报的概念

根据《条例》规定，通报是一种适用于表彰先进、批评错误、传达重要精神和告知重要情况的公文。

二、通报的特点

（一）真实性

通报的事实必须是经过核实的，不能有丝毫的虚构、夸大和缩小，以体现公文的严肃性。

（二）典型性

不论是表彰先进、批评错误还是陈述事实，都必须有一定的代表性和针对性，只有这样才具有典型的教育意义和指导意义。

（三）及时性

通报的内容往往是刚刚发生的具有现实指导意义的典型事例。对于先进的经验，只有及时通报，才可以使先进经验得以快速推广；对于反面的教训，只有及时通报，才可以扶正祛邪，扩大和加深典型事例的示范教育和警示作用；对于重要的情况或精神，只有及时通报、传达，才便于有关方面及时了解情况，沟通信息。

（四）叙述性

通报内容的重要方面之一是要陈述事实。它要求用叙述的语言陈述先进事迹、错误行为，传达重要精神或情况，然后加以评价，提出期望和要求。所以叙述性是语言表述上的重要特征。

三、通报的种类

（一）表彰性通报

即通过表彰先进人物或先进集体，来树立榜样，弘扬正气，调动积极性的通报。

（二）批评性通报

即通过批评不良行为、披露重大事故或恶性事件，以示警戒和教育有关人员或单位的通报。

（三）情况性通报

即用于传达重要精神或情况的通报。它可以传递信息、沟通情况，便于各级机关把握工作方向，对当前的工作起指导作用。

四、通报与通告的区别

（一）受文范围不同

通报一般只限于本系统、本单位内部，知晓对象较为确定；通告则限于一定的地域范围，知晓对象不确定。

（二）发文目的不同

通报是通过典型事例来教育有关人员，或通过向有关人员通报具体情况以沟通信息，便于工作；通告则是让下级或人民群众了解上级的指示精神，告之其应知或应办的事项。

五、通报与通知的区别

（一）发文目的不同

通报是通过典型事例或具体情况来教育有关人员，沟通信息；通知则是上级让下级了解指示精神，告诉其应知或应办的事项，或是让有关机关知晓的事项。

（二）要求程度不同

大多数通报目的只是让告知对象知道了解，而通知大都要求遵照执行或限期办理，具有一定的约束力。

（三）发文时间不同

通报是事后行文，通知是事先行文。

六、通报的写作

（一）标题

发文机关＋事由＋文种

【例】 安徽省人民政府关于表彰第三届全省就业工作先进集体和先进个人的通报

（二）主送机关

主送机关即通报的受文机关，如通报仅限于本部门，也可以省略这一项。

（三）正文

1.表彰性通报　(1)表彰缘由。即通报的原因和依据。主要介绍表彰对象的基本情况、主要先进事迹。(2)在表彰对象基本情况或先进事迹基础上进行事实评析,分析其性质、重要意义和作用,使人从中受到启迪和教育。(3)决定与要求。即给予表彰的荣誉称号或奖励,号召人们向先进人物学习等。

2.批评性通报　批评性通报的正文主体有两种写法:(1)直述式。首先,写出事实缘由,简要介绍情况,如时间、人物、地点、主要事实和危害;其次,写出具体的处理决定;再次,分析原因,指出问题实质,总结教训;最后,提出要求或希望。(2)转述式。转述式的事实缘由更加简单,处理决定也是转述原处理机关的,它的重点在于分析原因、总结教训、提出要求。最后将原处理机关的文件作为所通报的具体内容,以附件的形式附后。

3.情况性通报　(1)首先概述所通报的情况,让阅文者从中掌握事件梗概。(2)按照情况的发生和发展过程,如实简明地叙述清楚,然后对所通报的事情进行评析。专题性通报,一般是按事情的发展过程自然分段,或者按事情的几个方面逐一叙述评析;会议通报,一般是按会议的议题、参加人员、时间、讨论的情况、议定事项等顺序来写,类似于会议纪要;综合性通报,一般是将各类情况按类划分,每一类用小标题标出,逐项进行叙述、分析评议。

(四)落款

署发文机关名称、成文日期并加盖印章。

【例1】

国务院办公厅关于对国务院第七次大督查发现的典型经验做法给予表扬的通报

各省、自治区、直辖市人民政府,国务院各部委、各直属机构:

为进一步推动中央经济工作会议部署和《政府工作报告》提出的目标任务落到实处,国务院部署开展了第七次大督查。从督查情况看,各有关地区在以习近平同志为核心的党中央坚强领导下,以习近平新时代中国特色社会主义思想为指导,认真贯彻党中央、国务院重大决策部署,迎难而上、担当作为,统筹推进新冠肺炎疫情防控和经济社会发展,做好"六稳"工作、落实"六保"任务,全力稳住经济基本盘,着力保障和改善民生,各项工作取得积极成效。在对14个省(自治区、直辖市)和新疆生产建设兵团开展实地督查时发现,有关地区围绕稳就业保民生、保市场主体、深化"放管服"改革优化营商环境、扩大内需和稳外贸稳外资、秋冬季新冠肺炎疫情防控等方面,结合本地实际,勇于担当、真抓实干,形成了一批具有代表性、典型性的经验做法。

为表扬先进,宣传典型,进一步激励各地区各部门主动作为、狠抓落实,推动形成开拓创新、比学赶超的生动局面,经国务院同意,对北京市做实做细做好深化"放管服"改革工作打造国际一流营商环境等43项典型经验做法予以通报表扬。希望受到表扬的地方珍惜荣誉,再接再厉,充分发挥示范引领和带动作用,取得新的更大成绩。

各地区各部门要全面贯彻党的十九大和十九届二中、三中、四中、五中全会精神,统筹推进"五位一体"总体布局,协调推进"四个全面"战略布局,坚持稳中求进工作总基调,坚持新发展理念,按照推动高质量发展、构建新发展格局的要求,抓好新冠肺炎疫情常态化防控,持续做好"六稳"工作、落实"六保"任务,积极应对各种风险挑战。要学习借鉴典型经验做法,发扬实干精神,勇于攻坚克难,增强抓落实的主动性和自觉性,力戒形式主义、官僚主义,确保完成全年经济社会发展主要目标任务,为决胜全面建成小康社会、顺利开启全面建设社会主义现代化国家新征程作出应有贡献。

附件：国务院第七次大督查发现的典型经验做法(共43项)

国务院办公厅(印章)

2020年11月19日

(来源：http://www.gov.cn/zhengce/content/2020－11/20/content_5563023.htm)

≫ 简析：这是一份表彰性通报(发文字号：国办发〔2020〕46号)。第一段概述了行文背景和原因，第二段明确了通报目的、通报表彰的事项并对表彰对象提出希望，最后一段进一步对各地区各部门提出了号召要求。随文附有附件。

【例2】

××省人民政府办公厅关于2021年第一季度全省政府网站与政务新媒体检查情况的通报

各市、县人民政府办公室，省政府各部门、各直属机构办公室：

为持续提升政府网站与政务新媒体建设管理水平，根据《国务院办公厅关于印发政府网站发展指引的通知》(国办发〔2017〕47号)和《国务院办公厅秘书局关于印发政府网站与政务新媒体检查指标、监管工作年度考核指标的通知》(国办秘函〔2019〕19号)要求，2021年3月9日至4月7日，省政府办公厅组织开展了2021年第一季度全省政府网站与政务新媒体检查工作。现将有关情况通报如下：

一、基本情况

(一)政府网站。本次对我省在“全国政府网站信息报送系统”中备案的839家政府网站进行了全面检查评分，检查比例100%，总体合格率100%。在各市、县(市、区)政府门户网站和省直部门网站中，有158家网站进入加分指标评分环节，占比95.7%，比去年第四季度提升3个百分点。××、××、××、××、××、××、××、××、××等市级政府门户网站，××县、××县、××县、××市颍泉区、××市淮上区、××县、××县、××市迎江区等县级政府门户网站，省广电局、省退役军人厅、省监狱管理局、省文化和旅游厅、省粮食和储备局、省体育局、省司法厅、省地方金融监管局、省民委等部门网站评分靠前。

(二)政务新媒体。以我省在“全国政务新媒体信息报送系统”中备案的5413个政务新媒体为总体样本，共随机抽查全省各级各类政务新媒体756个，占我省运行政务新媒体总数的13.97%，抽查比例比去年第四季度提高1.67个百分点。本次继续对省直单位和各市、县(市、区)政府开设的政务新媒体实行全覆盖检查，其中省直单位政务新媒体180个(含“××省人民政府网”微博、微信)，市、县级人民政府开设的政务新媒体234个，其他政务新媒体342个。检查发现11个政务新媒体不合格，总体合格率98.54%。

(三)整改情况。对去年第四季度政府网站与政务新媒体检查通报指出的问题，多数地方和部门能够做到迅速行动，举一反三，积极整改。部分市进一步加强政府网站和英文域名规范管理，关停了擅自开通且不符合集约化要求的县级以下政府网站，及时将梳理排查发现的公共资源交易平台等专项网站纳入“全国政府网站信息报送系统”监管，进一步规范管理民生工作等专题专栏。各地进一步加强政务新媒体排查力度、规范政务新媒体基本信息，及时将漏报的政务新媒体在“全国政务新媒体信息报送系统”中进行填报，政务新媒体信息准确性和规范度有明显提升。

二、检查发现的问题

（一）网站功能不够通畅。部分网站统一用户登录不便捷，存在多次跳转或反复登录问题。一些网站用户空间不可用，未能详细记录用户浏览网站历史和留言咨询等。多数网站提供的个人和企业专属主页服务内容不够全面，推荐的信息不够智能，操作使用不够便捷。有的网站互动功能不畅通不友好，存在无法留言咨询、未对留言提交成功情况进行提示、提供的留言查询码不可用等问题。一些网站搜索结果分类不准确不规范，未能准确分类网站信息，部分搜索结果需再次点击对应的分类才能显示。

（二）审核把关不够严格。一些网站和政务新媒体未严格落实信息发布和留言办理审核制度，信息内容存在错别字、表述不规范、严重表述错误等情况，未对网民咨询留言严格审核把关，导致出现答复质量不高、内容表述错误等问题。少数网站存在发布日期“造假”问题，有的篡改用户留言时间和答复时间，有的留言答复时间早于网友留言时间。部分网站未能尊重用户意愿，将用户选择不公开的咨询留言予以公开发布，或未对涉及个人隐私等内容进行脱敏处理。有的专题专栏信息发布随意性较强，发布与栏目主旨无关的内容。

（三）政务新媒体管理不够规范。部分政务新媒体疏于运维，有的长期不更新，处于“僵尸”“睡眠”状态，有的功能菜单链接打不开、服务内容不可用。一些地方未严格落实政务新媒体管理要求，有的单位未经审核程序擅自开设政务新媒体；有的将未完成第三方平台注销的账号在“全国政务新媒体信息报送系统”中予以审核关停下线，如“××旅游”微信服务号、“××区住房和城乡建设局”新浪微博。

三、有关工作要求

（一）进一步完善功能建设。各地、各部门要以企业群众需求和偏好为中心，不断完善优化政府网站和政务新媒体功能建设，为用户提供好用管用易用的政务信息数据和政务服务，提升用户的体验度和获得感。科学合理设计政府网站和政务新媒体页面，聚焦聚合相关业务内容，清晰突出展示群众关心关注重点内容，减少用户访问层次，让用户看得明白、用得方便，实现相关信息服务“一页尽览”。优化政府网站搜索功能，学习理解用户真实需求，提升搜索结果精准度，实现搜索“一搜即见”。推进政府网站和政务新媒体智能化服务，用好大数据、人工智能技术，研判用户需求，分析使用习惯，精准及时向群众推送关联度高的信息和服务，实现服务“一键即达”。

（二）进一步做好留言办理工作。要积极拓展公众参与渠道，广泛收集公众意见建议，及时回应网民关心关切，真正做到与网民“同频共振”。本着“应公开尽公开”的原则，妥当答复留言，同时加强审核把关，避免敷衍推诿、答非所问现象，对留言内容涉及第三方利益主体和个人隐私严格保密。进一步提升留言答复时效，完善工作机制，优化办理流程，力争做到在1个工作日内对简单常见咨询留言作出有效答复。认真做好中国政府网转办的网民留言办理工作，及时反馈网民。细化并及时准确公开网民留言受理反馈情况和办理统计数据。

（三）进一步强化政务新媒体运维监管。要按照《××省人民政府办公厅关于开展政府系统政务新媒体突出问题排查整治工作的通知》（秘函〔2021〕51号）要求，精心部署，狠抓落实，确保此次排查整治工作取得良好成效。要强化政府系统政务新媒体监管，对确属无力维护的账号要加大清理整改力度，规范政务新媒体名称和主办单位认证信息，明确主体功能定位。要遵循相关业务要求和流程规定，规范做好开设、关停、变更等常态化运维管理工作，推进全省政务新媒体健康有序发展。

（四）进一步做好网络安全工作。要进一步提高政治站位，高度重视政府网站和政务新媒体安全工作，坚持底线思维，强化审核把关，确保安全稳定运行，维护政府公信力。要充分保障安全经费预算，配备专班力量，采取有力措施及时堵塞漏洞、补齐短板，增强技术防护能力，全面提升政府网站和政务新媒体安全防护水平。要提升网络安全应急响应处理能力，开展应急演练，完善工作机制，加强值班值守，做好重要时期安全保障工作。

各地、各部门要认真学习借鉴本次检查中得分靠前单位的经验做法，结合实际举一反三、改进工作。对检查发现的问题，要采取有力措施，督促整改到位，整改情况于2021年4月30日前报送省政府办公厅。

附件：1.2021年第一季度全省政府网站检查情况
　　　2.2021年第一季度全省政务新媒体抽查情况
　　　3.存在突出问题的政务新媒体名单
　　　4.检查得分较高的政府网站名单

××省人民政府办公厅（印章）
2021年4月12日

（来源：https://www.ah.gov.cn/public/1681/553975561.html）

≫ 简析：这是一份情况性通报（发文字号：秘函〔2021〕57号）。第一段为发布通报的目的、依据，然后用过渡句“现将有关情况通报如下”引出通报情况的三个部分：基本情况、检查发现的问题和有关工作要求，最后提出希望号召。随文附有附件四份。全篇结构完整，层次清晰。

第五节　报告　请示　批复

※　报　告

一、报告的概念

根据《条例》规定，报告是一种适用于向上级机关汇报工作、反映情况，回复上级机关的询问的上行公文。

二、报告的特点

（一）汇报性

下级机关按照上级部署完成任务后要汇报，总结工作中的经验教训要汇报，对下阶段的工作安排要汇报……通过报告可以加强上下级机关纵向联系，便于上级及时了解掌握下级情况。

（二）陈述性

陈述性指报告的语言表达方式。报告必须用陈述性的语言汇报工作、反映情况、说明原因，直陈其事。

（三）广泛性

广泛性体现在两个方面。第一，报告的作者广泛。不仅党政机关可以使用，企事业单位、社会团体也可以使用。第二，报告的功能广泛。既可以汇报工作、反映情况，也可以提出建议、答复上级询问，还可以报送文件、物件。

三、报告的种类

（一）按报告的内容分

1.综合性报告　综合性报告是指某机关反映一定时期内全面工作情况或提出今后工作意见的报告。

2.专题性报告　是某一机关就某项工作或某个问题向上级所写的报告。

（二）按报告的功能分

1.情况报告　向上级机关汇报工作、反映情况的报告。

2.回复报告　答复上级机关询问的报告。

3.报送报告　向上级机关报送文件、物件时随其发送的报告。

（三）按报告的作用分

1.上复性报告　对上级机关布置的工作、查询的问题、交办的事项进行回复和汇报的报告。

2.知照性报告　主动向上级机关汇报工作、反映情况、便于领导了解和掌握的报告。

四、报告的写作

（一）标题

发文机关＋事由＋文种

【例】 林业部关于加强野生动物保护管理工作的报告

（二）主送机关

一般是上级领导机关或上级业务主管机关，不得直接送领导者个人。

（三）正文

正文一般由三部分构成：报告原因、报告事项和结语。

1.报告原因　即报告的导语。应开门见山、简洁明了地交代报告依据、目的等。原因之后，一般用过渡句“现将有关情况报告如下”引出报告事项。

2.报告事项　即报告的主要内容。这一部分要围绕报告的主旨展开陈述，主要包括情况、问题、成绩、经验、教训或向上级提出自己解决问题的意见、今后的打算等。不同种类的报告在以上几方面侧重点不同。同时，报告中不能夹带请示事项，否则会造成公文处理的混乱。

3.结语　结语要与报告内容相呼应。一般写“特此报告”/“专此报告”。如果是请会议审议的，可写上“以上报告当否，请审核”/“请予审议”。如果是呈转性的，可写上“以上报告，如无不妥，请批转各地/各部门执行”等。结语不是必写内容。

（四）落款

署发文机关名称、成文日期并加盖印章。

【例1】

国家广播电视总局关于2020年度法治政府建设情况的报告

2020年，在以习近平同志为核心的党中央坚强领导下，广电总局坚持以习近平新时代中国特色社会主义思想为指导，深入学习贯彻党的十九大和十九届二中、三中、四中、五中全会精神，贯彻落实习近平总书记关于宣传思想工作的重要论述和关于广播电视工作的重要指示批示精神，增强“四个意识”、坚定“四个自信”、做到“两个维护”，围绕决战脱贫攻坚、抗击新冠肺炎疫情，着力推进行业治理体系和治理能力现代化，认真履行党政主要负责人推进法治建设第一责任人职责，切实把习近平法治思想贯彻落实到广播电视法治建设全过程各方面。

一、深入学习贯彻习近平新时代中国特色社会主义思想特别是习近平法治思想

2020年，广电总局召开17次党组理论学习中心组集体学习会，重点学习党的十九届五中全会重要精神，学习习近平总书记在中央全面依法治国工作会议上的重要讲话精神、“切实实施民法典”重要讲话精神等内容，充分发挥总局党组领学促学的“头雁效应”和领导干部的示范带头作用。将推进法治政府建设摆在全局工作的重要位置，扎实做好各项法治工作。坚持重要法治工作集体决策，召开局务会议研究审议部门规章和重要规范性文件，调整完善广电总局全面推进法治建设领导小组及办公室，组织召开会议研究部署重点法治工作，推动各项工作落实落细。

二、加快推动广播电视法治政府建设

（一）统筹推进立法工作，着力健全完善广播电视法规体系

一是启动《广播电视法》研究起草工作。为深入贯彻习近平法治思想，落实党的十九届五中全会精神，推进社会主义文化强国建设，推动广播电视高质量创新性发展，广电总局全力推进《广播电视法》研究起草工作，深入开展调查研究，广泛征求各方意见，反复修改完善，形成了《广播电视法（征求意见稿）》，并向社会公开征求意见。

二是积极参与《著作权法》等重要法律制定工作。结合广播电视行业实际，广泛开展调研和协调工作，通过召开立法座谈会、选取部分地方广电局和广播电台、电视台开展《著作权

法》问卷调查等方式，积极为《著作权法》的修订提出意见建议。专门向全国人大、司法部等部门就疫情防控相关法律修改提出意见建议，为高质量修法建言献策。

三是制修订总局部门规章、规范性文件。制定《国家广播电视总局立法工作规定》《国家广播电视总局行政规范性文件管理规定》《广播电视行业统计管理规定》三部规章。研究修订《〈卫星电视广播地面接收设施管理规定〉实施细则》等六部规章。出台《关于统筹疫情防控和推动广播电视行业平稳发展有关政策措施的通知》，综合提出加强疫情防控和复工复产宣传舆论引导、加大行业扶持力度、提升政务服务效率和水平、多措并举推动广播电视行业复工复产。制定《国家广播电视总局规章规范性文件后评估办法》，对规章、规范性文件制定修订的合规性、必要性进行充分评估论证提出要求。继续开展总局规章、规范性文件的清理工作。

（二）深化"放管服"改革，持续优化营商环境

一是下放两项行政许可。将县级广播电台、电视台变更台名、节目设置范围或节目套数审批以及设区的市、县级地方新闻单位的信息网络传播视听节目许可证核发两项行政许可下放至省广电局。配合司法部修改《广播电视管理条例》相关条款，并下发通知对行政许可实施及事中事后监管提出具体要求。

二是深化"证照分离"改革。在2019年"证照分离"改革的基础上，研究将自贸区试点的措施在全国推开，并研究在自贸试验区实行告知承诺等进一步深化改革的举措。

三是落实《优化营商环境条例》。发布《国家广播电视总局关于第一批废止和修改的部门规章的决定》。修改7部规章，废止2部规章。继续开展"证明事项"清理工作，梳理出法律、行政法规和总局规章、规范性文件设定的证明事项清单。

四是持续优化服务方式。不断优化政务大厅行政审批受理流程，修订完善《政务服务大厅工作手册》，提出多项便民措施，全年共接办各类行政事项1500余项，在服务企业、行业、社会和群众方面取得良好效果。

（三）加强法律实施，规范行政执法

一是加强重点领域执法。严肃查处广播电台、电视台违规行为。按照"双随机，一公开"监管工作要求，抽查56个地级以上广播电台、电视台，并督促违规机构及时整改。加大广播电视广告监管力度，停播18条违规商业广告，组织约谈违规卫视频道，向各省广电局转交违规线索、投诉信息。开展网络视听领域问题专项清理整治，对全国各省IPTV集成播控平台进行抽查检查，及时处置违法违规问题。开展集中打击治理"黑广播"专项行动。严肃查处非法境外卫星接收设施。

二是落实《公共文化服务保障法》。制定发布《关于加强广播电视公共服务体系建设的指导意见》。持续增加广播电视公共服务内容供给，健全完善应急广播体系，增强应急宣传保障能力，建设应急广播平台，健全传输覆盖网络，布置应急广播终端。深入实施重点惠民工程，不断加强广播电视基础设施建设。2020年，全国广播节目综合人口覆盖率达到99.38%，电视节目综合人口覆盖率达到99.59%。

三是加强政府信息公开。按要求发布政府信息公开年度报告，围绕制修订的法规规章、规范性文件信息，以及年度预算、决算，广播电视年度统计等重点信息，主动加大公开力度。在广电总局官网增设"媒体声音"专栏，聚合行业发展亮点，提升传播效果。做好依申请公开信息工作，全年共受理政府信息依申请公开33件。

四是提升行政执法规范化制度化水平。落实行政执法"三项制度"，组织广电总局行政

执法证申领培训和考试。积极配合做好《文化市场综合行政执法管理条例》《文化市场综合行政执法事项目录》等制定工作。

五是建立健全合法性审查工作机制。对广电总局重大决策、对外签署的重要协议，以及重大行政处罚、行政审批决定进行法律审核，对广电总局发布的规范性文件进行合法性审查和公平竞争审查。

六是妥善办理行政复议应诉案件。严格依法办理两起行政复议案件，办理两起民事诉讼应诉案件。就案件反映出的问题，及时提示风险点，提出完善工作的意见和建议。

三、深入开展广播电视法治宣传教育

（一）深入开展法治宣传，为全社会营造良好法治氛围

一是深入开展习近平法治思想宣传。指导推动各级广播电视和网络视听媒体深化“头条”建设和“首页首屏首条”建设，综合运用新闻报道、专家访谈等多种形式，安排在重要时段、重点栏目、重点平台深入宣传党的十九大以来党和国家法治事业取得的新进展新成就，在全系统开展“12·4”国家宪法日暨宪法宣传周活动，组织开展“深入学习宣传习近平法治思想大力弘扬宪法精神”专题活动，重点宣传习近平法治思想，宣传宪法。

二是加强全面依法治国宣传。积极落实媒体公益普法制度。加强法治频道、法治节（栏）目和新媒体法治传播渠道建设，组织重点短视频平台建立法治短视频宣传矩阵。重点宣传民法典、疫情防控相关法律法规等。组织开展公益广告创作播出，推出一批特色鲜明、形象生动、感染力强的法治宣传和疫情防控公益广告作品。

三是加强法治节目栏目建设。引导鼓励各级广播电视和网络视听机构开办法治类和道德建设类节目栏目，加强社会诚信建设和公民道德宣传，推动依法治国和以德治国相结合。严格规范媒体对案件的报道，要求媒体严格管理、规范使用案件新闻素材。

（二）加强广电系统法治宣传教育，提升全系统法治意识

将深入学习宣传贯彻实施宪法作为重要法治工作，通过策划主题党日活动等方式，推动宪法学习常态化、制度化。举办防控新冠肺炎疫情工作有关法律知识答题活动，全系统共7000余人参加。编写《民法典学习宣传简报》，结合广电实际，以生动活泼的语言对民法典进行解读。举办全系统法治骨干培训班及各类专题业务培训。组织开展法纪知识竞赛、党内法规知识答题活动。

四、2021年广播电视法治工作安排

2020年广播电视法治工作取得了积极成效和进展，但仍面临一些问题和挑战，比如“龙头法”《广播电视法》缺失；新业态、新模式不断涌现，对法治建设提出更高要求；运用法治思维和法治方式的能力还有待进一步提高。2021年，广电总局将坚持以习近平新时代中国特色社会主义思想为指导，深入贯彻落实党的十九大和十九届二中、三中、四中、五中全会精神，认真履行党政主要负责人推进法治建设第一责任人的职责，持续加强法治政府建设。

一是深入学习宣传贯彻习近平法治思想和党的十九届五中全会精神，推进宪法学习宣传贯彻。二是健全制度机制，加快完善广播电视法规体系。以《广播电视法》立法工作为龙头，做好广播电视法律法规规章的制修订工作。三是突出管理重点，管导向、把关口、保安全，把各项管理要求落到实处。四是进一步深化“放管服”改革，推进法治政府建设。

特此报告。

国家广播电视总局(印章)
2021 年 3 月 23 日

(来源:http://www.nrta.gov.cn/art/2021/3/31/art_24_55615.html)

≫ 简析:这是一份专项性工作情况报告。前言部分概述了广电总局 2020 年法治政府建设背景与整体情况,主体部分从三个方面总结汇报了广电总局 2020 年法治政府建设的具体做法与取得的成效,接着明确了 2021 年广播电视法治工作安排,最后以“特此报告”做结语。全篇结构完整,层次清晰。

【例 2】

××县人民政府关于省政协第十二届三次会议第 0001 号提案办理情况的报告

市政府:

现将中国人民政治协商会议第十二届××省委员会第三次会议“关于进一步推进合六经济走廊建设的提案”(第 0001 号提案)的办理情况汇报如下:

一、积极配合建设××都市圈发展示范区

××县××镇位于合六经济走廊中间狭长地带,312 国道、合六叶高速、合武铁路、宁西铁路及正在建设的济祁高速穿境而过,淠史杭总干、潜南干渠流经全域,地理条件得天独厚。我县将根据合六经济走廊发展规划要求,以全面创新为引领,集聚整合高端要素资源,打造高端功能集聚的核心发展区域,重点承接战略性新兴产业、装备制造业和现代物流业等,合力打造双创平台,形成科技创新成果产业化和战略性新兴产业发展示范区。

二、深度融入合六两市工业产业

一是由××××集团投资 139 亿元建设的通航新城项目已于 2018 年 3 月实质性开工建设,依托通航产业园,大力发展集直升机组装生产制造、销售等于一体的通航产业集群。

二是对接××市××区,引进××餐饮龙头企业×××集团,在××与××区交界的工业园内建设集团中央厨房工厂,建成后将成为该集团全国生产配送中心。

三是对接××市××区,在××德上高速(312 收费站西)以西至×××××镇交界处,联合建设新型工业园区(先期启动××镇××社区红旗村民组与×××镇产业园建设),深度融入××两市工业产业。

三、进一步加大基础设施建设

××县 2020 年计划有 3 条城际交通工程开工建设。××南通道(××××路至××××)工程,全长 33.7 公里,计划今年 6 月开工建设,预计 2021 年 12 月竣工通车;×××改扩建××段工程,全长 15.5 公里,计划 6 月开工建设;德上高速工程(××境内××至××段),总长 41.79 公里,规划为一级公路,计划 2023 年 12 月竣工。同时,跨江淮运河大桥已开工,预计 2022 年 12 月竣工。

根据省交通运输厅《关于提供普通省道有关资料的通知》,我县正规划一条从繁华大道至××市金安区×××镇之间的普通省道项目,约 50 公里,按一级公路或旅游公路段面标准建设,目前已上报××市交通运输局。该路网建成后将进一步丰富西南区域交通路网,使

××—××之间的联系更加紧密，显著增加××之间出行大动脉的交通供给能力，进一步完善××都市圈的骨架路网。

××经济走廊作为××都市圈的核心廊道之一，是××都市圈城市联系最紧密、经济互补性最强、人文交流最密切、发展最具潜力的区域。××县作为合六经济走廊的关键链条，将积极配合、主动作为，与××市、××市全面对接，实现资源共享、优势互补、产业协作、搭建顺畅的交通体系，实现共赢发展。

附件：××市人民政府关于省政协第十二届三次会议第0001号提案会办意见的函

××县人民政府（印章）

2020年5月9日

（来源：http://zwgk.hefei.gov.cn/public/13701/105035827.html）

≫ 简析：这是一份上复性报告（发文字号：肥政案〔2020〕2号），系××县政府就涉及本县的省政协提案办理情况向××市政府做的汇报。第一段开门见山，引出汇报的主题，然后是三点汇报事项，最后表明××县积极配合、主动合作以推进合六经济走廊建设的态度。

※ 请 示

一、请示的概念

根据《条例》规定，请示是一种适用于向上级机关请求指示、批准的上行公文。

首先，请示除特殊情况外不能越过直接的上级行文，因特殊情况必须越级行文时，应当抄送被越过的上级机关；其次，受双重领导的单位的请示，应根据文件的内容确定主送机关和抄送机关；最后，请示应当一文一事。一般只写一个主送机关，如需同时送其他机关，应当用抄送形式，但不得抄送其下级机关。

请示的适用范围比较广泛，具体来说大致有六种情况需要请示：

1. 对上级有关方针、政策、法规、章程、指示中理解不清楚不明确的地方；
2. 工作中碰到了本机关职权范围内不能解决的问题；
3. 本地区、本部门由于情况特殊难以执行统一规定而需要变通处理的事项；
4. 工作中出现了新情况、新问题而必须进行处理的事项；
5. 工作中出现了困难，需要上级机关帮助解决；
6. 工作中出现的问题涉及其他部门，处理时意见有分歧，需要上级机关裁决。

二、请示的特点

（一）期复性

请示是向上级机关请求指示、批准，上级机关务必予以明确批复的公文。下级机关只有接到上级批复意见后才能据此开展工作，请示不得“先斩后奏”。

（二）单一性

请示强调一文一事，主题集中，内容单一，以便于上级机关研究答复。

三、请示的种类

（一）求示性请示

即请求上级指示、裁决的请示。如对上级有关方针、政策、法规内容理解不清楚不明确、把握不准时，或工作中出现了新情况、新问题而必须处理时向上级发出的请示。

（二）求准性请示

即请求上级批准的请示。如遇到机构设置、编制审定、人事任免、重大决策等本级机关无权决定的事项，必须请求上级机关批准的请示；或遇到人力、物力、财力等方面难以解决的问题，请求上级机关给予帮助、支持的请示。

四、请示与报告的区别

（一）行文目的不同

报告是下级向上级汇报工作、反映情况、答复询问、报送材料时所用，主要是下情上达，目的是使上级机关随时掌握情况，以便制定出正确的方针政策，作出正确的决定。请示是向上级请求指示或批准，目的是要求上级机关及时明确地予以答复，结尾必须用请批性的结语。

（二）行文时间有别

报告的行文时间灵活，可以事前、事中、事后行文，不受时间的限制；请示必须事前行文，不允许先斩后奏、事后行文，也不允许事中行文。

（三）内容的含量不同

报告有专题性的、综合性的，内容上不受限制；请示只能是一事一文，不能一文多事，否则易造成相互推诿，延误工作。

（四）处理结果不同

上级机关一般不答复报告机关，而必须答复请示机关。

五、请示的写作

（一）标题

发文机关＋事由＋文种

【例】 合肥市民政局关于全市军休干部春节慰问品采购事宜的请示

请示的标题在使用动词时，注意不能与请示的意思重复。如《××××关于请求成立×

×公司的请示》,标题里的“请求”与文种“请示”语意重复,应删去。

(二)主送机关

请示的主送机关只能有一个,不能多重主送。如果需要有关机关知晓,应该采用抄送的办法;如是受双重领导的机关,只能主送给一个有关领导机关,抄送给另一领导机关,让其知晓。请示一般不能直接送领导者个人。

(三)正文

请示必须一文一事,便于上级批复。请示的正文由请示原因、请示事项和结语三部分构成,缺一不可。

1.请示原因　即提出请示事项的理由、背景及依据(包括政策依据、事实依据)。缘由是写作请示的关键,要有充分的说服力,合理、合情,表达要有层次感(主要理由在前,次要理由靠后)。原因之后,常用过渡句“特请示如下”引出主文。

2.请示事项　即请示的主要内容。这部分要提出请示的具体事项,或向上级提出自己解决此问题的意见。有时可以提出几种意见,供上级机关选择和参考,但行文者应表明自己希望上级批准哪种意见。

3.结语　结尾语气要谦敬。一般写“妥(当)否,请指示/以上意见当否,请指示(请批示,请批复)/以上请示,请予审批/以上请示如无不妥,请批准”等。

(四)落款

署发文机关名称、成文日期并加盖印章。

【例1】

关于××××经开区自然资源和规划管理有关工作的请示

××市政府:

自2011年8月区划调整至2015年9月,我区无规划、国土相关机构。2015年9月,根据××市编委文件,市里成立了××市国土资源局××经开区分局,承担我区国土资源管理工作,但无规划审批职能,规划审批工作仍由原××市规划局负责。2019年3月,因机构改革,根据××市委有关文件,市里成立了××市自然资源和规划局××经开区分局,具体负责我区范围内自然资源和规划管理工作,但目前该分局在编在岗仅1人,无法开展相关工作。

为保障我区自然资源和规划管理工作的正常开展,根据《中华人民共和国土地管理法》和《中华人民共和国城乡规划法》关于土地、规划职能属地管理的相关规定,同时参照2017年5月原市政府领导在××市人民政府法制办公室《关于对××经开区建设领域相关证照问题的补充论证意见》上的批示精神,建议按照“属地管理”原则,××经开区区域范围内自然资源和规划管理的日常工作由××市自然资源和规划局代管,具体各类自然资源和规划审批事项由××市负责。

妥否,请批示。

××××经济开发区管委会(印章)

2019年6月13日

(来源:http://zwgk.hefei.gov.cn/public/13811/88344151.html)

≫ 简析：这是一份求示性请示（发文字号：巢开管〔2019〕33 号）。第一段交代了请示事项的背景、缘由；第二段根据相关文件精神，针对新情况提出建议性处理意见，以便上级给予指示、裁决；最后是请示结语。该请示结构清晰，表意清楚。

【例 2】

××市质量技术监督局

关于成立××市电线电缆专项整治工作领导小组的请示

××市人民政府：

为统筹推进全市电线电缆产品专项整治工作，根据 7 月 10 日全市电线电缆专项整治工作会议精神，呈请市政府成立××市电线电缆专项整治工作领导小组。并由××市人民政府办公厅印发《关于成立××市电线电缆专项整治工作领导小组的通知》（代拟稿见附件）。

妥否，请批示。

附件：××市人民政府办公厅关于成立××市电线电缆专项整治工作领导小组的通知（代拟稿）

××市质量技术监督局（印章）

2017 年 7 月 13 日

（来源：http://zwgk.hefei.gov.cn/zwgk/public/spage.xp? doAction=view&indexno=002994002/201707-00015）

≫ 简析：这是一份求准性请示（发文字号：合质发〔2017〕79 号）。首先陈述了请示的目的和依据，接着明确提出请求批准的事项，最后是请示结语。随文附有附件。该请示语言简练，表意清楚。

※ 批 复

一、批复的概念

根据《条例》规定，批复是一种适用于答复下级机关请示事项的公文。上级机关通过批复指导下级机关的工作，从全局性、战略性的高度帮助下级机关更好地贯彻执行党和国家的方针政策、法律法规。所以，批复是属于内容带有指示性、决定性的下行文种。

二、批复的特点

（一）时间上的被动性

由于批复是答复下级机关的请示，所以从时间上看，请示在前批复在后。它与命令、决定等主动性的指挥不同，它是被动性的指挥。

（二）内容上的针对性

批复是针对下级机关上报的请示而发，只要是下级的请示，上级必须及时给予答复，所以它只主送给请示机关，其他机关需要了解批复内容的，可以在抄送栏中注明。批复的答复内容也必须针对请示内容而发。

（三）态度的鲜明性

批复的内容是发文机关带有表决、判断性质的意见，对下级机关具有指导、规范和约束的作用，有关人员必须遵照执行，作为开展工作的依据。因此批复必须针对下级的请示作出明确的答复，不允许使用不确定的词语回避问题，使请示机关无所适从。

三、批复的种类

（一）指示性批复

即针对下级机关请求指示的请示而作出的指示和答复。

（二）审批性批复

即针对下级机关请求批准的请示而作出的同意或不同意的审批意见。

四、批复的写作

（一）标题

1.发文机关＋事由＋文种

【例】 交通运输部　安徽省人民政府关于合肥港总体规划(2035年)的批复

2.发文机关＋同意＋事由＋文种

【例】 国务院关于同意全面深化服务贸易创新发展试点的批复

（二）主送机关

即来文请示的机关。

（三）正文

批复的正文一般由批复原因、批复事项、结语构成。批复的语言要准确、简练，态度要鲜明，语气要庄重。

1.批复原因　即批复依据，也称批复引语，主要引叙来文的标题、文号，说明应什么请示而批复。如"《合肥市人民政府关于批准合肥港总体规划的请示(合政〔2019〕78号)》收悉"。引语之后，一般以过渡句"经研究批复如下/经××同意，批复如下/现批复如下"等引出主文。

2.批复事项　即批复主体。(1)指示性批复主要针对下级机关提出的问题作出应该如何处理的指示，使下级机关有所遵循。(2)审批性批复则要表明态度：同意、部分同意还是不同意。如果是同意则要给予一定的指示，或提出希望。如果是部分同意或不同意，则要说明理由，并给予一定的指示，以使下级明白并接受。

3.结语　一般写"此复"或"特此批复"，也可不写结语。

（四）落款

署发文机关名称、成文日期并加盖印章。

【例 1】

文化和旅游部关于同意设立景德镇陶瓷文化生态保护实验区的批复

江西省文化和旅游厅：

《关于申请设立国家级景德镇陶瓷文化生态保护区的请示》(赣文旅文〔2019〕169 号)收悉。

根据《国家级文化生态保护区管理办法》(文化和旅游部令第 1 号)和《文化和旅游部办公厅关于贯彻落实〈国家级文化生态保护区管理办法〉的通知》的有关规定，我部对景德镇陶瓷文化生态保护实验区申报设立工作进行了审核论证。经初审、考察评估和专家评审等程序，确认其符合国家级文化生态保护实验区设立条件，现批复同意在江西省景德镇市设立“景德镇陶瓷文化生态保护实验区”。

请你厅加强指导，将该生态区建设与景德镇国家陶瓷文化传承创新试验区建设协同实施，按照《国家级文化生态保护区管理办法》(文化和旅游部令第 1 号)和《文化和旅游部办公厅关于贯彻落实〈国家级文化生态保护区管理办法〉的通知》的有关要求，推动出台景德镇陶瓷文化生态保护区管理办法，建立健全国家级文化生态保护区建设管理机构，落实各项保护措施。请在一年内形成景德镇陶瓷文化生态保护实验区总体规划，经省级人民政府文化和旅游主管部门审核，报省级人民政府审议通过后发布实施，并报文化和旅游部备案。我部将按照有关规定对该生态区规划建设工作给予指导、支持和检查。在建设文化生态保护区过程中，遇到重大问题或有工作建议，请及时向我部反馈。

文化和旅游部(印章)

2020 年 6 月 3 日

(来源：http://zwgk.mct.gov.cn/auto255/202006/t20200608_854164.html? keywords=%E6%89%B9%E5%A4%8D)

≫ 简析：这是一份审批性批复(发文字号：文旅非遗函〔2020〕85 号)。标题即表明了“同意”的审批态度。第一段是批复引语；第二段说明批复依据，明确了批复态度和所批复的事项；最后一段提出了具体要求。全篇层次清晰，语言简练。

【例 2】

最高人民法院关于仲裁机构“先予仲裁”裁决或者调解书立案、执行等法律适用问题的批复

(2018 年 5 月 28 日最高人民法院审判委员会第 1740 次会议通过，自 2018 年 6 月 12 日起施行)

××省高级人民法院：

你院《关于“先予仲裁”裁决应否立案执行的请示》(粤高法〔2018〕99 号)收悉。经研究，批复如下：

当事人申请人民法院执行仲裁机构根据仲裁法作出的仲裁裁决或者调解书，人民法院经审查，符合民事诉讼法、仲裁法相关规定的，应当依法及时受理，立案执行。但是，根据仲裁法第二条的规定，仲裁机构可以仲裁的是当事人间已经发生的合同纠纷和其他财产权益纠纷。因此，网络借贷合同当事人申请执行仲裁机构在纠纷发生前作出的仲裁裁决或者调解书的，人民法院应当裁定不予受理；已经受理的，裁定驳回执行申请。

你院请示中提出的下列情形，应当认定为民事诉讼法第二百三十七条第二款第三项规定的“仲裁庭的组成或者仲裁的程序违反法定程序”的情形：

一、仲裁机构未依照仲裁法规定的程序审理纠纷或者主持调解，径行根据网络借贷合同当事人在纠纷发生前签订的和解或者调解协议作出仲裁裁决、仲裁调解书的；

二、仲裁机构在仲裁过程中未保障当事人申请仲裁员回避、提供证据、答辩等仲裁法规定的基本程序权利的。

前款规定情形中，网络借贷合同当事人以约定弃权条款为由，主张仲裁程序未违反法定程序的，人民法院不予支持。

人民法院办理其他合同纠纷、财产权益纠纷仲裁裁决或者调解书执行案件，适用本批复。

此复。

（来源：http://gongbao.court.gov.cn/Details/e5142d99804715987d5c36978ab588.html?sw=%e6%89%b9%e5%a4%8d）

≫ 简析：这是一份指示性批复（发文字号：法释〔2018〕10号）。第一段是批复引语，然后用过渡句“经研究，批复如下”引出批复事项。主体部分则是针对请示问题给予的答复意见，态度明确，指示具体，便于下级机关遵照执行。最后以“此复”作为结束语。

第六节 意 见

一、意见的概念

根据《条例》规定，意见是一种适用于对重要问题提出见解和处理办法的公文。

二、意见的特点

（一）行文方向灵活

意见可上行、下行和平行。作为上行文，它主要是向上级机关提出建议和解决办法；作为下行文，它不仅向下级机关提出建议，也提出要求、部署工作、作出规定，有的意见本身就属方针政策；作为平行文，主要是提出意见供对方参考。在实际工作中，大量的平行文意见是由专家作出的评估性的鉴定结果及评审、论证意见等，这和法定公文的意见在性质及写作方式上有一定的区别。

（二）适用范围广泛

首先，意见对行文机关没有限制。党的机关、政府机关、人大、政协、军队及各团体、企事业单位都可以制发；其次，意见的功能广泛。上级机关既可以制发具有指示性的意见，也可以制发具有指导性的意见;下级机关既可以向上级献计献策,提出建设性意见,也可以请求上级机关将本意见批转给其他有关机关执行。

(三)内容具体、政策性强

意见提出的办法要明确具体,具有可行性、可操作性,便于下级机关理解和执行。同时要有依有据,不管是上行、下行还是平行的意见,都要符合国家的法律、法规和方针政策。

(四)程序性强

上行意见应按请示性公文的程序和要求办理。所提意见如涉及其他部门职权范围内的事项,主办部门应当主动与有关部门协商,取得一致意见后方可行文;如有分歧,主办部门的负责人应当出面协调,仍不能取得一致时,主办部门可以列明各方理据,提出建设性意见,并与有关部门会签后报请上级机关决定。上级机关应当对下级机关报送的意见作出处理或给予答复。下行意见对贯彻执行有明确要求的,下级机关必须遵照执行。

三、意见的种类

(一)从意见的性质上分

1. 指示性意见　指示性意见是上级机关对下级机关提出的带有规定性、部署性和要求性的工作意见,它具有一定的强制性,要求下级机关必须执行。

2. 指导性意见　指导性意见是指上级机关针对下级机关工作在政策上、方向上及具体问题的把握上给予的建议,供下级机关工作时参考。指导性意见不具有强制性,下级机关可以根据实际情况灵活掌握,尽量采纳。

3. 建议性意见　建议性意见有两种:一是指下级机关就重要问题向上级机关提出见解,供领导决策参考,或职能部门为开展某项工作,需要有关平行、不相隶属的机关和部门配合,而就这项工作提出的见解和处理办法,并请求上级机关将本意见批转到有关机关和部门执行;二是指职能部门向有关平行、不相隶属的机关直接提出的具有参考价值的建议,供其工作时参考。建议性意见不是强制性的,但如果上级机关采纳了下级机关的意见,并转发下去,建议性意见就可能转变为指导性意见或指示性意见。

(二)从意见的行文方向上分

有上行意见、下行意见和平行意见三种。

(三)从意见的传递方式上分

有直行式意见和呈转式意见。直行式意见就是直接发送给收文单位的意见。呈转式意见就是报请上级机关批转到有关机关和部门执行的意见。

四、意见的写作

（一）标题

发文机关＋事由＋文种

【例】 国务院办公厅关于全面推进城镇老旧小区改造工作的指导意见

（二）主送机关

上行意见的主送机关只能有一个，不能多头主送，而且不得以机关的名义向上级机关负责人报送。下行意见的主送机关可以是多重的，其位置可以在正文之前，也可以放在版记里。

（三）正文

1.原因　即提出意见的依据、目的、意义。原因之后，通常用过渡句“现/特提出如下意见”引出意见的核心内容。

2.建议办法　建议办法是意见的核心。多采用条文形式，分述对有关问题或工作的见解、建议或具体的解决办法。但上行意见中不能夹带请示事项，否则会造成公文处理的混乱。

3.要求　要求是意见的结尾，上行意见通常使用“以上意见，请审阅”“以上意见如无不妥，请批转×××××执行”等语句。下行意见的要求较为灵活，可以融入建议办法，也可以在所有的建议办法写完后提出。平行意见的结尾一般使用“以上意见，供参考”等用语。

（四）落款

署发文机关名称、成文日期并加盖印章。

【例1】

国务院关于进一步提高上市公司质量的意见

各省、自治区、直辖市人民政府，国务院各部委、各直属机构：

资本市场在金融运行中具有牵一发而动全身的作用，上市公司是资本市场的基石。提高上市公司质量是推动资本市场健康发展的内在要求，是新时代加快完善社会主义市场经济体制的重要内容。《国务院批转证监会关于提高上市公司质量意见的通知》（国发〔2005〕34号）印发以来，我国上市公司数量显著增长、质量持续提升，在促进国民经济发展中的作用日益凸显。但也要看到，上市公司经营和治理不规范、发展质量不高等问题仍较突出，与建设现代化经济体系、推动经济高质量发展的要求还存在差距。同时，面对新冠肺炎疫情影响，上市公司生产经营和高质量发展面临新的考验。为进一步提高上市公司质量，现提出如下意见。

一、总体要求

以习近平新时代中国特色社会主义思想为指导，全面贯彻党的十九大和十九届二中、三中、四中全会精神，认真落实党中央、国务院决策部署，贯彻新发展理念，坚持市场化、法治化方向，按照深化金融供给侧结构性改革要求，加强资本市场基础制度建设，大力提高上市公司质量。坚持存量与增量并重、治标与治本结合,发挥各方合力,强化持续监管,优化上市公司结构和发展环境,使上市公司运作规范性明显提升,信息披露质量不断改善,突出问题得到有效解决,可持续发展能力和整体质量显著提高,为建设规范、透明、开放、有活力、有韧性的资本市场,促进经济高质量发展提供有力支撑。

二、提高上市公司治理水平

(一)规范公司治理和内部控制。完善公司治理制度规则,明确控股股东、实际控制人、董事、监事和高级管理人员的职责界限和法律责任。控股股东、实际控制人要履行诚信义务,维护上市公司独立性,切实保障上市公司和投资者的合法权益。股东大会、董事会、监事会、经理层要依法合规运作,董事、监事和高级管理人员要忠实勤勉履职,充分发挥独立董事、监事会作用。建立董事会与投资者的良好沟通机制,健全机构投资者参与公司治理的渠道和方式。科学界定国有控股上市公司治理相关方的权责,健全具有中国特色的国有控股上市公司治理机制。严格执行上市公司内控制度,加快推行内控规范体系,提升内控有效性。强化上市公司治理底线要求,倡导最佳实践,加强治理状况信息披露,促进提升决策管理的科学性。开展公司治理专项行动,通过公司自查、现场检查、督促整改,切实提高公司治理水平。(证监会、国务院国资委、财政部、银保监会等单位负责)

(二)提升信息披露质量。以提升透明度为目标,优化规则体系,督促上市公司、股东及相关信息披露义务人真实、准确、完整、及时、公平披露信息。以投资者需求为导向,完善分行业信息披露标准,优化披露内容,增强信息披露针对性和有效性。严格执行企业会计准则,优化信息披露编报规则,提升财务信息质量。上市公司及其他信息披露义务人要充分披露投资者作出价值判断和投资决策所必需的信息,并做到简明清晰、通俗易懂。相关部门和机构要按照资本市场规则,支持、配合上市公司依法依规履行信息披露义务。(证监会、国务院国资委、工业和信息化部、财政部等单位负责)

三、推动上市公司做优做强

(三)支持优质企业上市。全面推行、分步实施证券发行注册制。优化发行上市标准,增强包容性。加强对拟上市企业的培育和辅导,提升拟上市企业规范化水平。鼓励和支持混合所有制改革试点企业上市。发挥股权投资机构在促进公司优化治理、创新创业、产业升级等方面的积极作用。大力发展创业投资,培育科技型、创新型企业,支持制造业单项冠军、专精特新“小巨人”等企业发展壮大。发挥全国中小企业股份转让系统、区域性股权市场和产权交易市场在培育企业上市中的积极作用。(证监会、国务院国资委、国家发展改革委、财政部、工业和信息化部等单位与各省级人民政府负责)

(四)促进市场化并购重组。充分发挥资本市场的并购重组主渠道作用,鼓励上市公司盘活存量、提质增效、转型发展。完善上市公司资产重组、收购和分拆上市等制度,丰富支付及融资工具,激发市场活力。发挥证券市场价格、估值、资产评估结果在国有资产交易定价中的作用,支持国有企业依托资本市场开展混合所有制改革。支持境内上市公司发行股份购买境外优质资产,允许更多符合条件的外国投资者对境内上市公司进行战略投资,提升上市公司国际竞争力。研究拓宽社会资本等多方参与上市公司并购重组的渠道。(证监会、工业和信息化部、国务院国资委、国家发展改革委、财政部、人民银行、商务部、市场监管总局、国家外汇局等单位与各省级人民政府负责)

(五)完善上市公司融资制度。加强资本市场融资端和投资端的协调平衡,引导上市公司兼顾发展需要和市场状况优化融资安排。完善上市公司再融资发行条件，研究推出更加便捷的融资方式。支持上市公司通过发行债券等方式开展长期限债务融资。稳步发展优先股、股债结合产品。大力发展权益类基金。丰富风险管理工具。探索建立对机构投资者的长周期考核机制，吸引更多中长期资金入市。（证监会、财政部、人民银行、国家发展改革委、银保监会等单位负责）

（六）健全激励约束机制。完善上市公司股权激励和员工持股制度，在对象、方式、定价等方面作出更加灵活的安排。优化政策环境，支持各类上市公司建立健全长效激励机制，强化劳动者和所有者利益共享，更好吸引和留住人才，充分调动上市公司员工积极性。（证监会、国务院国资委、财政部等单位负责）

四、健全上市公司退出机制

（七）严格退市监管。完善退市标准，简化退市程序，加大退市监管力度。严厉打击通过财务造假、利益输送、操纵市场等方式恶意规避退市行为，将缺乏持续经营能力、严重违法违规扰乱市场秩序的公司及时清出市场。加大对违法违规主体的责任追究力度。支持投资者依法维权，保护投资者合法权益。（证监会、最高人民法院、公安部、国务院国资委等单位与各省级人民政府负责）

（八）拓宽多元化退出渠道。完善并购重组和破产重整等制度，优化流程、提高效率，畅通主动退市、并购重组、破产重整等上市公司多元化退出渠道。有关地区和部门要综合施策，支持上市公司通过并购重组、破产重整等方式出清风险。（证监会、最高人民法院、司法部、国务院国资委等单位与各省级人民政府负责）

五、解决上市公司突出问题

（九）积极稳妥化解上市公司股票质押风险。坚持控制增量、化解存量，建立多部门共同参与的上市公司股票质押风险处置机制，强化场内外一致性监管，加强质押信息共享。强化对金融机构、上市公司大股东及实际控制人的风险约束机制。严格执行分层次、差异化的股票质押信息披露制度。严格控制限售股质押。支持银行、证券、保险、私募股权基金等机构参与上市公司股票质押风险化解。（证监会、最高人民法院、人民银行、银保监会、国务院国资委等单位与各省级人民政府负责）

（十）严肃处置资金占用、违规担保问题。控股股东、实际控制人及相关方不得以任何方式侵占上市公司利益。坚持依法监管、分类处置，对已形成的资金占用、违规担保问题，要限期予以清偿或化解；对限期未整改或新发生的资金占用、违规担保问题，要严厉查处，构成犯罪的依法追究刑事责任。依法依规认定上市公司对违规担保合同不承担担保责任。上市公司实施破产重整的，应当提出解决资金占用、违规担保问题的切实可行方案。（证监会、最高人民法院、公安部等单位与各省级人民政府负责）

（十一）强化应对重大突发事件政策支持。发生自然灾害、公共卫生等重大突发事件，对上市公司正常生产经营造成严重影响的，证券监管部门要在依法合规前提下，作出灵活安排；有关部门要依托宏观政策、金融稳定等协调机制，加强协作联动，落实好产业、金融、财税等方面政策；各级政府要及时采取措施，维护劳务用工、生产资料、公用事业品供应和物流运输渠道，支持上市公司尽快恢复正常生产经营。（国家发展改革委、财政部、工业和信息化部、商务部、税务总局、人民银行、银保监会、证监会等单位与各省级人民政府负责）

六、提高上市公司及相关主体违法违规成本

（十二）加大执法力度。严格落实证券法等法律规定，加大对欺诈发行、信息披露违法、操纵市场、内幕交易等违法违规行为的处罚力度。加强行政机关与司法机关协作，实现涉刑案件快速移送、快速查办，严厉查处违法犯罪行为。完善违法违规行为认定规则，办理上市公司违法违规案件时注意区分上市公司责任、股东责任与董事、监事、高级管理人员等个人责任；对涉案证券公司、证券服务机构等中介机构及从业人员一并查处，情节严重、性质恶劣的，依法采取暂停、撤销、吊销业务或从业资格等措施。（证监会、公安部、最高人民法院、财政部、司法部等单位与各省级人民政府负责）

（十三）推动增加法制供给。推动修订相关法律法规，加重财务造假、资金占用等违法违规行为的行政、刑事法律责任，完善证券民事诉讼和赔偿制度，大幅提高相关责任主体违法违规成本。支持投资者保护机构依法作为代表人参加诉讼。推广证券期货纠纷示范判决机制。（证监会、最高人民法院、司法部、公安部、财政部等单位负责）

七、形成提高上市公司质量的工作合力

（十四）持续提升监管效能。坚持服务实体经济和保护投资者合法权益方向，把提高上市公司质量作为上市公司监管的重要目标。加强全程审慎监管，推进科学监管、分类监管、专业监管、持续监管，提高上市公司监管有效性。充分发挥证券交易所一线监督及自律管理职责、上市公司协会自律管理作用。（证监会负责）

（十五）强化上市公司主体责任。上市公司要诚实守信、规范运作，专注主业、稳健经营，不断提高经营水平和发展质量。上市公司控股股东、实际控制人、董事、监事和高级管理人员要各尽其责，公平对待所有股东。对损害上市公司利益的行为，上市公司要依法维权。鼓励上市公司通过现金分红、股份回购等方式回报投资者，切实履行社会责任。（证监会、国务院国资委、财政部、全国工商联等单位负责）

（十六）督促中介机构归位尽责。健全中介机构执业规则体系，明确上市公司与各类中介机构的职责边界，压实中介机构责任。相关中介机构要严格履行核查验证、专业把关等法定职责，为上市公司提供高质量服务。相关部门和机构要配合中介机构依法依规履职，及时、准确、完整地提供相关信息。（证监会、财政部、司法部、银保监会等单位与各省级人民政府负责）

（十七）凝聚各方合力。完善上市公司综合监管体系，推进上市公司监管大数据平台建设，建立健全财政、税务、海关、金融、市场监管、行业监管、地方政府、司法机关等单位的信息共享机制。增加制度供给，优化政策环境，加强监管执法协作，协同处置上市公司风险。充分发挥新闻媒体的舆论引导和监督作用，共同营造支持上市公司高质量发展的良好环境。（各相关单位与各省级人民政府负责）

国务院（印章）

2020 年 10 月 5 日

（来源：http://www.gov.cn/zhengce/content/2020－10/09/content_5549924.htm）

≫ 简析：这是一份指示性意见（发文字号：国发〔2020〕14 号）。第一段交代行文背景、依据和目的，然后以“为进一步提高上市公司质量，现提出如下意见”为过渡句，引出主体内容：

即七项共十七条具体意见。该意见内容详尽，语言严谨，语气果断有力，体现出政府发挥各方合力、强化持续监管以提高上市公司质量的决心。

【例2】

教育部应对新型冠状病毒感染肺炎疫情工作领导小组办公室关于在疫情防控期间做好普通高等学校在线教学组织与管理工作的指导意见

各省、自治区、直辖市教育厅（教委），新疆生产建设兵团教育局，有关部门（单位）教育司（局），部属各高等学校、部省合建各高等学校，各教育部高等学校教学指导委员会、有关在线课程平台单位：

为贯彻落实习近平总书记关于打赢疫情防控阻击战的重要指示精神，针对新型冠状病毒感染肺炎疫情对高校的正常开学和课堂教学造成的影响，根据《教育部应对疫情工作领导小组工作方案（试行）》要求，现就在疫情防控期间高等学校在线教学组织与管理提出如下指导意见。

一、总体要求

采取政府主导、高校主体、社会参与的方式，共同实施并保障高校在疫情防控期间的在线教学。各高校应充分利用上线的慕课和省、校两级优质在线课程教学资源，在慕课平台和实验资源平台服务支持带动下，依托各级各类在线课程平台、校内网络学习空间等，积极开展线上授课和线上学习等在线教学活动，保证疫情防控期间教学进度和教学质量，实现“停课不停教、停课不停学”。

二、工作任务

1.面向全国高校免费开放全部优质在线课程和虚拟仿真实验教学资源。截至2020年2月2日，教育部组织了22个在线课程平台制定了多样化在线教学解决方案，免费开放包括1291门国家精品在线开放课程和401门国家虚拟仿真实验课程在内的在线课程2.4万余门，覆盖了本科12个学科门类、专科高职18个专业大类，供高校选择使用（见附件）。

2.立即制定在线教学组织与实施方案。针对疫情防控需要，高校要合理调整、统筹安排春季学期与秋季学期课程教学计划。在当前疫情防控期间，要暂停所有寒假社会实践，原计划进行的寒假社会实践推移到下一年度或下一学期内进行，可视疫情发展情况酌情减免寒假社会实践学分。根据校情学情制定疫情防控期间在线教学实施方案，充分利用线上教学优势，以信息技术与教育教学深度融合的教与学改革创新，推进学习方式变革，提高教学效率、保证教学质量、完成教学任务。

3.保证在线学习与线下课堂教学质量实质等效。高校要以文件、校园网公告等方式公布课程资源质量要求、在线教学课堂纪律和考试纪律要求、学生学习评价措施等管理措施；要引导教师择优选用适合的慕课、专属在线课程（SPOC）以及校内在线课程资源，应用公共课程服务平台、校内智慧教学系统和网络学习空间以及数字化教学软件等方式，开展线上教学、组织线上讨论、答疑辅导等教学活动，布置在线作业，进行在线测验等学习考核；要与课程平台建立教学质量保障联动机制，充分利用学习行为分析数据，了解学生在线学习情况。鼓励和支持有条件的高校，充分发挥各专业“虚拟教研室”的组织载体作用，加快研发一批有特色、代表性强、数量充足的在线试题，服务学生在线学习，提高学生学习积极性和课程挑战性。

4.发挥“国家精品在线开放课程”示范引领作用。“国家精品在线开放课程”的课程负责人和团队要上线提供全程教学服务，发挥示范引领作用，带动全国慕课教师团队开展线上教学服务。

5.开放国家虚拟仿真实验教学项目共享平台服务。国家虚拟仿真实验教学项目共享平台（实验空间）全天候开放，免费提供2000余门虚拟仿真实验课程资源，并提供在线实验教学支撑和教学考核管理。

6.倡导社会力量举办的在线课程平台免费提供优质课程资源和技术支持服务。倡导课程平台以及更多在线教育机构面向全国高校和社会公众免费开放优质在线课程。在线课程平台要有组织地与地方教育行政部门、疫情严重地区高校乃至更大范围高校建立联系，了解高校情况和教学需求，结合平台课程资源特点和技术优势，为高校制定丰富多样的在线教学解决方案；要为教师提供教学平台及软件支持服务，支持教师利用慕课等在线教学资源自主开展在线教学；鼓励开展网上在线教学培训，帮助广大教师适应新型教学环境、掌握在线教学技能、提高在线教学效果。

7.加强对高校选择在线课程平台教学解决方案的支持服务。各级教育行政部门要继续组织在线教育机构研发多样化在线教学解决方案，及时向高校提供解决方案及联系方式，保障教学需求和技术服务支持对接畅通，为高校选择资源和技术服务提供便利。

8.发挥专家组织指导、整合、协调作用。各教育部高等学校教学指导委员会要充分发挥教学指导作用，整合名校名师名企力量，推动快速上线一批前期有工作基础的优质慕课和实验课程，丰富线上教学资源。慕课联盟联席会要充分发挥专业性、区域性、跨区域性纽带作用，团结慕课联盟单位，通过专家工作组指导等方式，与高校有组织地开展以慕课主讲教师为主的线上教学、“慕课主讲教师＋慕课课程工作组”为主的跨校协同教学、“慕课主讲教师＋本地教师”的协作式跨校教学、借助慕课作为参考课支持本校教师校内在线授课教学等多种形式协同教学，指导高校选好课、用好课、讲好课。

9.加强疫情防控知识宣传。鼓励慕课平台开设有关流行病学、传染病学的慕课专题，国家虚拟仿真实验教学项目共享平台（实验空间）开通公共卫生与预防医学虚拟仿真实验专题等针对性实验，供全国大学生及社会公众了解相关知识与政策，提高科学防控能力。

三、工作保障

1.加强组织领导。中央有关部门（单位）教育司（局）、省级教育行政部门结合所属高校实际，帮助高校制定在线教学组织与管理方案，整合公共服务平台和省级课程平台资源与服务信息，指导所属高校在线教学组织与管理。

2.强化政策激励与引导。高校要将慕课教师以及承担教学任务的所有任课教师线上教学计入教学工作量，激励广大教师积极投身教学改革与创新，积累实战经验，产生更多更好教学成果。贯彻落实有关政策要求，引导学生在疫情防控期间积极选修线上优质课程，增加学生自主学习时间，强化在线学习过程和多元考核评价的质量要求。制定在线课程学习学分互认与转化政策，保障学生学业不受疫情影响。

3.确保在线教学安全平稳运行。高校要与课程平台就在线教学组织进行充分沟通，择优选取符合本校实际、与网络环境条件相匹配的方案，保证在线教学平稳运行。要与课程平台密切配合、规范管理，强化对课程内容、教学过程和平台运行监管，采取安全有效手段，防范和制止有害信息传播，保障在线教学运行安全。

4.建立信息报送渠道。各级教育行政部门和高校要建立数据统计报告制度,及时将在线教学组织实施情况和意见建议报送教育部。教育部直属高校直接报送教育部,其他中央部门所属高校和部省合建高校抄送教育部,地方高校由省级教育行政部门汇总后报送教育部。联系单位:教育部高等教育司课程教材与实验室处,联系人:××、××、××,电话:010—××××××××、××××××××、××××××××,××××××××××××,电子邮箱:gaojs_jxtj@moe.edu.cn。

附件:在线课程平台在疫情防控期间支持高校在线教学服务方案信息汇总表(截至2020年2月2日)

教育部应对新型冠状病毒感染肺炎疫情工作领导小组办公室

2020年2月4日(代章)

(来源:http://www.moe.gov.cn/srcsite/A08/s7056/202002/t20200205_418138.html)

≫ 简析:这是一份指导性意见(发文字号:教高厅〔2020〕2号)。第一段交代行文目的和行文依据,然后用过渡句"现就在疫情防控期间高等学校在线教学组织与管理提出如下指导意见"引出主体内容,主体部分则从"总体要求""工作任务""工作保障"三方面提出了具体意见。随文附有附件。该意见语气平缓,既为疫情防控期间高校在线教学组织与管理指明了方向,又为各高校结合自身实际情况制定线上教学方案留有一定的操作空间,体现出指导之意。

第七节 议　案

一、议案的概念

根据《条例》规定,议案是一种适用于各级人民政府按照法律程序向同级人民代表大会或人民代表大会常务委员会提请审议事项的报请性公文。

二、议案的特点

(一)作者的特定性

议案的制作者是法定的。根据《中华人民共和国全国人民代表大会组织法》的有关规定:全国人民代表大会主席团、全国人民代表大会常务委员会、人民代表大会各专门委员会、国务院,中央军事委员会、最高人民法院、最高人民检察院,全国人民代表大会一个代表团或者30名以上人民代表大会代表联名,可以向全国人民代表大会提出议案。全国人民代表大会常务委员会委员长会议、人民代表大会常务委员会组成人员10人以上、全国人民代表大会各专门委员会、国务院,中央军事委员会、最高人民法院、最高人民检察院可以向全国人民代表大会常务委员会提出议案。根据《中华人民共和国地方各级人民代表大会和地方各级人民政府组织法》有关规定：地方各级人民代表大会举行会议的时候，主席团、常务委员会、各专门委员会、本级人民政府，县级以上人民代表大会代表10名以上联名，乡、民族乡、镇人民代表大会代表5名以上联名，可以向本级人民代表大会提出议案。人民代表大会常务委员会主任会议以及省、自治区、直辖市、自治州、设区的市的人民代表大会常务委员会组成人员5人以上联名，县级的人民代表大会常务委员会组成人员3人以上联名、县级以上地方各级人民政府、人民代表大会各专门委员会，可以向本级常务委员会提出议案。除此之外的其他部门和人员无权提出议案。

（二）内容的法定性与可行性

根据《中华人民共和国宪法》《中华人民共和国全国人民代表大会组织法》《中华人民共和国地方各级人民代表大会和地方各级人民政府组织法》的有关规定，议案的内容必须是属于本级人民代表大会或人民代表大会常务委员会职权范围内的问题，超出其职权范围的不能作为议案提出，同时议案的内容还必须以法律、法规为依据，要考虑客观实际，必须切实可行，有助于实际问题的解决，这样才有被批准的可能。

（三）时间的限制性

议案必须在人民代表大会或者人民代表大会常务委员会举行会议的时候或会前提出。会后提出的，不能列为议案，只能作为建议。

（四）内容的单一性和具体性

议案经过审议通过后，要送到有关部门承办，这就要求一事一案，不能多事一案，以方便审议、送达承办单位办理。同时要求议案事实准确，建议具体，因此拟写议案之前要深入调查研究，充分论证。

三、议案的种类

（一）根据提请议案的单位分

可分为人民政府议案、人民代表大会常务委员会议案、人民代表大会各专门委员会议案、人民代表团议案和人民代表议案。

（二）根据议案的内容分

1.法律法规案　即提请全国人民代表大会审议通过的法律或提请全国人民代表大会、全国人民代表大会常务委员会、地方人民代表大会或地方人民代表大会常务委员会审议通过的法规的议案。

2.重大事项案　即有关政府工作中涉及全局性、长远性工作事项提请人民代表大会或人民代表大会常务委员会审议的议案。

3.机构变动案　即有关机构的增加、撤销及合并提请人民代表大会或人民代表大会常务委员会审议的议案。

4.人事任免案　即有关政府工作部门领导人职务的任免提请人民代表大会或人民代表

大会常务委员会审议的议案。

5.外事条约案　即有关国家领导人草签的涉外条约提请人民代表大会或人民代表大会常务委员会审议的议案。

（三）根据议案形成的时间分

1.会上议案　即在人民代表大会召开时提请审议的议案。

2.平日议案　即人民政府或国务院各部委在人民代表大会常务委员会召开时就日常工作或有关法律法规提请审议的议案。

四、议案的写作

议案在写作上有公文式和固定表格式两种。公文式主要在各级政府提请审议事项时使用。固定表格式主要在人民代表、代表团、常务委员会组成人员等提请审议事项时使用。以下主要介绍公文式写法。

（一）标题

提请议案单位名称＋案由＋文种

【例】　国务院关于提请审议国务院机构改革方案的议案

（二）主送机关

议案的主送机关，只能是同级人民代表大会及其常务委员会，不能有其他并列机关。要采用全称或规范化简称，不得随意简化。

（三）正文

1.案据　即提出议案的缘由、目的。这部分要写清楚提出议案的原因、意义，与常规的根据式、目的式的公文开头写法类似。

2.方案　即对提请审议的事项写明解决的途径、措施等。如果是提请审议已制定的法律法规的，解决问题的方案就在法律法规之中，这部分只需写明提请审议的法律法规的名称即可，但要把法律或法规的文本作为附件。如果是任免性议案，要将被任免人的姓名和拟任免的职务写明。如果是提请审议重大决策事项的，要把决策的内容一一列出，供大会审阅。如果是建议采取行政手段解决某方面问题的，要把实施这一行政手段的方案详细列出，以便于审议。

3.结语　即对审议机构的请求，要用祈使语词。如“请审议/现提请审议/请审议，并请作出批准的决定”。

（四）落款

落款包括发文机关领导人职务＋发文机关领导人的签名章及日期。如国务院提交给全国人民代表大会的议案，要由总理签署；各省、市、自治区提交给同级人民代表大会的议案，要由省长、市长或自治区主席签署。

【例 1】

××市人民政府
关于提请审议××同志职务任命的议案

市人大常委会：

根据《中华人民共和国地方各级人民代表大会和地方各级人民政府组织法》和《××市各级人民代表大会常务委员会人事任免工作条例》的规定，经 2019 年 9 月 16 日市五届人大常委会第二十五次主任会议审议，现提请审议××同志职务任命事项。

提请决定任命

××为××市人民政府副市长。

市　长：×××
2019 年 9 月 20 日

（来源：http://www.ccpc.cq.cn/home/index/more/id/218029.html）

≫ 简析：这是一份人事任免议案（发文字号：渝府函〔2019〕122 号）。正文点明了提请议案的依据及提请审议的人事任免事项，篇幅短小，语言精练。

【例 2】

××省人民政府关于提请审议
××省实施资源税法授权事项的议案

省人大常委会：

按照《中华人民共和国资源税法》第二条、第三条和第七条规定的授权要求，经过充分调研测算，广泛征求意见，结合我省实际，拟定了我省资源税适用税率和减免税办法，现提请省人大常委会予以审议。

一、拟定资源税适用税率

我省实行资源税幅度税率的税目，其具体适用税率按照《××省资源税税目税率表》执行。（详见附件 1）

二、拟定资源税计征方式

我省砂石、其他粘土、石灰岩、矿泉水、地热等五个税目执行从量计征；其他税目执行从价计征。

三、拟定资源税减免税办法

我省免征或者减征资源税的具体办法按照《××省资源税特定情形减免具体办法》执行。（详见附件 2）

请审议决定。

附件：1. ××省资源税税目税率表
　　　2. ××省资源税特定情形减免具体办法

省　长：×××
2020 年 6 月 12 日

（来源：http://www.jlrd.gov.cn/ztzl/ysjd/yssc/202007/t20200731_7388521.html）

≫ 简析:这是一份地方人民政府提请同级人大常委会审议重要事项的议案。正文首先点明了提请议案的依据及提请审议的事项,接着以过渡句“现提请省人大常委会予以审议”引出具体三点事项,最后以结语“请审议决定”结束正文。随文附有附件两份。全文结构完整,言简意赅。

第八节　函

一、函的概念

根据《条例》规定,函是一种适用于不相隶属机关之间商洽工作、询问和答复问题、请求批准和答复审批事项的公文。

二、函的特点

(一)灵活性

灵活性主要表现在两个方面:一是写法灵活,既可以采用公文的格式写作,也可以用书信体处理;在语言的运用上既可以使用公文式语言,也可以采用较为灵活的语言。二是行文方向灵活,虽然函主要用于平行机关和不相隶属机关,但也可以用于上下级之间。

(二)适用的广泛性

广泛性也表现在两个方面:一是可以广泛应用于商洽工作、询问和答复问题、请求批准和答复审批事项,可以传递信息、交流情况、帮助解决问题等。二是任何组织、单位都可以使用,没有级别的限制。因此,函的作用范围比其他文种都宽,使用频率也高。

(三)内容的单一性

函在写作上要求一事一函,不允许一函多事,因此内容单一。

三、函的分类

(一)按函的形式分

1.公函　主要用于商洽、询问、答复工作中比较重要的问题和请求主管部门批准某些事宜。它的版面运用标准的函的格式并编文号,写作上也采用公文式语言。

2.便函　便函主要用于询问、联系、介绍某些一般性的事宜。它不编文号,也可以不列标题,用机关信笺直接书写。还可以事先印制出模板,需要时直接填写,单位介绍信大都采用这种方式。

(二)按函的内容性质分

1.商洽函　主要用于商量、联系工作,以得到对方的认可、协助。

2.询问函　向受文单位询问有关问题、征求意见时使用。

3.请批函　向有关主管部门请求批准具体事项时使用。

4.答复函　针对来函提出的问题或请求给予答复时使用。

5.知照函　将有关问题、情况、意见告知受文单位时使用。

6.协查函　即国家行政管理机关或公安机关希望有关单位协助查办违法案件的函。协查函在国家行政管理机关或公安机关异地办案协作中和协查通报一样起着十分重要的作用,可以提高办案效率。

(三)按函的行文方向分

1.去函　即主动给有关单位的行文。

2.复函　即被动答复来函单位的行文。

四、请示函与请示的区别

请示用于向直接的上级领导机关或隶属机关请求指示和批准,请示函用于向不相隶属的有关主管机关提出请求。

五、复函与批复的区别

批复针对直接的下级机关或隶属机关的请示给以指示和批准,复函是针对不相隶属的有关机关提出的请求给以答复。

六、函的写作

(一)去函

1.去函的标题　发文机关+事由+文种

【例】　教育部办公厅关于公布部分省(区、市)高等职业学校备案名单的函

2.主送机关　即受文单位。

3.正文　(1)发函缘由。这部分要写明发函的原因、目的、依据。如“最近……”“根据……”“为了……”“得悉/据悉……”。要开门见山,无须客套,不能将一般书信开头用的“你们好”等问候语在公函或便函中使用。(2)事项、问题。这部分要求一事一函,要具体而简练,条理清晰,切忌内容庞杂。(3)希望或要求。如要求对方答复的,应写“请函复”“盼复”等。如不要求对方答复的,则用“特此函达”“特此函告”。如是商洽函,则用“请大力支持为盼”“请支持/协助为盼”“请予支持/请予合作”等。

4.落款　署发文机关名称、成文日期并加盖印章。

(二)复函

1.复函的标题

(1)发文机关+事由+(复)函

【例】　安徽省人民政府办公厅关于发布集中采购目录有关问题的复函

(2)发文机关+同意+事由+(复)函

【例】 国务院办公厅关于同意成立2023年亚足联亚洲杯中国组委会的函

2.主送机关 即受文单位，复函的主送机关与来函机关一致。

3.正文 (1)发函原因，即引叙来函，写清来函的标题、文号，一般以“收悉”结句。如“你公司《关于申请江苏滨海300MW海上风电项目竣工环境保护验收的函》(大唐国信滨海函〔2020〕126号)收悉”。(2)发函事项，即答复对方提出的问题和要求。要求答复明确，不能含糊。(3)结尾，即结语。可以写“此复”“特此函复”“专此函复”，也可不写结语。

4.落款 署发文机关名称、成文日期并加盖印章。

【例1】

国家卫生健康委办公厅关于征求《病原微生物实验室生物安全管理条例》修订建议的函

各省、自治区、直辖市及新疆生产建设兵团卫生健康委，国家发展改革委、教育部、科技部、公安部、生态环境部、农业农村部、海关总署、市场监管总局办公厅，国家中医药局办公室，国家药监局综合司，中国科学院办公厅，各有关单位：

为落实党中央、国务院决策部署，全面提高国家生物安全治理能力，加快构建国家生物安全法律法规体系，进一步加强实验室生物安全管理，我委将牵头组织修订《病原微生物实验室生物安全管理条例》(国务院令第424号)。按照修订工作安排，现请你单位结合工作实际研提修订建议，于2020年10月31日前反馈我委科教司。

邮箱：xd424tl@163.com

国家卫生健康委办公厅(印章)

2020年10月14日

(来源：http://www.nhc.gov.cn/qjjys/s7948/202010/befb9f4e848e43609ba9b98808bc124f.shtml)

≫ 简析：这是一份主动征求意见的去函(发文字号：国卫办科教函〔2020〕850号)。正文明确了发文目的、主要事项及要求，随后附上联系方式，便于被征求意见方回复、联系。全篇短小精悍，表意清晰。

【例2】

合肥市发展改革委关于新合肥西站配套市政道路项目立项的复函

市重点局、市供水集团：

你单位《关于新西站片区市政配套道路、涉铁市政道路工程立项的函》(合重建管函〔2020〕594号)及附件材料收悉。本项目已列入我市2020—2022年大建设计划，根据新合肥西站建设专题会议纪要(合铁办〔2019〕13号)和方案审查意见(合建城建〔2020〕25号)，经研究，现将有关事项函复如下：

一、为进一步完善新合肥新站片区综合交通体系，促进站城融合和新西站片区整体发展，原则同意新合肥西站配套市政道路项目立项，开展前期工作。

项目编码：2020—340104—48—01—025637。

二、新合肥西站位于清溪路与潜山路交口西南角，设南北落客平台。本次通过新建、改扩建配套市政道路及连接匝道，实现与新高铁西站南北落客平台快速连接，分为市政部分和涉铁两部分。市政部分包括：(1)清溪路(西二环—十里店路、潜山路—肥西路)，长约3.11

公里，规划为城市主干路，红线宽45米；(2)高塘湖路(怀宁北路—十里店路)，长约0.65公里，规划为城市次干路，红线宽40米；(3)长岗路(潜山路—西一环路)，长约1.5公里，规划为城市次干路，红线宽24米；(4)十里店路(清溪路—高塘湖路)，长约0.25公里，规划为城市支路，红线宽度30米。涉铁部分包括：(1)四里河路(银杉路—临泉路)，长约0.8公里，规划为城市快速路，红线宽60米；(2)清溪路(十里店路—潜山路)，长约0.9公里，规划为城市主干路，红线宽45米；(3)高塘湖路(十里店路—潜山路)，长约0.6公里；(4)长岗路进站匝道，长约0.2公里；(5)十里店路(高塘湖路—樊洼路)，长约1.3公里，红线宽10—30米；(6)四里河路联络匝道，全长约0.85公里。工程建设主要内容为道路、桥梁、排水、绿化、照明、给水、交通标志标线、信号监控、管线综合、电力(土建)等。

三、工程估算总投资63.1亿元(其中市政部分道路工程投资约26亿元，涉铁部分道路工程投资约36.7亿元，给水工程投资约0.4亿元)，建设资金由市建投集团统筹解决。

四、道路主体工程由市重点局组织实施，供水工程由市供水集团组织实施。

请据此进一步完善前期工作，加强重要节点的设计比选和论证，合理控制工程造价，按规定程序办理项目用地、规划等相关手续，待可研、初步设计编制完成后报我委审批。

合肥市发展和改革委员会(印章)

2020年7月24日

(来源：http://www.hefei.gov.cn/xxgk/zcwj/szfbmwj/105295977.html)

≫ 简析：这是一份答复函(发文字号：合发改投资〔2020〕775号)。第一段为复函原因、依据，并用“经研究，现将有关事项函复如下”作为过渡句，以引出复函事项；接下来四点为答复的具体事项；最后一段是对工程提出的要求。该函答复清楚，要求具体，便于受文者遵守和执行。

第九节 纪 要

一、纪要的概念

根据《条例》规定，纪要是一种适用于记载会议主要情况和议定事项的公文。在新《条例》出台前，纪要也称为“会议纪要”。纪要既可以上行，向上级单位汇报会议情况和结果；也可以下行，向下级机关传达会议精神和议定事项；还可以平行，要求与会单位共同遵守、执行。

二、纪要的特点

(一)纪实性

纪实性是纪要的灵魂。纪要必须如实反映会议的情况，用词必须准确，既不夸大也不缩小。当然，对纪实性特点要辩证地理解。作为法定的公文时，则不宜写入不同的意见，否则难以贯彻会议精神，它重在传达会议通过的决定、方案。而作为学术性的纪要时，则要如实记录不同的有价值的意见，传播学术观点。

（二）纪要性

纪要不同于会议记录，不是有闻必录。它要求作者善于提炼精华，集中反映会议的主要精神和实质，突出“要”字，所以它要对会议记录及其他会议文件进行分析、综合，加以概括、提炼。

（三）及时性

纪要是专门为汇报、传达会议情况的，只有及时行文才能达到行文的目的。

三、纪要的种类

（一）按纪要的内容性质分

1.决定性纪要　即经过会议讨论，对某些事项或问题作出一致决定，需要与会各方共同遵守、执行时，用纪要形式写下的文字依据。

2.研讨性纪要　即把工作研讨会议、经验交流会议或学术研讨会议的情况汇集起来的纪要。它侧重于汇集情况、交流经验，带有研究、探索的性质。

（二）按纪要的形式分

1.工作纪要　为解决某些实际问题专门召开工作会议或日常工作例会讨论形成的决定，以纪要的形式进行约束、传达。

2.座谈会纪要　召集有关人士就特定的政策问题、社会问题、工作问题及学术问题等进行座谈，参加者可以畅所欲言。它是侧重于讲话、发言的内容记述和传达的纪要。

（三）按纪要形成的目的分

1.约束性纪要　要求与会各方共同遵守、执行会议作出的决定所形成的纪要。

2.传达性纪要　以传达会议情况、传递信息、交流经验为目的而形成的纪要。

四、纪要的写作

（一）标题

1.会议名称＋文种

【例】　创业教育试点工作座谈会纪要

2.发文机关＋事由＋文种

【例】　北京市民政局　北京市气象局关于加强救灾合作问题的会议纪要

（二）题注

纪要的成文日期一般加括号写于标题下正中位置，以会议结束的日期或者领导人签发的日期为准，也有位于正文之后的。

（三）正文

1. 会议基本情况　简要介绍会议召开的目的、指导思想，会议时间、地点、主持人、参加单位和出席人员或其总数，主要议程、讨论的主要问题，会议的意义等。基本情况之后，可以用过渡句“现将会议情况纪要如下”或“会议确定了如下事项”转入主体部分。

2. 会议主要精神及议定的事项　这是纪要最重要的主体部分，主要写会议研究的问题、讨论的情况及意见，对今后工作的安排，会议作出的决定等。这部分内容必须经过分析、概括，用最精练的语言将会议的主要精神反映出来。具体写法有两种：(1)综合式。即将会议上主要人员或重要的发言内容、讨论的情况综合概括地叙述出来，必要时可以分段。一般小型会议的纪要多采用这种写法。在语言的运用上，常用“会议讨论了……”“与会者认为……”“会议指出……”“会议认为……”“会议强调……”等语句来叙述。(2)总结归纳式。即将会议上讨论研究的内容归纳出几个问题，每个问题列一小标题，或者分列条项。一般规模较大的会议的纪要多采用这种写法，既全面地反映了会议的主要精神，又清晰明了，便于读者阅读、理解。

3. 结尾　一般提出希望、号召或要求，还可以写明下次会议的承办方等。结尾不是必写内容。

【例 1】

2020 年第一季度省安委会全体会议纪要

2020 年 3 月 19 日上午，省长、省安全生产委员会主任×××主持召开 2020 年第一季度省安委会全体会议。会议传达学习习近平总书记关于安全生产重要批示精神，传达学习国务院安委办、应急部关于疫情防控、复工复产期间安全防范和安全服务工作要求及近期典型事故情况通报，听取省安委办关于 2019 年以来全省安全生产工作情况和 2020 年重点工作建议汇报，听取省公安厅、省住房城乡建设厅、省交通运输厅、省消防救援总队等发言，审议并讨论 2019 年度全省安全生产和消防工作考核巡查督查情况、省安委会 2020 年工作要点起草情况汇报。副省长×××、×××、×××、×××、×××、×××，省政府秘书长×××出席会议。

会议指出，去年以来，全省各地各部门坚持安全发展理念，以“保安全、保大庆、保稳定”为主线，以推进安全生产“铸安”行动常态化实效化和风险管控“六项机制”制度化规范化为抓手，深入开展重点领域安全生产专项整治，全省安全生产形势总体稳定，事故起数总数、死亡人数同比下降，无重大安全生产事故，但我省安全生产事故仍然易发多发，安全生产形势依然严峻复杂。

会议强调，要深入学习贯彻习近平总书记关于安全生产的重要论述和重要指示批示精神，按照党中央、国务院及省委、省政府决策部署，树牢安全发展理念，全面排查整治安全生产短板漏洞和风险隐患，狠抓整改落实，层层压实责任，力戒形式主义、官僚主义，从根本上消除事故隐患，扎实做好复工复产期间安全生产工作，切实维护好人民群众生命财产安全。

会议指出，要开展重点领域安全隐患排查治理，强化危险化学品生产经营全链条安全管理，持续深入开展非法违法道路运输行为专项整治，强化煤矿和非煤矿山生产安全和尾矿库、“头顶库”治理，推进消防安全综合治理工作，加强建筑市场监管与施工现场隐患排查治理。要统筹做好疫情应对和复工复产安全风险防控，强化重点区域场所安全防控，加强防控物资生产、仓储、物流各类企业安全监管，坚决守住疫情防控关键期间安全生产底线。

会议强调，要持续提升安全生产风险防控能力，加快完善安全监管执法体系，一体推进监测预警、指挥调度、抢险救援三大系统建设，持续提升源头防控、应急响应、指挥调度、救援装备和实战能力水平，确保关键时刻拉得出、能救援、善处置。要严格落实安全生产责任制，进一步压实属地责任，强化部门监管责任，突出企业主体责任，严格依法依纪追究责任，以责任追究倒逼责任落实，确保全省安全生产形势持续稳定好转。

会议经过研究，议定以下事项：

一、原则同意2019年度全省安全生产和消防工作考核巡查督查结果，根据会议讨论意见调整后，以省政府名义通报各地、各有关单位。

二、原则同意《××省安全生产委员会2020年工作要点（送审稿）》，根据会议讨论意见修改完善并请×××同志把关后，本月底前以省安委会名义印发。

三、坚持结果导向、问题导向，修订完善《××省安全生产工作考核办法》，确保考核结果有区分度，切实发挥考核指挥棒作用。此项工作需在本月底前完成，并按程序提请省安委会全体会议审议。

四、抓好中办、国办《关于全面加强危险化学品安全生产工作的意见》贯彻落实工作，研究制定我省贯彻落实方案。

五、尽快制定监测预警系统、指挥调度系统、抢险救援系统建设方案，完善提升危险化学品、高速公路、地质灾害监测预警系统现有功能，逐步推进城市生命线、消防、煤矿、非煤矿山、尾矿库等领域监测预警系统建设。

附件：具体任务分解表

出席：略

2020年3月26日

（来源：http://yjt.ah.gov.cn/public/9377745/138894498.html）

≫ 简析：这是一份关于安全生产工作的专项工作会议纪要（发文字号：安委会纪要〔2020〕1号）。标题采用“会议名称＋文种”写法。第一段概述了会议的时间、主持人、会议名称、主要内容和参会人员，其次以“会议指出”“会议强调”引出会议主体内容，最后明确了五点会议议定事项，正文后附有“附件”和出席人员名单。该纪要结构合理，条理清楚，语言简练。

【例2】

全国档案工作标准化技术委员会第二十八次年会会议纪要

2020年8月4日，全国档案工作标准化技术委员会（以下简称档标委）第二十八次年会以视频会议形式召开。会议内容主要有5项：一是通报国家有关标准化工作会议精神，审查档标委2019年度工作报告；二是确定2020年档案行业标准制修订计划；三是审查档案行业标准送审稿；四是复审满5年档案行业标准；五是审议《档案信息化标准体系建设指南（研究报告）》《全国档案工作标准化技术委员会秘书处工作细则》。

国家档案局副局长、档标委主任委员×××同志传达了全国标准化工作会议精神，对档案标准化工作提出了4点要求：一是立足全局，强化档案标准顶层设计；二是深化改革，提升急需档案标准供给能力；三是建章立制，加强标准全过程管理；四是开放共享，积极参与国际标准治理。会议审查并通过了档标委2019年度工作报告。报告指出，2019年以来，档案标准化各项工作扎实推进，发布并向国家标准化管理委员会备案《纸质档案数字复制件光学字符识别(OCR)工作规范》等12项行业标准，委托相关单位编辑出版《档案工作标准汇编13》，继续与《中国档案》杂志社合作每期推出1项标准解读，完成42项档案行业标准实施情况调查评估工作，印发《全国档案工作标准化技术委员会章程》，基本完成年度目标任务。

会议对2020年申请立项的48项档案行业标准项目进行了认真审查，确定列入2020年制修订计划的标准项目为：1.《档案服务外包工作规范第4部分：档案整理服务》，承担单位为国家档案局经济科技档案业务指导司、浙江省档案局、浙江省档案馆、浙江省档案事务所、杭州远大档案技术有限公司，责任委员为×××、××、×××、×××、×××；2.《档案仿真复制工作规范》，承担单位为国家档案局技术部、云南省档案局，责任委员为×××、×××、×××、×××；3.《电子会计凭证管理技术规范》，承担单位为国家档案局档案科学技术研究所，责任委员为×××、×××、×××、×××；4.《档案馆照明系统设计规范》，承担单位为上海市档案局，责任委员为×××、×××、×××、××；5.《电子会计档案管理规范》，承担单位为航天信息股份有限公司、国家档案局经济科技档案业务指导司、财政部会计司、中石油天然气集团有限公司、中国电力建设集团公司、用友网络科技股份有限公司，责任委员为×××、×××、×××、×××、×××；6.《电子档案证据保全规范》，承担单位为国家档案局技术部、苏州大学社会学院、苏大苏航档案数据保全有限公司，责任委员为×××、×××、×××、××、×××；7.《档案征集工作规范》，承担单位为云南省档案局、国家档案局档案馆(室)业务指导司，责任委员为×××、××、×××、×××、×××。

会议审查并原则通过《财产保险业务档案管理规范》《产品数据管理(PDM)系统电子文件归档与电子档案管理规范》《档案馆高压细水雾灭火系统技术规范》《档案馆空调系统设计规范》《电子档案存储用可录类光盘CD－R、DVD－R、DVD＋R技术要求和应用规范》《公务电子邮件归档管理规则》《绿色档案馆建筑评价标准(修改单)》等7项标准送审稿，要求各编制单位根据会议提出的修改意见认真修改，按时形成报批稿，提请国家档案局局长办公会审议批准。

会议对42项满5年的行业标准进行了复审，决定由国家档案局经济科技档案业务指导司牵头修订DA/T2—1992《科学技术研究课题档案管理规范》。会议审议通过《全国档案工作标准化技术委员会秘书处工作细则》，原则通过《档案信息化标准体系建设指南(研究报告)》，并建议承担单位修改完善。

根据2020年全国标准化工作要点，结合当前档案标准化工作实际，会议强调：一要抓好"十四五"档案标准化工作的谋篇布局，围绕档案法新要求，结合档案工作实际情况，提升标准供给能力；二要加强档案标准化工作制度建设，严格执行立项预审制、责任委员指导机制、回避制度等；三要进一步优化档案标准体系，逐步减少一般性产品和服务领域的行业标准，推进基础通用的行业标准转化为国家标准相关工作。

会议要求档标委秘书处与标准承担单位保持联系，加强标准研制的过程管理和督促工作，确保标准研制任务及时、保质完成。

(来源：https://www.saac.gov.cn/daj/tzgg/202008/2c06c8c7080149c6bbdf68cc5dc6bf3f.shtml)

≫ 简析：这是一份全国档案工作标准化技术委员会年会形成的纪要。标题采用"会议名称＋文种”写法。第一段介绍会议召开的时间、会议名称、会议形式，并概括了会议的五项主要内容；第二段至第六段详细介绍了会议研究确定的具体内容；最后一段是会议对档案工作标准化技术委员会秘书处提出的工作要求。该纪要内容紧凑，条理清晰。

综合实训

一、不定项选择题

1. 2012年7月1日起执行的《党政机关公文处理工作条例》规定法定公文有（　　）

A. 13种　　B. 14种　　C. 15种　　D. 16种

2. ××市环保局向市财政局行文请求批准有关事项应使用（　　）

A. 报告　　B. 请示　　C. 请示报告　　D. 函

3. 以下关于决定表述正确的有（　　）

A. 内容涉及重要事项

B. 可用于变更下级机关不适当的决定事项

C. 必须经会议讨论表决通过

D. 作出的安排和要求不能模棱两可

4. 结语“妥否，请指示”适用于（　　）

A. 议案　　B. 纪要　　C. 通告　　D. 请示

5. 下列公文成文时间写法不正确的是（　　）

A. 2020年8月6日　　B. 二零二零年八月六日

C. 二〇二〇年八月六日　　D. 2020.8.6

6. 在文件拟稿中，如要引用某份公文，应当先引标题，后引（　　）

A. 公文事由　　B. 发文字号　　C. 发文机关　　D. 成文日期

7. 以下行文应该使用通知的是（　　）

A. ××公司任免一批干部

B. ××大学告知师生校运动会的具体安排

C. ××市关于禁止燃放烟花爆竹告知全体市民

D. 中共中央　国务院　中央军委表彰全国抗击新冠肺炎疫情先进个人和先进集体

8. 下列公文标题正确的是（　　）

A. ××县人民政府关于加强上市猪肉卫生质量管理的决议

B. ××省人民政府办公厅转发省民政厅关于进一步开展扶贫助残工作的意见的通知

C. ××大学2019—2020学年学科建设交流会纪要

D. ××市水务局关于上报本市××流域水能资源开发方案的报告

9. 以下机关之间的公文往来应使用平行文的有（　　）

A. 甲省民政厅与甲省人事厅

B. ××大学与××市公安局

C. ××省广播电视局与国家广播电视总局

D. 甲省财政厅与乙市园林局

10. 转发与批转公文时用(　　)

A. 通报　　B. 通知　　C. 意见　　D. 批复

二、判断题

1. 经批准公开发布的公文,同发文机关正式印发的公文具有同等效力。(　　)

2. 意见的语言少用指令性词语,多用祈请性、指导性词语,体现注重商榷、尊重对方的民主作风。(　　)

3. 针对下级机关请示事项,批复意见若不同意可说明理由也可将理由略去。(　　)

4. 在我国,各级机关组织对重大事项都可以发布命令。(　　)

5. 不得在报告等非请示性公文中夹带请示事项。(　　)

6. 纪要常用会议称谓引起下文,如"会议认为""会议指出""会议决定"等。(　　)

7. 函的表达应礼貌、得体、尊重对方,一般不用"必须""应该""注意"等指示性语言。(　　)

8. 请示、议案应一文一事。(　　)

9. 通报叙述事实部分,要注意细节描写。(　　)

10. 主送机关应当使用机关全称或规范化简称,但不可使用同类型机关统称。(　　)

三、拟写三要素文件标题

1. 国务院针对安徽省关于申报黟县为国家历史文化名城的请示制发复文,同意对方的请求。

2. 国务院办公厅针对河北、浙江、湖北省关于申请开展行政备案规范管理改革试点的来函制发复文,批准对方的申请。

3. 某省人民政府决定加快推进养老服务体系建设向各地区、省政府各部门等发文。

4. 国务院就新时代支持革命老区振兴发展事宜提出意见。

5. 国务院安委会办公室就近期发生的典型事故进行情况通报。

6. 教育部发文部署2020年博士硕士学位授权审核工作。

四、改错题

1. 修改下列公文标题。

(1)××公司关于完全彻底地开展增收节支活动的通报

(2)关于联合举办招商大会的函告

(3)国务院关于虹桥国际开放枢纽建设总体方案的答复

(4)辽宁省人民政府关于申报辽阳市为国家历史文化名城的报告

(5)××公司关于生产车间突发爆炸事故的通知

(6)××省教育厅批转《教育部关于做好庆祝2020年教师节有关工作的通知》的通知

2. 指出下列“批复”的错误并改正。

关于原则禁止在××水库开发旅游项目的批复

××市人民政府：

贵市（××政（2020）83号）《关于在××水库开发旅游项目的请示》我们已经收到。

仔细阅读后，对所提问题已经全部了解。省政府经研究决定，禁止在××水库开发旅游项目。

特此批示。

二〇二〇年七月二十七日（印章）

五、写作题（要求：文种选择正确，主旨明确，结构合理，语言得体，格式规范）

1. 请根据以下材料，以××市燃气集团的名义，拟写一份公文告知全体市民。落款日期为2021年8月11日。

为配合畅通二环西南段工程建设，××市燃气集团定于8月13日8:30至19:00对望江东路至南二环之间的合作化南路路段沿线区域停气。恢复供气时间：19:00开始恢复送气，恢复时长约1小时。停气涉及民用户：安粮城市广场、自由舱公寓、自行车厂小区、汽运三公司小区、轴承新村、安高城市天地、安粮QQ公寓、茗香苑、杜岗城中村、南郊供销社宿舍等。涉及团体户：××城市×××商业、合肥××××公司食堂、安徽××国际大酒店、××城市××幼儿园、××城市××幼儿园、××楼、××××××食堂、××医美、××轩、××等。××市燃气集团提醒您：停气期间，请注意“一开三关”，即开厨房窗户，关闭灶具开关，关灶前阀，关厨房门，请用户检查并相互转告叮嘱。停气时间结束后，若出现使用不正常等情况，请及时联系蓝焰热线（×××××××××）。停气期间，给您生活带来的不便，敬请谅解。

2. 请根据以下材料，以国务院办公厅的名义，拟写一份转发性公文。落款日期为2020年2月10日。

国家卫生健康委、人力资源社会保障部、财政部联合拟定的《关于改善一线医务人员工作条件切实关心医务人员身心健康的若干措施》已经经过国务院同意，国务院办公厅将该措施转发给各省、自治区、直辖市人民政府，国务院各部委、各直属机构，并希望该措施能够得到认真贯彻执行。

3. 请根据以下材料，以××技校的名义，就实习事宜拟写一份公文发给××厂。落款日期为2019年6月6日。

××技校2017级汽车维修专业学生按照教学计划及与××厂签订的合作协议规定需要到××厂进行为期两个月的暑期实习。实习内容：汽车维修。实习时间：2019年7月2日至2019年9月1日。实习人数：20人。食宿无需对方安排，实习费用按协议规定付给对方。学校将指派两位老师作为带队指导老师。

4. 请根据以下材料，以安徽省大中专毕业生就业指导中心的名义，拟写一份传达事项的公文发给各普通高等学校就业工作部门、有关用人单位。落款日期为2020年10月15日。

行文背景：安徽省2021届高校毕业生预计35.45万人，比上年增加0.67万人。习近平总书记高度重视大学生就业工作，强调要把高校毕业生就业作为重中之重，统筹做好毕业、招聘、考录等相关工作，让他们顺利毕业、尽早就业。

行文目的：深入贯彻落实习近平总书记关于高校毕业生就业工作和视察安徽重要讲话指示精神，贯彻党中央、国务院及省委、省政府“六稳”“六保”决策部署和就业优先政策，积极稳妥做好新冠肺炎疫情防控常态化下高校毕业生就业工作。

主要事项：组织开展安徽省2021届高校毕业生就业市场系列活动。具体事项如下：1.创新模式，优化服务方式。各院校要完善常态化“线上＋线下”立体就业服务体系，依托教育部“24365”和省大中专毕业生就业信息平台（www.ahbys.com），提升精准就业指导服务水平，实现毕业生就业数据信息快速更新、准确统计。2.拓宽渠道，深挖就业岗位。各院校紧紧围绕服务“现代化五大发展美好安徽建设”战略目标，面向省内重点地区、重要领域、重大项目、重大工程、中小微企业和基层等，挖掘就业岗位，开展分层次、分类别、分行业的校园招聘活动，积极主动为安徽经济社会可持续发展提供人才储备和保障。3.精准帮扶，关注重点群体。各院校要完善毕业生帮扶工作台账，准确掌握困难家庭毕业生、残疾毕业生、少数民族毕业生等重点人群的基本情况、学业状态、求职意向、就业进展，实行“一人一策”的分类指导，给予重点关怀帮扶，优先推荐就业。4.教育引导，树立正确观念。各院校要强化大学生职业生涯规划教育，引导毕业生树立正确的人生观、价值观和就业观，教育毕业生将个人前途、价值实现和国家命运结合起来，在服务国家发展中实现自我，奉献社会。（篇幅所限，有所删减）

随文附件：1.2021届高校毕业生省级就业市场系列活动安排表 2.2021届高校毕业生院校就业市场系列活动安排表 3.2021届高校毕业生院校网络就业市场系列活动安排表

5.请根据以下材料，以安徽省人民政府的名义，拟写一份答复性公文给合肥市人民政府。落款日期为2021年3月29日。

安徽省人民政府收到一份合肥市人民政府《关于请求同意安徽合肥蜀山经济开发区启动扩区工作的请示》，文号为合政〔2021〕7号。安徽省人民政府对此主要有5点意见：1.同意安徽合肥蜀山经济开发区扩区，总体规划面积由6.75平方公里扩大至11.6平方公里（至2030年），四至范围由省自然资源厅依法核定，另行报批。2.安徽合肥蜀山经济开发区要进一步完善总体发展规划，做好与合肥市国土空间规划的衔接，有计划、分步骤组织实施扩区工作。3.安徽合肥蜀山经济开发区应坚持生态优先、高效集约发展，重点关注对董铺水库、引江济淮输水通道、大蜀山森林公园的保护，高水平推动开发区建设、产业发展、人居环境质量和生态环境改善。4.合肥市人民政府要加强对安徽合肥蜀山经济开发区扩区工作的领导，依法做好土地征收征用、居民搬迁补偿工作，加强全过程的环境监管和风险防范工作，确保扩区工作顺利推进。5.省政府有关部门要加强指导和服务，促进安徽合肥蜀山经济开发区改革和创新发展。

6.请根据以下材料，以国务院办公厅的名义，拟写一份表彰性公文给各省、自治区、直辖市人民政府，国务院各部委、各直属机构。落款日期为2020年5月5日。

行文目的：进一步强化正向激励，更好调动和发挥地方推进改革发展的积极性、主动性和创造性,促进形成担当作为、干事创业的良好局面。

行文依据:根据《国务院办公厅关于对真抓实干成效明显地方进一步加大激励支持力度的通知》(国办发〔2018〕117 号),结合国务院大督查、专项督查和部门日常督查情况。

主要事项:经国务院同意,对 2019 年落实打好三大攻坚战和实施乡村振兴战略、深化"放管服"改革优化营商环境、持续扩大内需、推动创新驱动发展、保障和改善民生等有关重大政策措施真抓实干、取得明显成效的 213 个地方予以督查激励通报,相应采取 30 项奖励支持措施。

希望与要求:希望受到督查激励的地方珍惜荣誉,再接再厉,继续大胆探索,争取新的更大成绩。今年是全面建成小康社会和"十三五"规划收官之年,改革发展稳定任务艰巨繁重。新冠肺炎疫情带来新的挑战,做好经济社会发展工作难度更大、任务更重、要求更高,更需要调动各方面积极性,沉下心来,扑下身子,苦干实干,把工作落到实处。各地区各部门要切实将思想认识和行动统一到党中央、国务院决策部署上来,坚定信心、迎难而上、主动作为,统筹推进疫情防控和经济社会发展工作,在疫情防控常态化前提下,坚持稳中求进工作总基调,坚定不移贯彻新发展理念,加大改革开放力度,深化供给侧结构性改革,打好三大攻坚战,扩大有效需求,扎实做好"六稳"工作,落实"六保"任务,力戒形式主义、官僚主义,以钉钉子精神抓紧抓实抓细各项工作,确保完成决战决胜脱贫攻坚目标任务,全面建成小康社会。

随文附件:2019 年落实有关重大政策措施真抓实干成效明显的地方名单及激励措施

7.请根据以下材料,以会议召开单位的名义,拟写一份传达会议主要内容的法定公文。落款日期为 2020 年 9 月 2 日。

2020 年 9 月 2 日上午,××注册会计师协会召开了本年度专业指导委员会第一次例会。参会委员应到 25 人,实到 22 人,缺席 3 人。秘书长简要通报了最近秘书处的工作情况,并就大家关心的问题作了说明。会议由××主任主持,主要内容:

(一)讨论了《专业指导委员会专项业务研究课题管理办法》(试行)(略),并责成专业指导部根据委员提出的建议修改后,报协会秘书处。

(二)决定在 10 月中旬召开有关 2020 年专业指导委员会各专业小组提交的课题鉴定和验收会,并责成专业指导部负责具体承办会议事宜。

(三)研究确定了今年专业指导委员会的工作重点:(略)

8.请根据以下材料,以生态环境部的名义,拟写一份答复性公文给××××滨海海上风力发电有限公司。落款日期为 2021 年 2 月 9 日。

生态环境部收到文号为××××滨海函〔2020〕126 号的《关于申请江苏滨海 300MW 海上风电项目竣工环境保护验收的函》,生态环境部委托太湖流域东海海域生态环境监督管理局对该项目环境保护设施进行了现场检查。经研究,提出验收意见如下:1.原则同意该项目环境保护设施通过竣工验收。2.请××××滨海海上风力发电有限公司严格遵守环境保护的有关规定,加强环境保护管理,落实各项环境保护措施,并特别注意两个问题:一是加强运营期海洋生态环境跟踪监测,切实落实各项生态保护措施;二是认真落实环境风险防范措施,加强溢油应急设备管理与维护,确保发生溢油事故时能够及时、快速和有效处置。

此文抄送生态环境部太湖流域东海海域生态环境监督管理局。

第四章

事务文书写作

事务文书是党政机关、企事业单位和社会团体在日常公务活动中为处理事务、实施管理、沟通信息、指导工作而制定和使用的法定公文之外的各种业务性文书的统称。虽然事务文书不属于法定文件，其文种、格式、表达方式、制发程序等没有严格规定，而是约定俗成的，但它在处理日常公务活动过程中应用范围广、使用频率高，具有极为广泛的适应性。

第一节　计　划

一、计划的概念

计划是党政机关、社会团体、企事业单位和个人，在一定时期内为了实现某项目标或完成某项任务而预先做的安排和打算。

计划是一个统称，人们通常所说的方案、要点、安排、打算、设想、构想、规划、纲要等也都属于计划。方案是指政策性和原则性较强、内容较完整的计划，要点是指简要性、概括性的计划，安排、打算是指时间较短、内容较具体的计划，设想、构想是指尚未成熟的粗线条的计划，规划、纲要是指时间跨度大、具有战略性意义、带有导向性质的方针政策。

二、计划的特点

（一）预见性

计划是在工作实施之前制定的，是对某项工作的目标、措施、方法、完成步骤以及可能出现的情况作出的预想。没有预见性就没有计划，预见性是计划的本质特征。

（二）可行性

计划中所提出的任务和奋斗目标不是凭空想出来的，而是根据有关政策、结合本单位实际情况进行充分的分析推理制定出来的有效措施和步骤，计划在制定之前一般都经过认真调研。计划的目标、任务要实事求是，措施、步骤要切实可行。

（三）约束性

计划一旦经讨论通过或上级批准，它就对实践产生了一定的约束力，与之相关的实践活动都必须按计划的内容严格执行。虽然在执行过程中也可以根据实际情况随时修正，但修正计划必须认真研究，慎重修改。

三、计划的种类

（一）按内容划分

可分为生产计划、学习计划、工作计划等。

（二）按性质划分

可分为综合性计划、专题性计划等。

（三）按范围划分

可分为国家计划、地区计划、单位计划、部门计划、个人计划等。

（四）按时间划分

可分为远景计划、年度计划、季度计划、月度计划、周计划等。

（五）按形式划分

可分为条文式计划、表格式计划、文表结合式计划等。

四、计划的写作

（一）标题

1.单位名称＋时限＋事由＋文种

【例】 ××学校2020—2021学年第一学期第二课堂活动计划

2.单位名称＋事由＋文种

【例】 ××公司销售工作要点

3.时限＋事由＋文种

【例】 2019—2023年全国党员教育培训工作规划

4.事由＋文种

【例】 科研工作设想

如果计划还需经大家讨论或领导审查，可以在标题的后面或下面加注“草案”“初稿”“讨论稿”等，用括号括上。

（二）正文

一般包括指导思想、总的任务要求、具体的措施步骤和注意事项等。

1.指导思想　主要写制定计划的指导思想与现实依据，包括党和国家的路线、方针、政策，上级的指示精神，本单位的实际情况，对当前形势的分析等。即写出“为什么做”。

2.目的和任务　要清楚地写明在什么时间做什么工作，完成什么任务，在数量、质量上达到什么要求。即写出“做什么”。

3.步骤和措施　包括计划实施的方法、步骤、主要措施，应注意的问题等。即写出“怎么做”。

4.结尾　既可以用来提出希望、发出号召、展望前景、明确执行要求等，也可以在条款之后就结束全文，不写专门的结尾。

（三）落款

在正文右下方署上制定计划的单位名称，在署名的下一行写上日期。若标题中已有单位名称，此处可不必再署。

【例】

乡村振兴战略规划

（2018—2022年）

目录

前言

第一篇　规划背景

第一章　重大意义

第二章　振兴基础

第三章　发展态势

第二篇　总体要求

第四章　指导思想和基本原则

第一节　指导思想

第二节　基本原则

第五章　发展目标

第六章　远景谋划

第三篇　构建乡村振兴新格局

第七章　统筹城乡发展空间

第一节　强化空间用途管制

第二节　完善城乡布局结构

第三节　推进城乡统一规划

第八章　优化乡村发展布局

第一节　统筹利用生产空间

第二节　合理布局生活空间

第三节　严格保护生态空间

第九章　分类推进乡村发展

第一节　集聚提升类村庄

第二节　城郊融合类村庄
第三节　特色保护类村庄
第四节　搬迁撤并类村庄
第十章　坚决打好精准脱贫攻坚战
第一节　深入实施精准扶贫精准脱贫
第二节　重点攻克深度贫困
第三节　巩固脱贫攻坚成果
第四篇　加快农业现代化步伐
第十一章　夯实农业生产能力基础
第一节　健全粮食安全保障机制
第二节　加强耕地保护和建设
第三节　提升农业装备和信息化水平
第十二章　加快农业转型升级
第一节　优化农业生产力布局
第二节　推进农业结构调整
第三节　壮大特色优势产业
第四节　保障农产品质量安全
第五节　培育提升农业品牌
第六节　构建农业对外开放新格局
第十三章　建立现代农业经营体系
第一节　巩固和完善农村基本经营制度
第二节　壮大新型农业经营主体
第三节　发展新型农村集体经济
第四节　促进小农户生产和现代农业发展有机衔接
第十四章　强化农业科技支撑
第一节　提升农业科技创新水平
第二节　打造农业科技创新平台基地
第三节　加快农业科技成果转化应用
第十五章　完善农业支持保护制度
第一节　加大支农投入力度
第二节　深化重要农产品收储制度改革
第三节　提高农业风险保障能力
第五篇　发展壮大乡村产业
第十六章　推动农村产业深度融合
第一节　发掘新功能新价值
第二节　培育新产业新业态
第三节　打造新载体新模式
第十七章　完善紧密型利益联结机制
第一节　提高农民参与程度

第二节　创新收益分享模式
第三节　强化政策扶持引导
第十八章　激发农村创新创业活力
第一节　培育壮大创新创业群体
第二节　完善创新创业服务体系
第三节　建立创新创业激励机制
第六篇　建设生态宜居的美丽乡村
第十九章　推进农业绿色发展
第一节　强化资源保护与节约利用
第二节　推进农业清洁生产
第三节　集中治理农业环境突出问题
第二十章　持续改善农村人居环境
第一节　加快补齐突出短板
第二节　着力提升村容村貌
第三节　建立健全整治长效机制
第二十一章　加强乡村生态保护与修复
第一节　实施重要生态系统保护和修复重大工程
第二节　健全重要生态系统保护制度
第三节　健全生态保护补偿机制
第四节　发挥自然资源多重效益
第七篇　繁荣发展乡村文化
第二十二章　加强农村思想道德建设
第一节　践行社会主义核心价值观
第二节　巩固农村思想文化阵地
第三节　倡导诚信道德规范
第二十三章　弘扬中华优秀传统文化
第一节　保护利用乡村传统文化
第二节　重塑乡村文化生态
第三节　发展乡村特色文化产业
第二十四章　丰富乡村文化生活
第一节　健全公共文化服务体系
第二节　增加公共文化产品和服务供给
第三节　广泛开展群众文化活动
第八篇　健全现代乡村治理体系
第二十五章　加强农村基层党组织对乡村振兴的全面领导
第一节　健全以党组织为核心的组织体系
第二节　加强农村基层党组织带头人队伍建设
第三节　加强农村党员队伍建设
第四节　强化农村基层党组织建设责任与保障

第二十六章　促进自治法治德治有机结合

第一节　深化村民自治实践

第二节　推进乡村法治建设

第三节　提升乡村德治水平

第四节　建设平安乡村

第二十七章　夯实基层政权

第一节　加强基层政权建设

第二节　创新基层管理体制机制

第三节　健全农村基层服务体系

第九篇　保障和改善农村民生

第二十八章　加强农村基础设施建设

第一节　改善农村交通物流设施条件

第二节　加强农村水利基础设施网络建设

第三节　构建农村现代能源体系

第四节　夯实乡村信息化基础

第二十九章　提升农村劳动力就业质量

第一节　拓宽转移就业渠道

第二节　强化乡村就业服务

第三节　完善制度保障体系

第三十章　增加农村公共服务供给

第一节　优先发展农村教育事业

第二节　推进健康乡村建设

第三节　加强农村社会保障体系建设

第四节　提升农村养老服务能力

第五节　加强农村防灾减灾救灾能力建设

第十篇　完善城乡融合发展政策体系

第三十一章　加快农业转移人口市民化

第一节　健全落户制度

第二节　保障享有权益

第三节　完善激励机制

第三十二章　强化乡村振兴人才支撑

第一节　培育新型职业农民

第二节　加强农村专业人才队伍建设

第三节　鼓励社会人才投身乡村建设

第三十三章　加强乡村振兴用地保障

第一节　健全农村土地管理制度

第二节　完善农村新增用地保障机制

第三节　盘活农村存量建设用地

第三十四章　健全多元投入保障机制

第一节　继续坚持财政优先保障
第二节　提高土地出让收益用于农业农村比例
第三节　引导和撬动社会资本投向农村

第三十五章　加大金融支农力度

第一节　健全金融支农组织体系
第二节　创新金融支农产品和服务
第三节　完善金融支农激励政策

第十一篇　规划实施

第三十六章　加强组织领导

第一节　落实各方责任
第二节　强化法治保障
第三节　动员社会参与
第四节　开展评估考核

第三十七章　有序实现乡村振兴

第一节　准确聚焦阶段任务
第二节　科学把握节奏力度
第三节　梯次推进乡村振兴

前　言

党的十九大提出实施乡村振兴战略，是以习近平同志为核心的党中央着眼党和国家事业全局，深刻把握现代化建设规律和城乡关系变化特征，顺应亿万农民对美好生活的向往，对“三农”工作作出的重大决策部署，是决胜全面建成小康社会、全面建设社会主义现代化国家的重大历史任务，是新时代做好“三农”工作的总抓手。从党的十九大到二十大，是“两个一百年”奋斗目标的历史交汇期，既要全面建成小康社会、实现第一个百年奋斗目标，又要乘势而上开启全面建设社会主义现代化国家新征程，向第二个百年奋斗目标进军。为贯彻落实党的十九大、中央经济工作会议、中央农村工作会议精神和政府工作报告要求，描绘好战略蓝图，强化规划引领，科学有序推动乡村产业、人才、文化、生态和组织振兴，根据《中共中央、国务院关于实施乡村振兴战略的意见》，特编制《乡村振兴战略规划(2018—2022年)》。

本规划以习近平总书记关于“三农”工作的重要论述为指导，按照产业兴旺、生态宜居、乡风文明、治理有效、生活富裕的总要求，对实施乡村振兴战略作出阶段性谋划，分别明确至2020年全面建成小康社会和2022年召开党的二十大时的目标任务，细化实化工作重点和政策措施，部署重大工程、重大计划、重大行动，确保乡村振兴战略落实落地，是指导各地区各部门分类有序推进乡村振兴的重要依据。

（略）

（来源：http://www.gov.cn/zhengce/2018-09/26/content_5325534.htm）

≫ 简析：2018年9月26日，中共中央、国务院正式印发了《乡村振兴战略规划(2018—

2022年)》(以下简称《规划》),对实施乡村振兴战略的第一个5年工作作出了全面指导和具体部署。《规划》共分11篇37章,因篇幅过长,笔者仅节选了目录与前言部分。前言部分概述了《规划》的编制背景、目的、政策依据以及主要内容,主体部分详细阐释了实施乡村振兴战略的背景,提出了总体要求,然后从构建乡村振兴新格局、加快农业现代化步伐、发展壮大乡村产业等八个方面作出了具体详尽的谋划与指导,最后就保证规划的实施提出意见。全篇深谋远虑,思路清晰,内容全面,预见性、可操作性强,可视为我国统筹谋划和科学推进乡村振兴战略的行动纲领。

第二节 总 结

一、总结的概念

总结是党政机关、社会团体、企事业单位和个人对一定时期内的某项工作、生产、学习、思想等情况加以回顾、分析、研究,从中找出经验和教训,引出规律性的认识,明确今后实践方向的文书。总结是对实践的认识,总结的过程是由感性认识上升到理性认识的过程。总结应对实践进行全面、深刻的概括。

总结的作用主要在于肯定成绩、积累经验、发现问题、吸取教训、认识规律、明确方向,以指导今后的工作。

二、总结的特点

(一)实践性

总结的对象必须是自身的实践活动,总结的观点必须是从自身实践中抽象出来的认识,因此凡总结都应该采用第一人称。

(二)说理性

总结不仅要陈述工作情况,更要揭示理性认识。能否进行理性分析,找出带有规律性的东西,是衡量一篇总结写得好坏的重要标准。因此总结常采用叙议结合的表达方式。

(三)真实性

总结所使用的材料必须真实准确,分析问题应该本着实事求是的态度,按事物本来面目反映事物。

三、总结的种类

(一)按内容划分

可分为生产总结、学习总结、工作总结、思想总结等。

（二）按性质划分

可分为综合性总结、专题性总结等。

（三）按范围划分

可分为地区总结、单位总结、部门总结、个人总结等。

（四）按时间划分

可分为年度总结、季度总结、月度总结等。

四、总结的写作

（一）标题

1. 单位名称＋时限＋事由＋文种

【例】 ××学院2019—2020学年第二学期教学工作总结

2. 单位名称＋事由＋文种

【例】 ××公司员工培训工作总结

3. 时限＋事由＋文种

【例】 2020年扶贫工作总结

4. 事由＋文种

【例】 工会工作总结

5. 新闻式标题

【例】 让思想闪耀理性的光辉——形式逻辑学习总结

（二）正文

一般包括基本情况、成绩与经验及问题与教训、今后的意见等几个方面的内容。

1. 基本情况　把总结的缘由、依据，所涉及的时间、地点、背景，事情的概况等交代清楚。

2. 主要经验教训　这是总结的重点部分。主要说明在什么思想指导下，采取哪些措施，取得哪些成绩和经验，有哪些教训，并要求把这些经验教训从感性认识上升到理性高度。此部分宜采用叙议结合的表达方式。

3. 今后努力方向　通常在总结经验教训的基础上提出今后的打算，制定新的措施，明确努力方向，表示今后的决心。这部分内容也可以不写。

（三）落款

在正文右下方署上单位名称，在署名的下一行写上日期。若标题中已有单位名称，此处可不必再署。

【例】

安徽省科技厅 2020 年政务公开工作总结

2020 年，省科技厅坚持以习近平新时代中国特色社会主义思想为指导，深入贯彻落实习近平总书记考察安徽重要讲话指示精神，全面贯彻党的十九大和十九届二中、三中、四中、五中全会精神，认真落实党中央、国务院全面推进政务公开工作部署和省委省政府政务公开工作部署安排，严格执行落实《中华人民共和国政府信息公开条例》和省政府办公厅关于印发《2020 年政务公开重点工作任务分工》，紧紧围绕科技创新发展和群众关注关切，大力推进科技政务信息公开，完成政府信息公开平台升级改造，不断提升政务公开质量和实效，提高依法行政水平，为加快建设美好安徽提供有力的科技支撑。一年来，省科技厅主动公开政府信息 2140 条，通过政务微博、微信公开政府信息 2612 条。现将省科技厅 2020 年度政务公开工作总结如下：

一、聚焦行政权责，围绕贯彻落实党的十九届四中、五中全会精神做好用权公开

（一）加强权力配置信息公开。根据省政府和省委编办要求，全面梳理我厅依法行使的行政权力和公共服务职责，及时公开权责清单及目录、权力运行流程图、权力事项廉政风险点情况表、权力运行监管细则，现共有权责事项 34 项。更新完善、及时发布行政权责清单，于 11 月 11 日发布我厅公共服务清单和行政权力中介服务事项清单。按“三定方案”，公开我厅工作职能、机构设置、办公地址、办公时间、联系方式、负责人姓名等信息。

（二）加强权力运行过程信息公开。深入贯彻落实《重大行政决策程序暂行条例》，严格执行《中共安徽省科技厅党组工作规则》和《安徽省科学技术厅工作规则》等集体决策制度。积极落实和拓展公众参与行政决策的事项范围和方式，今年已通过座谈会、专家论证会、实地走访、书面征求、网上征集等方式，向政府部门、利益相关方、社会公众、专家等征集意见，同时邀请专家代表列席厅党组会议，增加政策制定、项目征集的透明度和参与度。针对涉及重大行政决策的，要求征求意见时间不得少于 30 日。

（三）加强重点工作推进落实信息公开。按月公开省科技厅有关重点工作推进落实情况，按季度公开季度调度会重点工作研究部署落实等情况。设立审计信息栏目，及时公开审计发现问题整改情况等信息。建立“双随机、一公开”专项监督检查工作机制，根据项目实际情况，随机抽选科技计划项目，开展专项监督检查，已主动公开社发领域在研省科技计划项目，援藏援疆援青专项、对外科技合作专项等领域项目“双随机、一公开”专项监督检查结果，接受社会监督。

（四）加强规范性文件管理。严格执行《省科技厅重大事项合法性审查程序规定》，对拟出台的各类规范性文件和重大决策事项均实施合法性审查，今年 28 份规范性文件均通过合法性审查。系统全面梳理厅行政规范性文件，继续有效的行政规范性文件 86 件，废止失效的行政规范性文件 53 件。定期梳理规范性文件“立改废”情况，并按月集中统一对外公开。严把规范性文件公开关，做到文号、成文日期、发布时间、有效性等信息齐全，并提供文本下载功能。

二、聚焦“六稳六保”，围绕科技创新政策加强发布解读

（一）全面公开精准解读。围绕中央经济工作会议精神和《政府工作报告》要求，聚焦“六稳”“六保”，突出科技创新政策文件全面公开、精准解读，相继解读了《安徽省科技企业孵化器认定、众创空间备案及绩效评价管理办法(试行)》《安徽省新型研发机构认定管理与绩效评价办法》《安徽省自然科学基金管理办法(修订)》等12份科技领域规范性文件,发布政策解读20余篇,切实让各类科技创新主体看得到、广知晓。

(二)及时释放积极信号。制定出台省科技厅"六稳""六保"任务实施方案,结合实际梳理形成47项重点任务清单,细化任务分工,持续跟踪抓好工作落实。设立"六稳""六保"专栏,及时发布《关于开展2020年度省支持科技创新有关政策申报工作的通知》《关于2020年安徽省支持科技创新有关政策拟兑现项目的公示》等信息,兑现奖补项目1435项、资金4.37亿万元,充分释放更多积极信号。牵头出台和发布《关于引导全社会加大研发投入的意见》等支持全社会加大研发投入政策措施,激发全社会创新活力和动力,加速创新型省份建设。扎实推进关键核心技术攻关,在网站及时发布高新、社发、农村领域项目申报征集、评选公示等信息,立项实施省重点研发计划项目428项(含应急攻关项目16项),省科技重大专项176项(其中定向委托项目11项)。

(三)切实增强解读质效。围绕增强解读回应效果,固化解读工作流程,重点体现文件起草背景、制定意义和总体考虑、起草过程、工作目标、主要内容、创新举措、保障措施等7个方面。注重多样化解读,已发布图解6篇、专家解读2篇、视频解读1篇。认真落实厅负责同志新闻发布会机制,其中厅负责同志多次通过新闻发布会、在线访谈等方式进行科技创新政策解读,切实让各类科技创新主体看得懂、能理解。

三、聚焦便民服务,围绕优化营商环境加强政务信息公开

(一)不断深化"放管服"改革。持续深化"放管服"改革,实施减轻科研人员负担专项行动,按照减量不减质、满足管理要求的原则,对项目申报书、合同书等整合精简,依托与安徽政务服务网对接的省科技信息管理系统,实现科技项目"信息一次填报、材料一次报送",推进省科技计划项目全程网上办理。将省级科技计划项目全部纳入安徽省科技管理信息系统运行,实现管理全程"可申诉、可查询、可追溯",信息共享。深入开展"四送一服"常态化服务,走访企业1634余家,办理平台企业咨询问题39个。

(二)不断优化政务服务。围绕7×24小时不打烊"随时办"服务,推进政务服务"一网通办"工作,梳理确认59项政务服务事项全流程联办、"掌上办"、个人可办理、电子证照等情况,做好与政务服务系统对接及数据归集。做好政务数据资源共享工作,编制共享事项目录71项,挂接资源77条,占比100%,超前完成政务资源挂接任务。今年以来,窗口共受理政务服务事项13169件、办理"外国人来华工作许可"业务事项126件、"实验动物生产和使用许可"业务事项10件,协调和办理群众政务服务网咨询答复事项106件、办理群众电话咨询2695件。

(三)提高政策解读质量效果。结合科技厅工作职能特点,印发公布支持科技创新有关政策,及时发布省科技成果转化引导基金成果入库项目、省科技企业孵化器和众创空间目录等结果信息通知。同时注重对基层一线政策执行人员开展政策解读和培训,举办科技企业孵化器众创空间工作培训会、技术经纪人培训会等,确保各项涉企政策执行落地落实。

四、聚焦民众关切,围绕突发事件应对及时准确发布疫情信息

在厅网站设置"统筹推进疫情防控和经济社会发展"专栏,及时发布疫情防控、科技攻关等动态,以权威信息引导社会舆论。举办2020年安徽省科技活动周,围绕"科技战疫创新强国"主题,结合常态化疫情防控的特点,采取线上线下结合的方式向社会公众展示今年的科技战疫成效。组织55家单位参加第九届中国创新创业大赛新冠肺炎疫情防控技术创新创业专业赛,聚焦疫情智能预警、安全防护、诊断治疗设备等防控急需领域,支持创新创业。成功举办"抓创新、抗疫情、促六稳"科技成果发布暨线上交易会,集中展示200多个具有先进水平的最新创新产品,现场集中(云)签约30个合作项目。在"双微"平台开设疫情防控科普专栏,宣传我省开展应急科技攻关抗击新冠军肺炎疫情的最新进展和成果,宣传疫情防控科普知识,努力展现我省科技力量在抗击新冠肺炎和支撑经济社会发展的"硬核"担当,共发布与疫情防控相关内容220余篇。

五、聚焦重点任务,围绕科技创新加强重点领域信息公开

(一)做好三大攻坚战信息公开。(略)

(二)做好民生、财政信息公开。(略)

(三)做好科技领域信息公开。(略)

六、聚焦贯彻落实,围绕公开条例加强制度执行和平台建设

(一)实现平台改版升级。(略)

(二)规范政务信息公开申请。(略)

(三)加强政务网站建设。(略)

(四)强化政务新媒体建设。(略)

(五)积极回应社会关切。(略)

七、聚焦组织保障,推动政务公开工作有序开展

(一)强化组织领导。(略)

(二)压实工作责任。(略)

(三)抓好提质增效。(略)

(四)做好交办事项。(略)

新的一年,我们将继续深入学习贯彻习近平总书记考察安徽重要讲话指示精神,严格落实省委省政府关于政务公开的决策部署,在提升政策解读质量、主动回应社会关切、深化重点领域信息公开等方面加大工作力度,不断深化政务公开,全面加强政策解读与回应工作,多渠道积极主动回应社会关切,规范推进科技政府信息公开,不断提升科技系统政务公开工作能力和水平。

(来源:http://kjt.ah.gov.cn/public/21671/119927461.html)

≫ 简析:这是一份关于安徽省科技厅2020年政务公开工作的专项工作总结。正文首段概述了安徽省科技厅2020年政务公开工作的政策背景、依据以及基本情况,以过渡句"现将省科技厅2020年度政务公开工作总结如下"引出主体部分,主体部分以分条列项的形式详细介绍了7项主要工作情况、做法和经验,最后明确了今后努力的方向和决心。全篇结构清晰,善以数据说话,经验措施具体务实。但文中欠缺之处是未涉及工作中存在的问题和不足。

第三节 调查报告

一、调查报告的概念

调查报告是对某项工作、某个事件、某一问题进行深入细致的调查研究后，将调查经过、情况、认识和结论以书面形式表达出来的一种应用文书。

调查报告力求反映出事件、经验或问题的来龙去脉、前因后果，从而引出带有规律性或富有指导性的结论、意见。因此它不仅被公务人员使用，媒体记者也常常利用它来反映社会问题。

二、调查报告的特点

（一）针对性

调查报告直接服务于现实工作，这就需要针对现实中的具体工作或问题进行系统的调查：或总结经验、提供情况，或反映问题、查明真相。因此针对性是调查报告的关键，针对性越强，其价值也就越大。

（二）真实性

调查报告的内容必须真实。事实是调查报告的基础，作者必须客观地反映调查对象的真实情况，实事求是地分析评价，得出符合客观实际的结论。没有真实性，调查报告也就失去了应有的作用。

（三）叙述性

调查报告的重点在于表述调查所得的材料和结果，同时要从中得出结论和意见，这就决定了它要以叙述为主，同时辅以议论。它的主要内容是叙述事实、说明情况，在此基础上进行分析综合，而无需完整的论证过程。

三、调查报告的种类

（一）反映情况的调查报告

这类报告通常比较全面、系统地反映一个地区、一个系统或一个部门的基本情况，它可以提供全面的情况，或者反映出某种动态、倾向，以引起有关部门的重视，成为决策的参考依据。

（二）总结典型经验的调查报告

这类报告通过对具有参考价值和借鉴作用的典型经验的分析，为贯彻执行党的路线、方针、政策提供具体的经验和方法。它往往通过对某项工作的具体做法和实际收效的调查，分析概括出具有启发和参考意义的经验和办法，以指导和推动整体工作。

（三）介绍新生事物的调查报告

这类调查报告比较全面完整地反映新生事物的发展过程和成长规律，揭示它的现实意义和社会作用。它多在“新”字上下功夫，重在扶持和促进新生事物的成长壮大。

（四）揭示问题的调查报告

这类调查报告是根据工作需要，为了解决矛盾和问题而写的。它通过对社会生活和工作中存在的不良现象和问题的调查，指出其危害性，分析产生问题的根源，提出解决问题的建议和办法，引起重视，促其解决。

（五）考察历史事实的调查报告

这类报告是根据现实的需要，对某些需要重新审定的历史事件进行调查，其目的是还原历史真相。

四、调查报告的写作

（一）标题

1. 公文式标题

【例】 ××市经济开发区关于特色工业园区建设情况的调查报告

2. 调查报告内容＋文种

【例】 湖南农民运动考察报告

3. 新闻式标题

【例】 不让后代子孙埋怨我们——关于北京市河流污染情况的调查报告

（二）正文

1. 导语　可以开门见山、直截了当地提出问题，介绍主要事实；可以先摆情况，然后提出问题，介绍基本经验；可以夹叙夹议地叙述事实，表明作者对所叙事实的基本看法；还可以将调查的时间、地点、调查对象、调查原因、目的、调查人员、调查方式等向读者先作扼要介绍。

2. 主体　详述调查研究的具体情况、事实、做法、经验以及从中得出的各种认识和结论。写法上有纵式结构、横式结构以及纵横式结构的区别。

纵式结构是按照事物的产生、发展、变化的过程，以时间的先后为序书写。这种写法一般适用于对某个事件的始末进行调查研究后写成的报告。

横式结构是指调查报告的主体分为几个部分，按照事物的内在逻辑关系进行分类。把材料横向排列，逐个进行叙述，达到从各个方面分析问题、得出结论的目的。

纵横结构是兼具纵式和横式特点的结构。可以先纵式，后横式，反之亦可。

3. 结尾　再一次明确结论，深化主题，或提出意见、建议等。也可无特别结尾。

（三）落款

在正文右下方署上个人姓名或调查组名称，在署名的下一行写上日期。具名也可在标题的下一行。

【例】

××省××新区绿色金融改革创新试验区调研报告

目录

摘要

导言

1.研究框架及方法论

1.1　地方绿色金融实践分析维度

1.2　研究框架及方法论

2.××省绿色金融发展现状

2.1　××省社会经济发展总体状况

2.2　××省绿色金融发展现状

3.××省绿色金融改革创新试验区面临的挑战

3.1　顶层体制机制建设层面的挑战

3.1.1　绿色金融标准不统一，对业务指导不够详尽

3.1.2　环境信息实时共享机制不完善

3.2　政策工具落实层面的挑战

3.2.1　政府补贴力度不够，政策激励不足

3.2.2　支持绿色金融发展的基础设施尚未完善

3.2.3　地方基层政策落实尚不到位

3.3　绿色金融业务及产品开发层面的挑战

3.3.1　××省绿色金融体系参与主体单一

3.3.2　绿色金融产品创新程度不足

3.3.3　绿色金融产品设计与企业绿色发展实际需求不匹配

4.世界其他绿色金融城的发展经验

4.1　伦敦

4.2　卢森堡

5.对策与建议

5.1　顶层设计层面

5.2　政策工具层面

5.3　业务发展层面

附录A　××省绿色金融实践案例

1.××××公司绿色信贷案例

2.××××公司节能贷案例

3.××××公司绿色金融债专项资金案例

附录B ××省绿色金融调研问卷

××省绿色金融调研提纲

××省绿色金融调研提纲(企业)

摘 要

××省××新区是首批绿色金融改革创新试点中唯一位于中部省份的试验区。××新区绿色金融实践充分发挥××省自然资源禀赋良好的优势,立足于产业结构优化升级,实现跨越式发展的需求,从优化顶层设计,积聚金融要素,丰富金融业态,化解金融风险等多角度入手,积极先行先试,突出创新驱动,为××省绿色金融发展奠定了良好的基础。

本报告作为中国绿色金融改革创新试验区调研的第一份报告,重点调研了××省的绿色金融发展状况,同时结合国家有关绿色金融发展的相关规划、政策和文件,就调研过程中发现的××省绿色金融发展中的各项有益探索和难点进行了梳理和探讨。调研组共收集金融机构和企业问卷60份,包含××省境内主要商业银行、保险公司、小贷公司及生产企业等。其中金融机构回收问卷14份,其中开展绿色金融业务的金融机构共10家,占受访金融机构71%。生产企业回收问卷46份,其中涉及绿色金融业务的企业共32家,占被调查企业总数70%。同时调研组还对××省金融办、省生态环境厅、××新区管委会、人行××中支等绿色金融相关政府部门进行了访谈。

××省在两年的地方绿色金融创新实践中取得了突出的成绩。从顶层设计、政策落地到产品创新,××省充分发挥区位、产业、资源、生态优势,以金融支持××新区绿色产业发展和支柱产业绿色转型升级为主线,不断完善绿色金融服务体系,在绿色金融服务覆盖率、可得性和满意度等方面取得长足的进步。××新区首创了建筑工程绿色综合保险、绿色市政债、绿色园区债等多种绿色金融产品,并和第三方评估企业深度合作,制定适应××省实际发展需求的绿色金融标准,为进一步完善市场监管,深化绿色金融创新奠定了基础。

不论是国家层面还是地方层面,绿色金融体制机制仍处在建成初期,在具体实施过程中仍面临各种挑战和困难。调研组发现,目前××省地方绿色金融体系在体制机制建设层面还存在以下几个主要挑战。

●顶层机制建设的挑战:

■目前全国市场尚未建立统一的绿色金融标准,标准的不统一,评估、披露、监管要求的不详尽,与业绩考核的关联性不强,导致当前体系下正向激励措施效果减少,金融机构在实际业务操作中难度增加。

■环境信息实时共享机制尚没有构建完成,绿色金融发展所需的环保信息和数据滞后或缺失,环境违约风险,以及由此导致的金融风险将对绿色金融体系的可持续发展造成影响。

●政策工具落实的挑战:

■政府财政补贴不足,财政激励效应还不显著;由于××财力偏弱,对绿色金融的担保增信、财政奖补、风险补偿等支持力度难以向发达地区看齐。

■绿色金融基础设施建设滞后于绿色金融发展的需要,环境污染信息共享平台等还未建设完成，增加了信息沟通成本。

■地方基层政策落实不到位，如环境信息披露制度等在地方推行缓慢。

●绿色金融业务及产品开发的挑战：

■绿色金融参与主体未实现多样化，非银行金融机构参与程度低。

■绿色金融产品与企业实际需要存在差异，在审核流程、融资期限利率优惠等方面还不能与企业的实际需求匹配。

报告在综合分析××省在绿色金融发展建设过程中的成绩与挑战的基础上，针对××省的绿色金融发展提出了相应的建议。

◆尽快出台详尽明细的绿色金融业务指导方案和考核标准；深化制度创新、完善环境信息公开机制。建议××省在现有的绿色金融标准体系基础上，进一步出台具有约束力的政策法规和评估统计实施细则，将绿色金融发展纳入考评标准，规范绿色金融项目评估、审查和监管。同时应当充分发挥环境信息在绿色金融体系中的关键作用，打破部门界限，减少沟通障碍，引入第三方评估机构、民间组织、社会公众等共同建设环境信息公开机制。

◆加快绿色金融基础设施建设、丰富政策工具，加强制度监管。加速制定和完善绿色金融监测、统计、评估等各项制度和基础设施；引进第三方评估机构，强化金融风险管控；建立信息共享平台，实现宏观精准管理；加强制度监管，强化执行效果。

◆充分发挥市场作用，面向需求突破创新。加速建设环境权益交易市场；丰富、活跃产品服务创新体系，加速构建产融协调发展机制，推动绿色金融真正服务于产业可持续发展。

（来源：https://www.greenpeace.org.cn/pilot－zones－for－green－finance－reform－and－innovations－in－jiangxi－province/）

≫ 简析：这是一篇××××组织与××大学合作完成的有关××省××新区绿色金融改革创新试验区的调研报告（因篇幅过长，仅节选了目录、摘要部分）。作为中国绿色金融改革创新试验区调研的第一份报告，调研组调研了××省的绿色金融发展状况，就调研过程中发现的××省绿色金融发展中的各项有益探索和难点进行了梳理和探讨。报告由“摘要”“导言”“研究框架及方法论”“××省绿色金融发展现状”“××省绿色金融改革创新试验区面临的挑战”“世界其他绿色金融城的发展经验”“对策与建议”“附录”八部分组成，架构合理，脉络清晰，调研充分，数据详实。

第四节　述职报告

一、述职报告的概念

述职报告是党政机关、社会团体、企事业单位的干部或工作人员，向主管领导、人事部门、单位职工或选区的选民，陈述自己任职时期内的工作情况的自我述评性报告。

述职报告是我国实行新的干部人事管理制度和专业技术人员管理及考核体系的一个重要工具，具有其他文种不可替代的作用。

二、述职报告的特点

（一）内容的限定性

述职，必须紧紧围绕岗位职责和目标来进行。无论是汇报工作成绩，还是说明存在的问题、概括今后的工作打算，所用的材料都被限定在述职人的职责范围内。不属于自己的岗位职责，即使做了某些工作也不必写入报告中。这也是述职报告与总结的区别之一。

（二）主体的唯一性

述职是自我述评，而不是从第三者的角度检查、总结和评价他人的工作情况，必须用第一人称表述。

（三）时间的限制性

一是述职的内容必须是在任职期限内的，不是这一期间做的工作不需写入；二是报告时间的限制性。述职者必须按考核时间的要求写出书面报告，向特定人员宣读并上交上级有关部门。

（四）行文的严肃性

述职报告是考察干部的重要依据之一，一般都要存入人事档案。因此，述职者必须严肃认真地对待述职报告的写作。报告中述说的“实绩”，必须真实准确，语言质朴平易，切不可添枝加叶、文过饰非。

三、述职报告的种类

（一）按性质划分

可分为综合性述职报告、专题性述职报告等。

（二）按时间划分

可分为任期述职报告、年度述职报告、临时性述职报告等。

（三）按目的划分

可分为晋职述职报告、例行述职报告等。

四、述职报告的写作

（一）标题

1. 文种式标题，只写“述职报告”

2. 姓名＋时限＋事由＋文种或省略某些要素

【例 1】 ×××2019－2020 年任教育局局长职务的述职报告

【例2】 2018—2019年试聘期述职报告

【例3】 党委书记2020年度述职报告

3.新闻式标题

【例】 做经济工作也要讲政治——××公司××述职报告

（二）称谓

即对听取述职报告的对象的称呼。

（三）正文

1.前言　概述任职人的基本情况，包括何时任何职，变动情况及背景，岗位职责和考核期内的目标任务情况等；对自己工作尽职的整体评价。这部分要写得简明扼要，给听者一个大体印象。

2.主体　是述职报告的中心内容，主要写实绩、做法、经验、体会或教训、问题。这部分要写得具体充实、有理有据、条理清楚。由于这部分内容涉及面广，所以宜分条列项写出，"条""项"要注意内在逻辑关系。还应注意不能照搬总结写法，应按照岗位职责标准规范述职，用实绩说明履职的好坏。

3.结尾　作适当的自我批评，表明今后的设想和决心。要从实际出发，对今后工作作出战略性规划，表明尽职的态度。

最后可用"以上报告，请审阅（查）""以上报告，请批评指正""述职完毕，请批评指正"等作结。

（四）落款

在正文右下方署上述职人姓名，在署名的下一行写上日期。具名也可在标题的下一行。

【例】

××集团股份有限公司2020年度独立董事述职报告

各位股东：

本人作为××集团股份有限公司（以下简称"公司"）独立董事，报告期内严格遵照《公司法》《证券法》《上市公司治理准则》《关于在上市公司建立独立董事制度的指导意见》《关于加强社会公众股股东权益保护的若干规定》等法律法规和规范性文件，以及本公司《公司章程》《独立董事年报工作制度》等有关规定要求，谨遵诚信、忠实、勤勉的原则，恪守独立董事履职规范，谨慎、独立、客观地行使独立董事权利及义务，充分发挥独立董事作用，切实维护公司及全体股东尤其是中小股东的合法权益。现就2020年度履职情况汇报如下：

一、会议出席情况

2020年，公司第九届董事会共召开13次董事会，本人严格按照相关规范要求出席全部董事会会议13次；2020年，公司共召开1次股东大会，本人列席会议。具体参会情况如下表所示：

（表略）

本人认为，报告期内，公司历次董事会、股东大会的召集、召开内容和程序均符合法律法规、规范性文件以及公司章程规定。在每次会议召开前，本人均能在规定时间提前收悉并充分了解会议相关材料，积极参与审议议题的讨论，就本人所获悉的本公司重大事项的决策充分行使独立董事职权，并依法依规就相应事项发表了独立意见，为公司董事会作出科学决策起到了积极的作用。

报告期内，本人对历次董事会会议审议的相关议案均投了赞成票，没有反对票或弃权票。

二、发表的独立意见情况

2020年，本人严格遵照各项法律法规和规范性文件的要求，坚决恪守独立董事职业道德，切实履行好独立董事应尽的各项权利及义务，对公司治理、关联交易、资金占用、对外投资、股票期权激励计划、调整回购股份价格上限等相关事项进行了认真、独立、客观的审议。报告期内，本人就审议内容发表了25项独立意见、10项事前认可意见，为公司董事会作出更加符合公司发展、更加科学合理的战略决策起到了积极的推动作用。详见下表：

（表略）

三、专业委员会工作情况

（一）提名委员会

本人作为公司董事会提名委员会主任委员，报告期内根据国家相关法律法规及规范性文件要求，围绕公司经营和发展需求，召集召开了两次提名委员会会议，分别听取了两家中介机构对公司CEO推荐候选人情况的汇报，以加快引进全球化人才队伍、在全球范围内搭建研发和商业开发团队为目标，推动公司生物医药大健康产业向高端化、国际化发展。

（二）薪酬与考核委员会

本人作为公司董事会薪酬与考核委员会委员，出席了报告期内全部5次薪酬与考核委员会会议，对股票期权激励计划、购买董监事及高级管理人员责任保险、调整回购股份价格上限等议案进行了认真审议，依据自身在法律、证券等方面的专业知识和经验，促进公司董事、监事及高级管理人员充分履行职责，为公司完善符合市场规律和国际标准的激励机制建言献策。

四、现场调研及履职能力提升情况

报告期内，本人出席了公司召开的全部董事会及股东大会，利用现场参会的时间，与公司其他董事及高级管理人员进行深入沟通，全面了解公司经营情况和发展布局。此外，本人还通过电话、邮件、短信等多渠道沟通途径，与公司董事、高级管理人员及其他相关人员保持畅通交流，实时了解公司的最新情况。

五、投资者权益保护方面的情况

报告期内，本人就董事会各项议案进行了独立、客观、公正的审议并仔细、审慎地行使了所有表决权；同时，严格按照法律法规要求，对相关事项认真发表了独立意见，对公司董事、高级管理人员的履职情况进行客观、严肃的督促与考察；针对涉及股东利益的重大事项，与公司董事及高管进行全面商议与评估，切实维护全体股东尤其是中小股东的合法权益。此外，本人持续监督公司的信息披露义务履行情况，确保公司对全体股东的信息披露工作严格做到真实、准确、完整、公平、及时。

六、报告期内其他工作情况

（一）无提议召开董事会的情况；

（二）无提议聘用或解聘会计师事务所的情况；

（三）无独立聘请外部审计机构和咨询机构等。

七、公司支持独立董事履职的情况

2020 年，在本人履行独立董事职权过程中，公司均给予了全面的支持与配合，搭建了现场、电话、邮件、微信、短信等多种实时沟通方式，积极提供相关工作人员、会议资料、现场办公等有利条件，当本人对审议材料提出异议时，公司均能在较短时间内反馈有效信息，为本人履行独立董事职责提供了有效保障和大力支持。

八、总体评价及展望

2020 年，新《证券法》于 2020 年 3 月 1 日起正式施行，资本市场进行了大刀阔斧的基础制度改革，监管层进一步强化了对证券违法违规的监管力度；刑法修正案(十一)于 2020 年 12 月 26 日审议通过，大幅提高欺诈发行、信息披露造假等犯罪的刑罚力度，强化对控股股东、实际控制人等“关键少数”的刑事责任追究，压实保荐人等中介机构的“看门人”职责。本人严格按照相关法律法规及规范性文件的要求，认真履行独立董事的相关职权，促进了公司的平稳、健康、快速发展。

2021 年，公司将继续贯彻“新××大健康”产业战略，在选定的战略赛道上，持续推进项目布局。本人将继续恪守独立董事的职业道德及行为规范，严谨、规范履职；同时将继续密切关注全球经济形势、资本市场运行、医药行业动态，结合自身专业领域知识，实时与公司共享信息。本人满怀与伟大格局观者同行的热忱，继续与公司董事、监事、高管人员及员工保持密切沟通和交流，积极参与到公司的重大决策制定过程中，把维护广大股东及公司的权益放在工作的重中之重，推动公司高质量发展。

综上，专此报告。

××集团股份有限公司独立董事：××

(来源：https://q.stock.sohu.com/cn,gg,000538,6971654620.shtml)

≫ 简析：这是一份结构完整、条理清晰、内容较务实的某上市公司独立董事例行述职报告。前言部分概述了身为公司独立董事在 2020 年的整体履职情况，然后以过渡句“现就 2020 年度履职情况汇报如下”引出下文，主体部分紧扣职责范围与要求分条列项总结了具体履职内容与取得的成效，最后对本年度履职情况作出总体评价并对未来的工作进行了展望。文末以“综上，专此报告”作结。

第五节 简 报

一、简报的概念

简报，即简明的信息报道，是党政机关、社会团体、企事业单位编发的用以传达信息、反映情况、交流经验、指导工作的带有一定新闻性质的应用文书。在实际工作中，内部参考、信息快报、情况反映、思想动态、简讯等都属于简报的范畴。

二、简报的特点

（一）真实性

简报中反映的材料必须本着实事求是的精神，真实可靠，不能有半点虚构和马虎。要做到有喜报喜、有忧报忧，既不能以偏概全，也不要张冠李戴。

（二）简明性

简报素有“公文轻骑兵”之美誉，“简”是简报的固有属性。简报的“简”，不是简单空洞，而是指叙事简明扼要，概括精练。这就要求我们在编写简报时选择最有意义的典型材料，选题小，开掘深，重点突出，文字简洁。

（三）及时性

简报具有新闻报道的某些特点，只有快，才能发挥它的优势。应着重报道新近发生的有意义的、典型的事实，迅速及时地反映情况、传递信息。

三、简报的种类

（一）按内容划分

可分为工作简报、情况简报、经验简报、会议简报等。

（二）按性质划分

可分为综合性简报和专题性简报等。

四、简报的写作

（一）报头

报头排在简报的首页上方，约占三分之一的版面。主要包括：

1. 简报名称　简报名称应根据简报的行业性质或内容、作用等确定。如“简报”“××会议简报”“市场信息”“高教通讯”“文化动态”等。报头大红套印，美观醒目。

2. 期号　有的以年度为单位编号，有的则统编总期号，定期以外如有增刊可另编期号，会议简报的期数则以一次会议始终为时限按次编号。期号印在简报名称的正下方，用圆括号括起。

3. 编印单位　在期号左下侧，左空一格写编发单位名称，如“××局办公室编”或“××会议秘书处编”等。

4. 印发时间　在期号右下侧，右空一格写印发简报的年月日，与编印单位位于同一水平线上，样式为“××××年×月×日”。

5. 密级　密级一般分为绝密、机密、秘密三级，应视简报内容而定，印在简报名称右上方空白处，也有的简报在此位置印“内部刊物”“注意保存”等字样。

6. 红色横线　距编印单位及印发时间下4mm处画一条红色横线，长度同版心。

（二）报文（报核）

1. 目录　对于刊登两种以上内容的简报，可在首页印制目录，便于读者了解简报的梗概。

2. 按语　按语也称“编者按”或“按”，它的作用是对简报内容加以提示、说明或评论，以引导读者注意，多用于专题性简报。此项不是必写内容。

3. 标题　简报标题与新闻报道的标题一样可以灵活多样。

（1）揭示主题式

【例】　加强党史学习　发挥党员模范带头作用

（2）概括内容式

【例】　省教育厅领导出席我校高考阅卷动员大会

（3）对仗式

【例】　地震无情　人间有爱

（4）设问式

【例】　“雷锋精神”还要不要

（5）正副标题式

【例】　加强科技成果转化，提升地方科技竞争力

——××研究所积极推进××市“科教兴市”工作

4. 正文

（1）导语　既可采用新闻导语的写法，直接切入主题或交代事件要素；也可采用公文导言的写法，明确行文根据与目的。

（2）主体　要紧扣导语，通过大量的有说服力的典型材料，把导语中概括出来的观点和内容具体化。

（3）结尾　结尾不是必写内容，应依据简报所反映的内容而定。有的照应全文、深化主题，有的指明事件的发展趋势，有的提出发人深省的思考，有的补充未尽事宜等。

（三）报尾

相当于公文的版记部分，在末页最下方画两条黑色横线，线内注明报送发范围、对象、印数等。

【例】

××大学简报

（总第281期）

××大学党政办公室编　　　　2019年10月29日

目　录

●国家××部部长××听取××大学工作汇报

●××集团与××大学持续深化合作共谋核工业长远发展

●××常务副省长××听取××大学工作汇报

国家××部部长××听取××大学工作汇报

10月24日上午，中央委员、国家××部长、党组书记××在国家××部机关会见了××大学党委书记××、校长××一行，听取了学校相关工作汇报，充分肯定并感谢学校长期以来为生态环保、核安全事业作出的重要贡献，表示将一如既往支持××大学做大做强，以更大的力度支持学校在服务生态环保、核安全等领域发挥更大更好的作用。

××强调，当前生态环保事业在党和国家整体事业中越来越重要，污染防治是三大攻坚战之一，习近平总书记非常关心，高度重视，亲自推动，率先垂范。他指出，生态环保、污染防治任重道远，希望××大学充分发挥人才培养和科技研发的优势，作出更大的贡献。

××指出，××大学办学历史悠久，与中国核工业同时起步，是中国核工业的经历者、见证者和贡献者，倾注了很多心血，形成了鲜明的核特色、医品牌和环保优势。多年来，国家××部与××大学在核安全和生态环境等方面合作非常密切，这为未来更深入合作奠定了坚实的基础。

在会见中，××、××对国家××部长期以来对学校建设发展的支持和关心表示感谢，汇报了学校基本情况和为生态环保、核安全领域所做的工作和贡献。在60多年的发展历程中，学校紧密服务国家国防工业、生态环境保护、人口与健康事业和地方经济社会发展，培养了大批核环境保护领域的技术和管理骨干。学校被原国家环保总局和IAEA（国际原子能机构）授权为“辐射安全与防护培训机构”，先后举办了全国辐射安全与防护工作骨干人员培训班200多期，累计培训3万余人次。2016年学校与国家××部辐射环境监测技术中心签署战略合作协议，进一步加强了双方在多领域的合作。

会见结束后，××与学校领导亲切合影。××部办公厅××主任、人事司××司长、科技财务司××司长，××大学××副校长等参加会见。

××集团与××大学持续深化合作共谋核工业长远发展

10月24日，××集团总经理、党组副书记××在集团公司总部会见××省政协副主席、××大学校长××，××大学党委书记××等一行，双方就科技研发、人才培养、涉核医疗等方面进行了交流。

××首先介绍了当前核能以及核技术应用产业发展的广阔空间。他指出，两核重组后，××集团着力搭建“小核心大协作”的科技创新体系，高度重视与各大高校的全方位合作。××集团与××大学血脉相承，有着深厚的合作基础。他希望××大学能够充分发挥在科技研发、人才培养，尤其是在涉核医疗方面的优势，结合××集团全产业链优势，进一步拓宽双方合作范围，创新合作体制机制，加强战略合作，形成产学研用深层合作关系。

××对××集团一直以来对学校的支持和关心表示感谢，表示学校将稳步推进与××集团的合作，并积极拓展新领域合作，将自身的学科优势与核技术紧密结合，着重核、医、环境学科交叉领域的合作，加强高层次人才交流，共谋核工业长远发展。

××表示，××大学是因核而生的，下一步的发展也与核紧密相关，核特色是始终要坚持而发扬的，期待与××集团在更广阔的领域、更深入地开展合作。

××集团公司总助级领导××陪同会见。××集团公司科技质量与信息化部、人力资源部、产业开发与国际合作部等部门领导参加会见。

××常务副省长××听取××大学工作汇报

10月28日上午,××省委常委、省人民政府常务副省长、党组副书记,省委军民融合发展委员会办公室主任×××在省政府机关楼听取了校党委书记××、校长××关于国家××部与省政府共建、国家卫健委与省政府共建及高层次人才引进等工作汇报。

×××充分肯定了学校办学的核特色、医品牌及核、医学科在全国的重要地位。她强调,××书记、××省长高度重视××大学的建设发展,省委、省政府将进一步支持××大学办成全国知名、领先,具有国际影响的高水平大学,希望学校党政领导班子齐心协力,不辜负省委、省政府的期望。

×××表示,关于学校汇报的几项具体工作,省委、省政府会大力支持,希望学校把握机会,抢抓"窗口期",与相关厅局紧密对接,全力推进,促进发展。

责任编辑:××　　××

(来源:https://dzb.usc.edu.cn/info/1459/2743.htm)

» 简析:这是一份某大学综合性工作简报,报头、报文齐全。报文中目录部分一目了然,引领下文。简报采用新闻报道式写法,时间、地点、人物、事件等要素交代清楚,内容扼要,语言简洁。简报不足之处是缺少报尾。

第六节　公　示

一、公示的概念

公示是党政机关、企事业单位、社会团体及单位内部机构为了使工作能做到公开、公平、公正,而事先征求群众意见的周知性文书。作为一种新型文种,公示已经相当广泛地被应用于全国各行各业。公示制度有利于发扬民主,加大我国各项政务工作的透明度。

二、公示的特点

(一)发文单位的广泛性

公示对发文机关没有限制。表现在:一是对发文机关的级别没有限制;二是一个独立的机关可以发布,机关内各部门单位也可以发布。

(二)语言的简明性

公示的语言简明扼要,只要写明公示原因、公示事项、时间限制、联系方式即可,无需在理论上进行论述、评价。

(三)内容的多样性

公示内容不限于为提拔或调整干部,它还可以用于党组织的发展、拟表彰的先进或拟评选的优质产品、优质工程、优秀作品，等等，内容多样。

（四）时间的限定性

公示在时间上明确具体，一般以5—7个工作日为宜，具体时间视实际情况而定，以便于后续工作的进行。

三、公示的种类

（一）按公示的内容划分

1. 评前公示　即在评选表彰先进人物、先进集体等前，将上报的拟表彰者公之于众，以征求群众意见的公示。

2. 任前公示　即将党委（党组）集体讨论研究确定拟提拔或调整的干部的有关情况，通过一定的方式，在一定范围和期限内进行公布，广泛听取群众的反映和意见的公示。

3. 认前公示　即进行资质认证过程中广泛听取群众意见的公示。

4. 录用公示　即国家机关、事业单位经考试、考察、初步审查后，将拟录用人员名单公之于众，广泛听取群众意见的公示。

5. 中共党员发展、转正前公示　即中国共产党组织对拟发展的或预备期满拟转正的中共党员名单公之于众，广泛听取党内外人士意见的公示。

此外，还有规章制度公示、信用保证公示、捐款捐物公示、收费价格公示、住房分配公示等。

（二）按公示的范围划分

1. 内部公示　即在部门内部或系统内部采用张贴或内部网络方式征求群众意见的公示。

2. 社会公示　即通过各种媒体，如报纸、电视、广播、网络等，向社会公布拟表彰者、拟任用者等，以征求群众意见的公示。

四、公示的写作

（一）标题

1. 发文机关＋事由＋文种

【例】　××学院关于预备党员转正名单公示

2. 事由＋文种

【例】　干部任前公示

3. 时间＋事由＋文种

【例】　2019年度中心城第一批符合廉租住房保障申报条件人员名单公示

（二）正文

1. 公示原因　即为什么要进行公示。

2. 公示事项　即公示的内容。

(1)评前公示要介绍被评者姓名、性别、工作单位或被评者名称、所属单位;任前公示要介绍被评者姓名、性别、出生年月、籍贯、民族、学历、职称、工作简历、政治面貌、拟任职务等。认前公示要写明哪些单位经初步审查符合条件,具有某种资格;录用公示要写明哪些人经考试、初步审查合格拟录用;中共党员发展、转正前公示要写被发展人姓名、所属单位、经初步审查合格拟发展。

(2)公示单位的电话号码、网站、公示情况受理部门地址。

(3)公示的时间一般为5—7个工作日。

(三)落款

署上发文单位名称和成文日期。

【例】

安徽省2019年贫困县退出公示

根据中共中央办公厅、国务院办公厅《关于建立贫困退出机制的意见》(厅字〔2016〕16号),省委、省政府《关于建立扶贫对象退出机制的实施意见》(厅字〔2016〕57号)和省扶贫开发领导小组关于《安徽省2019年贫困县退出实施方案》(皖扶组〔2019〕21号)文件精神,按照贫困县退出标准和程序,通过县级申请、市级初审、省级核查(包括第三方专项评估),经省扶贫开发领导小组同意,2019年申请退出的萧县、临泉县、阜南县、阜阳市颍东区、霍邱县、金寨县、石台县、太湖县、望江县等9个县(区)符合贫困县退出标准,拟退出贫困县序列,现向社会公示。

如有异议,请于2020年4月28日前向省扶贫开发工作办公室反映(上午8:00—12:00,下午2:30—5:30)。

联系电话:0551—××××××××,××××××××

地址:合肥市包河区中山路省行政中心1号楼

安徽省扶贫开发工作办公室

2020年4月23日

(来源:http://www.ah.gov.cn/public/1681/8309361.html)

≫ 简析:这是一篇认定贫困县退出名单的公示,内容主要分成两大部分。第一部分明确了公示事项的依据、程序和具体公示事项,第二部分告知公示时限、反映情况的联系方式及地址。全文简明扼要。

第七节 提 案

一、提案的概念

提案适用于各级政治协商会议的委员及各党派、群众团体、职工代表大会等的代表,提出请求本级政治协商会议及本党派、团体、组织的代表大会讨论处理的建议、批评和意见。

二、提案的特点

(一)作者的特定性和广泛性

提案适用于各级人民政治协商会议、各党派党员代表大会和单位职工代表大会的代表等,因此它有特定的作者,但是由于它没有级别的限制,涉及面广,所以作者又是广泛的。

(二)时间及人数上的自由性

提案既可以在会议召开时提出,也可以在会前会后提出;既可以由多人提出,也可以由一人提出。

(三)涉及内容的广泛性

提案内容可以涉及社会政治、经济、文化、道德和生活的各个方面、各个领域,大至党和国家的大政方针,小至与群众生活密切相关的切身问题。提案必须符合国家的法律法令、方针政策,以事实为依据。

(四)内容的单一性和具体性

提案的内容要求一事一案,不能多事一案,以方便审议、送达承办单位办理。同时提案提出之前要作深入调查研究,只有这样才能做到事实准确、建议具体,以方便承办单位办理。

三、提案的分类

(一)政协提案

即政协委员、参加政协的各民主党派、人民团体、委员小组、各专门委员会提请政协审议的提案。

(二)各党派提案

即各党派召开党员代表会议时,党员代表提交会议审议的提案。

(三)职工提案

即各单位召开职工代表大会时,代表们将收集到的职工的意见、建议提交职工代表大会审议的提案。

(四)人民团体提案

包括各学会、协会以及共青团、学生会召开代表大会时,代表提交会议审议的提案。

四、提案与议案的区别

(一)适用对象不同

议案只能用于各级权力机关,即人民代表大会和各级人民代表大会常务委员会;提案适用各级人民政治协商会议、各党派党员代表大会、人民团体代表大会和职工代表大会等,适用范围较为广泛。

(二)提出者不同

议案的提出者受法律的限制,而提案的提出者不受法律的限制,在人数上既可以联名提,也可以一人提。

(三)提出时间不同

议案必须在会议期间或会前备案会中提出,并受截止时间的限制;提案既可以在大会期间提出,也可以在会前、会后提出。

(四)性质不同

人民代表大会和人民代表大会常务委员会是权力机关,所以议案一经审议通过立案就具有法律的约束力,起法律监督作用,其承办单位必须办理;各级政治协商会议及各党派、团体、职工代表大会等起民主监督、参政议政作用,所以提案是民主监督、参政议政的工具,其承办单位尽量办理,也可以视情况决定如何办理。

(五)内容不同

议案的内容必须是属于本级人民代表大会或者本级人民代表大会常务委员会职权范围内的问题,超出其职权范围的不能作为议案提出。而提案的内容不受限制。

五、提案的写作

1. 标题　事由+提案(建议)
2. 提案人姓名、联系方式
3. 附议人姓名
4. 提案依据
5. 提案内容
6. 建议

【例】

关于加强海南省非物质文化遗产保护发展的提案

(海南省政协七届三次会议提案第 0004 号　提案人:××)

为促进乡村振兴、传统文化传承,更好地服务建设海南自由贸易试验区和探索建设有中国特色自由贸易港,我委于 2019 年底对海南省非物质文化遗产保护发展情况进行了专题调研，现结合海南省的实际，就调研情况提出如下提案：

一、海南省非物质文化遗产保护发展的基本情况

近年来，海南省非物质文化遗产保护发展工作，按照国家和省的相关要求，采取了加大投入、宣传教育、举办展演等多种不同方式的保护措施，逐步提高非物质文化遗产在群众中的影响力，全省非遗保护发展工作对于弘扬优秀道德价值、培厚社区文化积淀、培育良好民风习俗、助力乡村振兴和精准扶贫，发挥着越来越重要的作用。

一是明确指导思想，深化保护理念。海南的非物质遗产保护工作把习近平新时代中国特色社会主义思想和总书记关于弘扬传承优秀传统文化，实现创造性转化和创新性发展的重要论述，作为非遗保护工作的根本遵循。全省上下对非遗本质特征、保护规律的认识更加清晰，"见人见物见生活""活态传承活力再现"等理念，正逐渐成为全体市民的共识和广泛的实践。

二是设立保护机构，理顺管理方式。海南省非物质文化遗产保护中心为全省非物质文化遗产保护机构。具有独立法人资格和固定的工作场所。中心按照"政府主导、社会参与"的基本原则，鼓励社会力量开展以弘扬优秀非物质文化遗产为目的的文化艺术创作。

三是抓好普查登记，建立保护名录。海南岛是一个热带岛屿，岛内生活着汉族、黎族、苗族、回族等众多的少数民族，创造了丰富多彩的民族文化。目前，自国家实施非物质文化遗产保护名录建设以来，全省 18 个市县共登记有 25710 项非物质文化遗产。其中，纳入国家级非物质文化遗产名录保护的项目有黎族打柴舞、儋州调声、琼剧等 26 项、省级项目有海南椰雕、军坡节等 46 项。国家级代表性传承人 11 名、省级代表性传承人 85 名，其中绝大部分属中老年人。

四是建立投入机制，进行分类保护。目前全省已经初步建立起非物质文化遗产保护发展各级财政资金投入机制：国家级项目国家每两年一次按项目实际情况和申报数字给予保护资金拨付。省级项目除了省按计划下拨的项目资金外，大部分保护资金为地方财政拨付。全省非物质文化遗产项目涵盖传统戏剧、传统美术、传统音乐、传统舞蹈、传统技艺、民间信仰和岁时节令等多个类别，各级政府根据项目的类别、级别与特点予以分类保护。

五是加强宣传教育，推动传承发展。海南省重视非物质文化遗产的宣传教育和保护传承：仅仅海口市 2018 年就投入资金 196.5 万元拍摄非遗项目纪录片和微视频，并在各平台播放宣传。2017—2019 年连续每年约投入 200 万元用于非遗项目宣传展演。尤其是面向青少年的非遗普及教育得到开展，如美兰区灵山中心小学组建的八音学习班，让八音等非遗项目进校园，传承与传播实践活跃。

二、海南省非物质文化遗产保护发展存在的困难和问题

一是抢救保护普遍不够。目前因为社会环境的变化，海南省很多非遗面临后继乏人、缺乏创新、受众减少甚至濒临灭绝的窘境。如海口市美兰区大致坡镇曾经是国家级非物质文化遗产琼剧的聚散地，现在因保护和发展力度不足，常驻该镇的琼剧团已经由繁荣时期的 40 多家萎缩到现存的 6 家。又如海口市琼山区龙塘镇文采村的民间雕刻和陶艺，随着传承人的老去，后继乏人的现象越来越突出。原生态的打柴舞一直在三亚崖城镇郎典村传承，而国家级传承人已经 86 岁高龄，如果打柴舞在该村消失，那么这项遗产将永远在世界上消失。

二是管理政策机制不全。目前，海南省非物质文化遗产保护和发展工作尚未有完善的管理办法和措施。如非遗传承人认定及退出、传承人的考核与监督、工作人员的保障、资金吸纳与管理等问题，都缺乏规范的政策和措施。非物质文化遗产被随意篡改扭曲的现象时有发生。

三是开发利用程度不高。虽然全省非遗保护传承与合理利用方面取得一定成效，如龙华区骑楼老街的椰雕吸引了部分市民游客体验旅游，但非遗保护传承与合理利用方式单一，对民间艺人的依赖较大，开发模式因循守旧、各自为战，缺乏创新意识，还没有形成很好的产业链条，没有产生良好的经济效益。

四是资金整合投入乏力。全省各级非物质文化遗产保护发展管理部门工作经费明显不足，无法满足日常开展保护发展工作需要。对非遗传承人扶持的资金投入力度也一直较弱，如海口市传承人每年每人经费补贴只有1000元。资金短缺影响了传承活动的具体实施，制约了承传工作的深入开展。

五是专业人才资源匮乏。非物质文化遗产的传承与保护是一项专业性很强的工作，而目前全省非常缺乏相关的专业人才，从事非遗工作的人员水平参差不齐，很大一部分是依托该级文化馆干部兼任，没有编制没有专干，给非物质文化遗产的传承与发展带来了很大的困难与制约。

三、海南省非物质文化遗产保护发展建议意见

一是建立法规体系，加强抢救保护。当前形势下，只有把现存的非物质文化遗产保护好、利用好，文化旅游才能得以拓展。为此，一要编制和更新全省保护发展名录。建议学习新疆维吾尔自治区非遗保护中心加大研究力度、强化分类保护的做法，全面深入的调查全省非物质文化遗产资源，建立非物质文化遗产保护名录档案，确定保护对象，并制定保护管理规定。对于已经灭绝或不适应新形势要求的非物质文化遗产要及时更新清除。对于新发现和发展的非物质文化遗产要及时纳入保护名录进行保护，为科学认识非遗、保护非遗提供有力的学术支持。二要加强非物质文化遗产保护发展立法。新疆维吾尔自治区于2008年和2010年颁布实施了《新疆维吾尔自治区非物质文化遗产保护条例》和《新疆维吾尔自治区维吾尔木卡姆艺术保护条例》，对自治区非遗保护机构建立、名录建设、人才培养、资金使用等方面都作出了明确规定，使保护工作的开展有规可依。建议我省学习新疆开展非遗立法，也出台专门的法律法规及非物质文化遗产保护发展指导意见，对全省非物质文化遗产的认定、抢救、保护、监督、管理、开发等建立法律法规保障体系。使非物质文化遗产保护有法可依，以法为据。三要大力抢救保护各级非物质文化遗产。要加大资金投入，确保全省国家级、省级非物质文化遗产项目得到优先抢救和保护。省政府要对之高度重视，在其开发利用过程中，从规划、立项、用地以及专项资金的投入上给予支持，促进文化旅游建设。

二是完善管理机制，强化宣传教育。一要完善保护发展工作机制。省旅文部门要制定和出台各项管理规定，紧扣非遗的本质特征，加强协调，研究和完善代表性项目名录和代表性传承人的认定和管理办法。对现有的国家级代表性项目进行系统梳理，对代表性不够、不符合法律规定、不符合环境和生态保护规定的项目，建立退出机制。要坚决查处非物质文化遗产被随意篡改扭曲的行为，保护好现存的非物质文化遗产。二要建立资金整合投入机制。在使用好中央建设资金的同时，省政府要安排省级非物质文化遗产保护发展专项资金，探索建立非物质文化遗产保护发展建设基金制度，在明确各级政府事权和支出责任的基础上，继续加大统筹各类文化保护发展专项资金，将各类资金整合捆绑起来重点投入，形成亮点。三要制定完善认定标准和监督机制。要修订完善非遗代表性项目分类方法和标准，建立全面反映非遗项目特点和内涵的分类体系。制定代表性项目保护工作基本规范，科学确定保护责任单位的工作职责。探索建立代表性传承人传承情况评估机制，并完善监督与执法的相关机制。四要强化宣传教育。建议学习新疆通过参加非遗博览会、深圳文博会、北京文博会等各种对外展示交流活动，宣传展示非遗文化艺术精华、增强民众对海南历史文化的了解。要充分利用传统媒体和各种载体，提高非遗的可见度和影响力，营造良好社会氛围，支持非遗进校园，推动非遗的普及教育。

三是深化保护开发，促进融合发展。一要命名一批非遗保护传承基地。建议学习新疆在全区命名 7 类共 91 个非遗保护传承基地的做法，丰富全省非遗保护载体，使更多的社会资源加入到非遗保护传承的队伍中来。二要探索建立海南非遗传统工艺工作站。学习新疆在全区建立 3 家民间手绣工坊、230 多家合作社、吸纳刺绣从业者 8000 余人的做法，探索建立海南非遗传统工艺工作站，进一步加强非遗传承实践能力建设，促进全省非物质文化遗产与旅游业、商业、农业等产业的深度融合发展。如可以尝试在海口市骑楼老街建立展示性非遗传统工艺工作站。在游人密集的场所开展琼剧、海南斋戏、海南公仔戏、海南椰雕、民间石雕技艺等现场展示和商业表演，提高遗产的可见度。三要促进非物质文化遗产传统性和现代性的融合发展。要正确处理传统传承与现代创新的关系，继承非遗的优秀传统文化，又不断更新，在新与旧的交融中发展和升华，形成适应现代需求的独具特色的海南本土非物质文化遗产。如纳入国家级非遗名录的琼剧可以尝试在继承其唱腔、服饰等精髓的基础上，创新出大量现代题材的琼剧新作，扩宽受众，丰富内涵，促进提升。

四是培育相关人才，传承文化基因。要积极开展非遗保护队伍建设，通过开展专门培训、艺术研讨、宣传展示、业务指导、基层调研、记录拍摄等形式，培养专业人才、推进非遗保护传承。要大力培育民间乡土人才，加强对非遗传统工匠、农村文化人才等的培育，建立激励机制，提高传承人的补贴待遇，促进文化传承。结合百万人才进海南战略，尝试引进开发非遗的一些文化企业人才，促进非遗与商业、旅游业、农业等产业的融合发展。通过广纳贤才，使我们在海南自由贸易试验区和中国特色自由贸易港的建设发展中留住乡愁、留住文化、留住根脉。

（来源：http://www.hainan.gov.cn/zxtadata－10020.html）

≫ 简析：这是一份政协委员的提案。首段概述了行文目的和提案主题，以过渡句“就调研情况提出如下提案”引出下文，主体部分总结了海南省非物质文化遗产保护发展的基本情况，分析了存在的困难和问题，最后重点提出了建议和意见。全篇基于专项调研基础分析问题并解决问题，有理有据，思路清晰，结构完整，对海南省及其他地域的非物质文化遗产保护工作都具有参考价值，起到了政协民主监督、参政议政的作用。

第八节　会议方案

一、会议方案的概念

会议方案是在会议召开前对构成会议的各个要素作出系统周密安排的会议类文书。一般大中型或重要的会议需要事先拟定会议方案。

二、会议方案的特点

(一)预见性

由于会议筹备工作量较大,而且未来充满不确定性,各种突发情况都有可能发生,所以在制定方案时一定要做到事无巨细,具有预见性,以保证会议的顺利召开。

(二)指导性

会议方案是对会议组织工作的提前规划,具有可操作性,可以指导各项筹备工作的有序开展。

(三)复杂性

会议方案要确定各项具体内容,诸如会议时间、会议地点、会议出席人员的邀约、会议文件的准备、后勤服务等,涉及人员广,内容庞杂。

三、会议方案的种类

(一)根据会议性质划分

可分为工作会议方案、业务会议方案、座谈会议方案、纪念会议方案等。

(二)根据编写形式划分

可分为文字式会议方案、表格式会议方案及文字表格式会议方案。

四、会议方案的写作

(一)标题

会议名称+文种

【例】 ××大学第十次教师代表大会方案

(二)正文

1.前言　主要说明会议召开的背景、任务、目的和意义。

2.主体

(1)会议名称　正式会议必须有一个恰当、确切的名称。如"安徽省未来研究会第五届换届选举大会"。大中型的会议名称被制作成横幅标语,置于会议主席台的上方或后方,作为会议的标志,简称"会标"。

(2)会议召开的时间、地点

(3)会议议题　会议所要讨论、报告的主要内容,所反映的是会议的目的、主题和任务。

(4)与会者　包括出席会议的各类人员。

(5)会议议程　会议议题的程序化形式，即将会议议题按照主次、轻重等内在联系有机地排列起来。议程表应在会前发给与会人员。

(6)会议日程　日程安排是把会议议程规定的各项活动按照单位时间分解细化，至少要具体到上午、下午、晚上，以简短的文字表达或制成表格形式。

(7)会议筹备分工　一般可以作如下分工：接待组、秘书组、宣传组、后勤组、保卫组等，确定小组负责人、组员、工作职责，工作任务落实到每一个人。

(8)会议经费预算　主要包括文件资料费、通讯费、会场租用费、会议宣传公关费、会议住宿补贴费、会议伙食补贴费、会议交通费等。会议经费可以表格形式列出。

(三)落款

写明制发部门及日期。

【例】

××科技发展有限公司××型手机推介会方案

为了满足广大客户的需求，××科技发展有限公司研发了适应00后消费群体的××型手机。为了让产品顺利进入市场，提高知名度与销量，特举办××型手机推介会议，现拟定会议方案如下：

一、会议名称

××科技发展有限公司××型手机推介会

二、会议召开时间、地点

时间：2019年11月9日至10日，会期两天

地点：上海××大酒店

三、会议主题

推介产品，扩大影响，增加销量，占领市场

四、会议规模

参会人员为全国各地分销商(经销商和代理商)共180人

五、会议议程

1.××科技发展有限公司××总经理致辞

2.××科技发展有限公司分管销售的××副总经理宣读2018年度优秀销售商名单

3.优秀销售商代表发言交流经验

4.××科技发展有限公司产研部××部长介绍新产品

5.××科技发展有限公司分管销售的××副总经理就各地资源分配及客户优惠政策讲话

6.现场签订合同

六、会议日程

详见附表1：××科技发展有限公司××型手机推介会日程安排

七、会议筹备分工

(一)会务组

小组负责人：××

小组成员：×× ××

职责：

1. 制发会议通知

2. 准备会议文件：××总经理致辞，优秀销售商名单，优秀销售商代表经验介绍材料，××部长介绍新产品发言稿，××副总经理发言稿，订货合同，会议日程表，会议须知

3. 制发会议证件：来宾证，记者证，工作人员证

4. 撰写新闻文稿，经领导审定后，向媒体发送

（二）后勤接待组

小组负责人：××

小组成员：×× ××

职责：

1. 会前接站

2. 报到时签到，预收会务费，来宾住宿与就餐安排，会议证件发放

3. 会议入场时的签到

4. 会议有关文件的装袋与发放

5. 会间交通安排

6. 会间医疗卫生工作

7. 会务费的结算

8. 代为与会者订返程机票、车票

9. 会后送站

（三）宣传保卫组

小组负责人：××

小组成员：××××

职责：

1. 准备会议用品，布置主体会场与产品展览厅

2. 联系各大媒体，邀请各大媒体记者出席

3. 做好会间的安全保卫工作

4. 清理会场，保管可再次使用的会议用品

八、经费预算

详见附表2：会议经费预算明细表

××科技发展有限公司办公室

二〇一九年十月九日

附表：1. ××科技发展有限公司××型手机推介会日程安排

2. 会议经费预算明细表

» 简析：这是一份内容完备的会议方案，从会议的目的、名称、时间、地点、主题、规模到会议的议程、日程、人员分工、经费预算等，都作了周密细致的考虑。方案以文字说明为主，辅之以表格，指导性和实操性较强。

第九节　会议记录

一、会议记录的概念

会议记录是指在会议过程中，由专人把会议的情况和内容如实记录下来而形成的书面材料。

二、会议记录的特点

（一）真实性

会议记录的执笔者只有记录权而没有改写权，必须将会议的真实情况如实准确地记录下来。

（二）原始性

会议记录是按照会议推进过程所作的原始记载，一般不需要整理加工。会议简报和会议纪要虽然也是真实的，但却不是原始的，这是会议记录与两者的很大不同。

（三）备考性

会议记录是编写会议纪要、会议简报及拟写经会议讨论通过的决议、决定等文件的重要依据，也可作为编史修志的凭证。

三、会议记录的种类

按照会议性质，会议记录大致可分为办公会议记录、专题会议记录、联席会议记录、座谈会议记录等。

四、会议记录的写作

（一）标题

会议名称＋文种

【例】 ××大学管理学院党政联席会议记录

（二）正文

1. 会议组织概况

(1)会议时间　应具体到年、月、日、时。

(2)会议地点　如“××会议室”“××礼堂”。

(3)出席人　出席人数不多的，可将出席人姓名一一写上；对于人数较多的会议，一般只写明出席人数。

(4)列席人　指不具有正式资格，无表决权和选举权但有发言权的参会者，参照出席人记录方法。

(5)缺席人　写上缺席人姓名及缺席原因。

(6)主持人或主席　写上姓名和职务。

(7)记录人　写上姓名和职务。

目前很多单位都有打印好的会议记录本，格式已经固定，记录人在会议开始之前，按记录本所列项目填写会议组织情况即可。

2.会议内容　这是会议记录的主要组成部分，是随着会议的进行而逐步形成的。记录内容大体包括会议的议程、议题，报告和讲话，讨论和发言，会议决定事项，遗留问题等。对会议内容是作简要记录还是详细记录，要视会议的重要性和会议性质而定。会议结束后，可另起一行空两格写上"散会"二字。

(三)落款

主持人或主席和记录人应分别在正文的右下方签名，以示负责。

【例】

××村党支部会议记录

时间：2019年6月21日上午10点

地点：村党支部办公室

出席人：赵××、张××、袁××、韩××、许××

主持人：赵××(村党支部书记)

记录人：许××(村党支部秘书)

议题：研究庆祝"七一"活动安排

讨论：(按发言顺序记录)

主持人："七一"快到了，为庆祝建党98周年，今天把大家找来，就是想研究一下怎么开展庆祝活动。我先发表一下我个人的看法：今年"七一"庆祝活动，要求全体党员都要参加，通过庆祝活动，增强他们的责任感和使命感。一是在"七一"前夕组织一次困难党员走访活动。对村里的新中国成立前老党员，生活困难党员进行走访，尽可能地帮助他们解决生产生活难题，让他们感受到党组织的关怀和温暖。二是开好民主生活会。在"七一"期间，召开支部班子成员和党员群众代表参加的民主生活会，开展批评和自我批评，找出班子和个人存在的问题和不足，以便在今后工作中克服，更好地为群众服务，大家要早做好发言准备。三是进行党员民主评议。对党支部的全体党员的思想、工作、学习、作风进行民主评议，全体党员和群众代表参加，评议结果汇总后进行公示。对评议不合格的党员，进行诫勉谈话。以上是我个人的几点想法，请大家发表意见。

韩××："七一"是党的生日，应该在党的生日来临之际，对老党员和困难党员进行走访，在给他们送去党组织关怀的同时，还要给他们送去物质上的帮助，为他们解决实际困难，使这些为党和人民作出积极贡献的老党员感受到党和人民一直在关心他们。

袁××：民主生活会要扩大到党员群众代表参加，虽然是党内的重要会议，但听听群众意见也是发扬民主的好做法，我建议吸收村民议事会成员参加。

张××：我感觉不能只开展自我批评，还要勇于对其他班子成员提出批评，以便于改进工作。评议党员工作一定要搞好，以便增强党员的党性观念和党员意识。同时庆祝活动要吸收入党积极分子参加，让他们也参与组织生活，接受培养。

……

与会人员经过充分讨论、协商，一致决定：

“七一”前夕开展困难党员走访、民主生活会和民主评议党员三项活动，全体党员要提前做好相关准备，把活动组织好。

上午10时30分散会。

主持人：(签名)　　　　　　　　　　　　　　记录人：(签名)

≫ 简析：这份会议记录主要包括会议组织概况和会议内容两大部分，要素齐全，结构完整，条理清晰。

综合实训

一、不定项选择题

1. 提案可以(　　)

A. 在会议召开期间提出　　B. 在会前提出　　C. 在会后提出　　D. 由多人提出

2. 公示的特点有(　　)

A. 语言的简明性　　B. 内容的多样性

C. 时间的限定性　　D. 发文单位的广泛性

3. 在简报中“编者按”的主要作用包括(　　)

A. 强调发文机关的权限　　B. 提示强调编发材料内容的重点

C. 交代编发材料的原因和目的　　D. 评价编发材料的指导意义

4. 以下可以作为述职报告结语的是(　　)

A. 以上报告，请审阅

B. 以上报告，请批评指正

C. 述职完毕，请批评指正

D. 此致敬礼

5. 以下属于计划类文件的是(　　)

A. ××市城中村改造方案

B. ××县2017—2020年科技扶贫工作规划

C. ××公司2019年第三季度工作要点

D. ××大学2020级新生接待工作安排

6. 会议方案中不可缺少的要素有(　　)

A. 会议议程　　B. 会议时间地点

C. 与会者　　D. 会议议题

7. 计划的特点有(　　)

A. 预见性　　B. 多样性　　C. 可行性　　D. 约束性

8. 调查报告的特点有(　　)

A. 真实性　　B. 针对性　　C. 理论性　　D. 叙述性

9. 述职报告的结尾内容一般包括(　　)

A. 自我批评　　B. 努力方向　　C. 表示决心　　D. 总结工作

10. 下列哪一项不是会议方案的特点(　　)

A. 复杂性　　B. 预见性　　C. 号召性　　D. 指导性

二、判断题

1. 在日常工作中,各单位编发的快报、简讯、内部参考等形式与简报相同,属简报的范畴。(　　)

2. 总结和述职报告都是以实践主体对其自身的实践活动的回顾、反思、总结为基础,对自身的工作进行自我评估,因此,二者都用第一人称写作。(　　)

3. 时间跨度大、具有战略性意义、带有导向性质的计划又称作方案。(　　)

4. 计划一经认可就具有约束力,因此它是不可改变的。(　　)

5. 会议记录和纪要都是记录会议基本情况和主要内容的文书,所以写法基本相同。(　　)

6. 总结的过程是由感性认识上升到理性认识的过程。(　　)

7. 调查报告表达方式主要以叙述为主。(　　)

8. 简报的报尾相当于公文的版记部分,在末页最下方注明报送发范围、对象、印数等。(　　)

9. 公示这一文种的出现有利于发扬民主,加大了我国各项政务工作的透明度。(　　)

10. 提案的内容可以多事一案。(　　)

三、改错题

1. 修改以下“计划”的标题。

(1)××市支持小微企业发展五年计划

(2)2019 年教师培训工作安排构想

(3)××大学 2020 年招生工作规划

(4)××公司关于第一季度销售计划

(5)2019—2020 学年第二学期××大学学生会工作计划

2. 指出下面“会议记录”存在的问题并加以修改。

××公司党支部会议记录

时　间:2019 年 6 月 8 日

地　点:公司内部

出席人:赵××　白××　于××　刘××　郑××　刘××

记录人:刘××

主持人:赵××

首先由赵××发言。接着进行了两项内容:第一项是对入党积极分子的培养情况进行了总结,对各人的优缺点进行点评,提出了改进之处,支部成员一致同意将蔡××、尚××列为党建对象。第二项是召开了党内民主生活会,全体党员进行了自我检查,并开展了相互批评。张××认为支部成员的工作还不够细致,工作方法还应改进。支部书记赵××对此进行了解释,并表示将尽力改善。

散会。

四、写作题(要求:主旨明确,结构合理,语言得体,格式规范)

1. 根据自身实际情况,撰写一份2021年度学习(工作)总结和2022年度学习(工作)计划。

2. 假如你是××大学管理学院档案学专业的一名本科生,请设计一份关于大学生诚信档案构建的调查问卷,并实地走访省内多所高校,搜集相关资料,撰写一篇调查报告。

3. 请根据以下报道,代××大学"大使讲坛"活动筹备组撰写一份会议筹备方案。

"大使讲坛"活动在我校成功举办

发布时间:2021—07—15

本网讯 (××处)7月14日,我校与××省×办在××校区共同举办"大使讲坛"活动。联合国国际法委员会委员、外交部国际法咨询委员会主任委员、前驻马来西亚大使×××,中国国际问题研究基金会副理事长、前驻斯洛文尼亚、罗马尼亚、波兰大使××,前驻希腊、爱尔兰大使、前驻旧金山总领事(大使衔)×××,上海国际问题研究院学术委员会主任×××应邀作专题报告。校党委常委、副校长×××出席会议。

×××、××、×××和×××分别作题为《百年未有之变局下企业"走出去"的机遇和挑战》、《"一带一路"框架下的中国—中东欧合作》、《礼宾礼仪和亲历外交》和《中美关系和国际格局现状和前瞻》的报告。与会人员表示,此次"大使讲坛"活动政治站位高、主题鲜明、内容丰富,有助于进一步深入学习领会习近平外交思想,准确把握中央对外工作方针政策和省委省政府决策部署,做好涉外工作。

×××指出,本次活动的成功举办,不仅是我省外事工作的认知盛宴,更开启了促进我省外事工作发展的新大门,为进一步增强做好外事工作的使命感,提升政治意识与政治觉悟,提高工作能力和水平,推进×××外事工作高质量发展提供有力支持。

省市外办、有关省直单位、高校、企业等相关人员共150余人参加。大使讲坛期间,4位专家分别应邀出席了新闻传播学院关于如何提升国际传播能力和水平、向世界讲好中国故事座谈交流活动,以及法学院当前国际法及国际热点问题研讨会。

(**来源**:http://www.ahu.edu.cn/2021/0718/c15129a265360/page.htm)

第五章

规范性文书写作

规范性文书是指国家机关、社会团体或企事业单位在其职权范围内制定的、要求有关人员共同遵守的、具有法规性和约束力的行为规范和准则。规范性文书是一个大的概念,其发文单位不同,性质和效力也不同。由国家和地方立法机关发布的为法律和地方法规,由各级人民政府发布的为行政法规或地方人民政府规章,由国务院各部门发布的为部门规章,由中国共产党中央机关发布的为党内法规,由中央军事委员会公布的为军事法规,以上都属于法规性公文。至于其他部门单位制定的规范性公文则属于规章制度。

规范性文书的特点:内容必须统一依据国家的法律法规,规定必须具体、周密、讲求逻辑性,以体现全文结构的系统性和整体性。其形式上采用条列式,表述上则须用直陈性语言,准确凝练。

常用规范性文书可分为三大类:一是组织管理类,如章程、准则等;二是工作管理类,如条例、规定、办法、细则、制度、规则、规程等;三是道德或行动指南类,如公约、守则、须知等。

规范性文书是应用范围广泛的应用文体。上至国家最高领导机关,下至基层普通的社会团体、企事业单位,都需要用它们来规定有关人员的职责、应遵守的事项等,以保证社会各项工作有序、正常地进行。本章重点介绍较为常用的条例、规定、细则、守则、须知五种规范性公文。

第一节　条　例

一、条例的概念

条例是国家权力机关或党政领导机关制定或批准的对某些重大的长期性工作、活动正常开展作出的较为原则和全面的规范。

二、条例的特点

条例的特点有制发机关的特定性、内容的广泛性、作用上的法规性、写作的程式性等。条例的制作发布机关一般限定于国家权力机关及党政较高级别的领导机关;内容是对涉及政治、经济、文化等各个领域的工作进行法规性的约束,下级机关必须遵照执行;在写作上大都采用“章条式”或“条款式”的方式。

三、条例的种类

（一）按性质划分

可分为党的法规、行政法规、部门规章、地方法规、地方人民政府规章等。

（二）按写作形式划分

可分为章条式和条款式。

四、条例的写作

（一）标题

规范对象/规范内容＋文种

【例】 政府督查工作条例

（二）题注

即条例通过的时间或批准的时间及会议名称，位于标题之下正中，用圆括号括上。

（三）正文

1. 章条式结构，即分章列条款。这种结构适用于内容复杂、篇幅较长的条例。由总则、分则和附则三部分组成。第一章为总则，写明制定条例的目的、意义、依据、指导思想和适用原则、范围等。中间若干章是分则，这是条例的核心部分，即对有关工作或活动作出原则性规定。最后一章为附则，是对主体内容的延伸、补充和强调。

写作要求：章断条连，条连款不连。即全文的条目顺排，每章都由若干条组成，条目从总则的第一章第一条依次排列，直到附则的最后一条为止。而条中的款目则必须分条单排。

2. 条款式结构，即分条列项式。这种结构适用于内容较少、篇幅较短的条例。其没有总则、分则和附则之说，但一般第一条或前若干条的内容相当于总则，中间各条内容相当于分则，最后一条或二至三条的内容相当于附则。

【例】

中华人民共和国人类遗传资源管理条例

（2019 年 3 月 20 日国务院第 41 次常务会议通过 2019 年 5 月 28 日
中华人民共和国国务院令第 717 号公布自 2019 年 7 月 1 日起施行）

第一章　总　则

第一条　为了有效保护和合理利用我国人类遗传资源，维护公众健康、国家安全和社会公共利益，制定本条例。

第二条　本条例所称人类遗传资源包括人类遗传资源材料和人类遗传资源信息。

人类遗传资源材料是指含有人体基因组、基因等遗传物质的器官、组织、细胞等遗传材料。

人类遗传资源信息是指利用人类遗传资源材料产生的数据等信息资料。

第三条　采集、保藏、利用、对外提供我国人类遗传资源，应当遵守本条例。

为临床诊疗、采供血服务、查处违法犯罪、兴奋剂检测和殡葬等活动需要，采集、保藏器官、组织、细胞等人体物质及开展相关活动，依照相关法律、行政法规规定执行。

第四条　国务院科学技术行政部门负责全国人类遗传资源管理工作；国务院其他有关部门在各自的职责范围内，负责有关人类遗传资源管理工作。

省、自治区、直辖市人民政府科学技术行政部门负责本行政区域人类遗传资源管理工作；省、自治区、直辖市人民政府其他有关部门在各自的职责范围内，负责本行政区域有关人类遗传资源管理工作。

第五条　国家加强对我国人类遗传资源的保护，开展人类遗传资源调查，对重要遗传家系和特定地区人类遗传资源实行申报登记制度。

国务院科学技术行政部门负责组织我国人类遗传资源调查，制定重要遗传家系和特定地区人类遗传资源申报登记具体办法。

第六条　国家支持合理利用人类遗传资源开展科学研究、发展生物医药产业、提高诊疗技术，提高我国生物安全保障能力，提升人民健康保障水平。

第七条　外国组织、个人及其设立或者实际控制的机构不得在我国境内采集、保藏我国人类遗传资源，不得向境外提供我国人类遗传资源。

第八条　采集、保藏、利用、对外提供我国人类遗传资源，不得危害我国公众健康、国家安全和社会公共利益。

第九条　采集、保藏、利用、对外提供我国人类遗传资源，应当符合伦理原则，并按照国家有关规定进行伦理审查。

采集、保藏、利用、对外提供我国人类遗传资源，应当尊重人类遗传资源提供者的隐私权，取得其事先知情同意，并保护其合法权益。

采集、保藏、利用、对外提供我国人类遗传资源，应当遵守国务院科学技术行政部门制定的技术规范。

第十条　禁止买卖人类遗传资源。

为科学研究依法提供或者使用人类遗传资源并支付或者收取合理成本费用，不视为买卖。

第二章　采集和保藏

第十一条　采集我国重要遗传家系、特定地区人类遗传资源或者采集国务院科学技术行政部门规定种类、数量的人类遗传资源的，应当符合下列条件，并经国务院科学技术行政部门批准：

（一）具有法人资格；

（二）采集目的明确、合法；

（三）采集方案合理；

（四）通过伦理审查；

（五）具有负责人类遗传资源管理的部门和管理制度；

（六）具有与采集活动相适应的场所、设施、设备和人员。

第十二条　采集我国人类遗传资源，应当事先告知人类遗传资源提供者采集目的、采集用途、对健康可能产生的影响、个人隐私保护措施及其享有的自愿参与和随时无条件退出的权利，征得人类遗传资源提供者书面同意。

在告知人类遗传资源提供者前款规定的信息时，必须全面、完整、真实、准确，不得隐瞒、误导、欺骗。

第十三条　国家加强人类遗传资源保藏工作，加快标准化、规范化的人类遗传资源保藏基础平台和人类遗传资源大数据建设，为开展相关研究开发活动提供支撑。

国家鼓励科研机构、高等学校、医疗机构、企业根据自身条件和相关研究开发活动需要开展人类遗传资源保藏工作，并为其他单位开展相关研究开发活动提供便利。

第十四条　保藏我国人类遗传资源、为科学研究提供基础平台的，应当符合下列条件，并经国务院科学技术行政部门批准：

（一）具有法人资格；

（二）保藏目的明确、合法；

（三）保藏方案合理；

（四）拟保藏的人类遗传资源来源合法；

（五）通过伦理审查；

（六）具有负责人类遗传资源管理的部门和保藏管理制度；

（七）具有符合国家人类遗传资源保藏技术规范和要求的场所、设施、设备和人员。

第十五条　保藏单位应当对所保藏的人类遗传资源加强管理和监测，采取安全措施，制定应急预案，确保保藏、使用安全。

保藏单位应当完整记录人类遗传资源保藏情况，妥善保存人类遗传资源的来源信息和使用信息，确保人类遗传资源的合法使用。

保藏单位应当就本单位保藏人类遗传资源情况向国务院科学技术行政部门提交年度报告。

第十六条　国家人类遗传资源保藏基础平台和数据库应当依照国家有关规定向有关科研机构、高等学校、医疗机构、企业开放。

为公众健康、国家安全和社会公共利益需要，国家可以依法使用保藏单位保藏的人类遗传资源。

第三章　利用和对外提供

（略）

第四章　服务和监督

（略）

第五章　法律责任

第三十六条　违反本条例规定，有下列情形之一的，由国务院科学技术行政部门责令停止违法行为，没收违法采集、保藏的人类遗传资源和违法所得，处50万元以上500万元以下罚款，违法所得在100万元以上的，处违法所得5倍以上10倍以下罚款：

（一）未经批准，采集我国重要遗传家系、特定地区人类遗传资源，或者采集国务院科学技术行政部门规定种类、数量的人类遗传资源；

（二）未经批准，保藏我国人类遗传资源；

（三）未经批准，利用我国人类遗传资源开展国际合作科学研究；

（四）未通过安全审查，将可能影响我国公众健康、国家安全和社会公共利益的人类遗传资源信息向外国组织、个人及其设立或者实际控制的机构提供或者开放使用；

（五）开展国际合作临床试验前未将拟使用的人类遗传资源种类、数量及其用途向国务院科学技术行政部门备案。

第三十七条　提供虚假材料或者采取其他欺骗手段取得行政许可的，由国务院科学技术行政部门撤销已经取得的行政许可，处50万元以上500万元以下罚款，5年内不受理相关责任人及单位提出的许可申请。

第三十八条　违反本条例规定，未经批准将我国人类遗传资源材料运送、邮寄、携带出境的，由海关依照法律、行政法规的规定处罚。科学技术行政部门应当配合海关开展鉴定等执法协助工作。海关应当将依法没收的人类遗传资源材料移送省、自治区、直辖市人民政府科学技术行政部门进行处理。

第三十九条　违反本条例规定，有下列情形之一的，由省、自治区、直辖市人民政府科学技术行政部门责令停止开展相关活动，没收违法采集、保藏的人类遗传资源和违法所得，处50万元以上100万元以下罚款，违法所得在100万元以上的，处违法所得5倍以上10倍以下罚款：

（一）采集、保藏、利用、对外提供我国人类遗传资源未通过伦理审查；

（二）采集我国人类遗传资源未经人类遗传资源提供者事先知情同意，或者采取隐瞒、误导、欺骗等手段取得人类遗传资源提供者同意；

（三）采集、保藏、利用、对外提供我国人类遗传资源违反相关技术规范；

（四）将人类遗传资源信息向外国组织、个人及其设立或者实际控制的机构提供或者开放使用，未向国务院科学技术行政部门备案或者提交信息备份。

第四十条　违反本条例规定，有下列情形之一的，由国务院科学技术行政部门责令改正，给予警告，可以处50万元以下罚款：

（一）保藏我国人类遗传资源过程中未完整记录并妥善保存人类遗传资源的来源信息和使用信息；

（二）保藏我国人类遗传资源未提交年度报告；

（三）开展国际合作科学研究未及时提交合作研究情况报告。

第四十一条　外国组织、个人及其设立或者实际控制的机构违反本条例规定，在我国境内采集、保藏我国人类遗传资源，利用我国人类遗传资源开展科学研究，或者向境外提供我国人类遗传资源的，由国务院科学技术行政部门责令停止违法行为，没收违法采集、保藏的人类遗传资源和违法所得，处100万元以上1000万元以下罚款，违法所得在100万元以上的，处违法所得5倍以上10倍以下罚款。

第四十二条　违反本条例规定，买卖人类遗传资源的，由国务院科学技术行政部门责令停止违法行为，没收违法采集、保藏的人类遗传资源和违法所得，处100万元以上1000万元以下罚款，违法所得在100万元以上的，处违法所得5倍以上10倍以下罚款。

第四十三条　对有本条例第三十六条、第三十九条、第四十一条、第四十二条规定违法行为的单位，情节严重的，由国务院科学技术行政部门或者省、自治区、直辖市人民政府科学技术行政部门依据职责禁止其1至5年内从事采集、保藏、利用、对外提供我国人类遗传资源的活动；情节特别严重的，永久禁止其从事采集、保藏、利用、对外提供我国人类遗传资源的活动。

对有本条例第三十六条至第三十九条、第四十一条、第四十二条规定违法行为的单位的法定代表人、主要负责人、直接负责的主管人员以及其他责任人员，依法给予处分，并由国务院科学技术行政部门或者省、自治区、直辖市人民政府科学技术行政部门依据职责没收其违法所得，处50万元以下罚款；情节严重的，禁止其1至5年内从事采集、保藏、利用、对外提供我国人类遗传资源的活动；情节特别严重的，永久禁止其从事采集、保藏、利用、对外提供我国人类遗传资源的活动。

单位和个人有本条例规定违法行为的，记入信用记录，并依照有关法律、行政法规的规定向社会公示。

第四十四条　违反本条例规定，侵害他人合法权益的，依法承担民事责任；构成犯罪的，依法追究刑事责任。

第四十五条　国务院科学技术行政部门和省、自治区、直辖市人民政府科学技术行政部门的工作人员违反本条例规定，不履行职责或者滥用职权、玩忽职守、徇私舞弊的，依法给予处分；构成犯罪的，依法追究刑事责任。

第六章　附　则

第四十六条　人类遗传资源相关信息属于国家秘密的，应当依照《中华人民共和国保守国家秘密法》和国家其他有关保密规定实施保密管理。

第四十七条　本条例自2019年7月1日起施行。

（来源：http://xzfg.moj.gov.cn/law/detail?LawID=446）

≫ 简析：本条例是行政法规，以国务院令的形式发布，因篇幅所限，第三章和第四章具体条款略。采用的写作形式是章条式，共6章47条。第一章总则，阐释了制定本条例的目的，明确了人类遗传资源的内涵与范围、负责人类遗传资源管理工作的各级部门、人类遗传资源管理工作的总体原则、要求等。第二章至第五章是分则，详细阐释了有关人类遗传资源的采集和保藏、利用和对外提供、服务和监督以及法律责任。第六章附则，明确了涉密的人类遗传资源相关信息应实施保密管理，确定了本条例的施行时间。

第二节　规　定

一、规定的概念

规定是党政机关、社会团体、企事业单位对特定范围内的工作和事务制定的具有约束力的行为规范。

二、规定的特点

规定具有较强的现实针对性，常为加强某方面管理工作而制定；在内容措施上要求具体、明确；在使用范围上比条例更加广泛，从中央到地方，各级各类性质的组织都可以使用。

三、规定的种类

（一）按性质划分

可分为党的法规、行政法规、部门规章、地方法规、地方人民政府规章等。

（二）按写作形式划分

可分为章条式、条款式和序数式。

四、规定的写作

（一）标题

规范对象/规范内容＋文种

【例】 普通高等学校辅导员队伍建设规定

（二）题注

凡法规性规定一般将通过的时间或批准的时间及会议名称，写于标题之下正中，用圆括号括上。

（三）正文

规定的正文结构视篇幅及复杂程度而论。篇幅长、内容复杂的可用章条式结构，篇幅短、比较简单的可采用序数式结构，介于二者之间的可采用条款式结构。章条式及条款式的写作可参照前面的“条例”。

序数式结构的写作大体上有两种写法：一是在标题下面分条直写；二是开头概括写明制作规定的原因或目的，之后另起一行，分条写具体内容。

【例】

合肥市燃放烟花爆竹管理规定

（2011 年 6 月 30 日合肥市第十四届人民代表大会常务委员会第二十五次会议通过
2011 年 8 月 19 日安徽省第十一届人民代表大会常务委员会第二十七次会议批准
2017 年 8 月 31 日合肥市第十五届人民代表大会常务委员会第三十五次会议修订通过
2017 年 9 月 29 日安徽省第十二届人民代表大会常务委员会第四十次会议批准）

第一条　为了加强燃放烟花爆竹安全管理，改善环境质量，保障公共安全和公民人身、财产的安全，根据国务院《烟花爆竹安全管理条例》和有关法律、行政法规的规定，结合本市实际，制定本规定。

第二条　本规定适用于本市行政区域燃放烟花爆竹及其相关安全管理工作。

第三条　市人民政府应当加强全市燃放烟花爆竹安全管理工作，建立燃放烟花爆竹安全管理联席会议制度，强化联防联控长效工作机制，完善燃放烟花爆竹安全管理工作责任制及考核问责机制，并将燃放烟花爆竹安全管理作为文明创建和社会治安综合治理的重要内容，纳入政府目标管理考核范围。

县（市、区）人民政府负责本辖区燃放烟花爆竹安全管理工作，督促有关部门依法履行燃放烟花爆竹安全管理职责。

乡（镇）人民政府、街道办事处应当将燃放烟花爆竹安全管理纳入基层社会治安综合治理工作，加强组织协调和指导监督。

高新技术产业开发区、经济技术开发区、新站高新技术产业开发区、合肥巢湖经济开发区管理委员会应当按照市人民政府的要求做好本辖区燃放烟花爆竹安全管理等相关工作。

第四条　公安机关是燃放烟花爆竹安全管理的行政主管部门，负责燃放烟花爆竹的公共安全管理，应当依法查处未经许可运输以及违法燃放烟花爆竹的行为，并会同有关部门建立联合执法和案件移送制度，及时发现和查处有关违法行为。

安全生产监督管理部门负责烟花爆竹的安全生产监督管理，应当依法查处非法生产、经营烟花爆竹的行为。

城市管理部门应当依法查处流动兜售烟花爆竹摊点以及燃放烟花爆竹影响环境卫生、毁坏城市绿化和市政设施等行为。

城乡建设部门应当督促建设、施工等单位遵守燃放烟花爆竹安全管理规定。

房地产管理部门应当督促物业服务企业做好服务区域燃放烟花爆竹安全管理以及违反规定燃放烟花爆竹的劝阻和举报工作。

民政部门应当指导婚姻登记、殡仪馆、陵园等单位开展宣传，引导婚丧嫁娶活动遵守燃放烟花爆竹安全管理规定。

交通运输、工商行政管理、质量技术监督等部门应当在各自职责范围内，协同做好燃放烟花爆竹安全管理相关工作。

第五条　机关、企事业单位、社会团体、其他组织，是本单位燃放烟花爆竹安全管理的责任主体，应当做好本单位燃放烟花爆竹安全管理工作。

居（村）民委员会、业主委员会、物业服务企业应当加强日常宣传、引导、监督，发现和劝阻违法燃放行为，可以组织属地管理或者服务区域的居民、村民、单位以及宾馆、酒店等单位，制定燃放烟花爆竹安全管理公约，并监督实施。

居(村)民委员会、业主委员会、物业服务企业以及宾馆、酒店等单位，对属地管理或者服务区域违反规定燃放烟花爆竹的行为，应当及时予以劝阻，或者向公安机关举报。

第六条　市、县(市、区)、乡镇人民政府及其有关部门、街道办事处、居(村)民委员会，以及企事业单位、社会团体应当定期组织开展燃放烟花爆竹安全管理的宣传。

广播、电视、报刊、网络等媒体应当定期开展燃放烟花爆竹安全管理和移风易俗的公益宣传。

学校和未成年人的监护人应当加强对学生、未成年人燃放烟花爆竹安全的教育和监管。

第七条　瑶海区、庐阳区、蜀山区、包河区、高新技术产业开发区、经济技术开发区、新站高新技术产业开发区、合肥巢湖经济开发区禁止燃放烟花爆竹。

肥东县、肥西县、长丰县、庐江县、巢湖市人民政府应当确定并公布禁止或者限制燃放烟花爆竹的区域。

第八条　禁止燃放烟花爆竹区域外，下列场所禁止燃放烟花爆竹：

(一)国家机关；

(二)文物保护单位；

(三)交通枢纽及城市主干道、轨道交通设施、铁路线路安全保护区内；

(四)易燃易爆等危险物品生产、储存、经营单位及周边一百米范围内；

(五)输变电设施安全保护区内；

(六)医疗机构、养老机构、学校、图书馆、档案馆、博物馆、儿童活动场所等及其周边；

(七)经营性墓地、公益性墓地、陵园；

(八)监狱、看守所、拘留所、戒毒所等及其周边；

(九)风景名胜区、山林、公园、绿地、苗圃；

(十)商场、集贸市场、公共文化活动场所等人员密集地；

(十一)其他应当禁止燃放烟花爆竹的场所。

禁止燃放烟花爆竹的场所，其所有权人、使用权人或者管理单位应当设置禁止燃放烟花爆竹警示标识，并负责管理和维护。

第九条　禁止燃放烟花爆竹区域和场所，不得燃放烟花爆竹；限制燃放烟花爆竹区域，只能在规定的时间、规定的区域燃放规定等级的烟花爆竹。

第十条　在禁止燃放烟花爆竹区域，不得设置烟花爆竹销售网点，不得销售烟花爆竹。

限制燃放烟花爆竹区域只能设置烟花爆竹临时零售网点，安全生产监督管理部门应当按照合理布局、总量控制、逐步减少的原则进行审批。

第十一条　烟花爆竹的批发企业、零售经营者应当如实记录烟花爆竹经营信息。

第十二条　在允许燃放烟花爆竹时间、区域，燃放烟花爆竹应当遵守下列规定：

(一)不得在建筑物、构筑物内燃放或者从阳台、窗户向外抛掷燃放烟花爆竹；

(二)不得向烟花爆竹零售网点、行人、车辆、建筑物、构筑物、在建工地、树木、河道、公共绿地、窨井等投掷燃放烟花爆竹；

(三)不得影响道路交通安全；

(四)不得采用其他危害公共安全和公民人身、财产安全的方式燃放。

第十三条　鼓励单位和个人对违反本规定的行为进行劝阻、举报。

公安机关、安全生产监督管理等部门应当建立燃放烟花爆竹安全管理举报反馈制度，对相关投诉举报，及时登记、查处，并在五个工作日内向投诉举报人反馈查处结果。对查证属实的，给予举报人奖励，奖励标准由市人民政府规定。

第十四条　居(村)民委员会、业主委员会对属地管理或者服务区域违反规定燃放烟花爆竹行为不劝阻、不举报的，由其所在地的乡(镇)人民政府、街道办事处责令改正。

第十五条　违反本规定第五条第三款规定，物业服务企业、宾馆、酒店等单位，对服务区域违反规定燃放烟花爆竹行为不劝阻、不举报的，由公安机关处以一千元以上二千元以下的罚款。

第十六条　违反本规定第七条第一款、第八条第一款、第十二条规定，在禁止燃放烟花爆竹区域、场所和时间燃放烟花爆竹，或者以危害公共安全和公民人身、财产安全的方式燃放烟花爆竹的，由公安机关责令停止燃放，处以五百元的罚款；构成违反治安管理行为的，依法给予治安管理处罚；构成犯罪的，依法追究刑事责任；造成财产损失或者公民人身伤害的，依法承担民事责任。

第十七条　违反本规定第十条第一款规定，在禁止燃放烟花爆竹区域、场所销售烟花爆竹的，由安全生产监督管理部门责令其停止违法行为，对批发企业处以二万元以上十万元以下的罚款，对零售经营者处以一千元以上五千元以下的罚款，并没收烟花爆竹及违法所得，情节严重的，依法吊销烟花爆竹经营许可证。

第十八条　烟花爆竹安全管理有关部门及其工作人员违反本规定，有下列情形之一的，由有关部门或者监察部门依法给予行政处分；构成犯罪的，依法追究刑事责任：

(一)对相关投诉举报不及时登记、查处和反馈的；

(二)对违法生产、销售、运输、燃放烟花爆竹的行为不依法查处的；

(三)其他滥用职权、玩忽职守、徇私舞弊等情形。

第十九条　违反本规定的行为，法律、法规已有处罚规定的，从其规定。

第二十条　本规定自2018年1月1日起施行，《合肥市禁止燃放烟花爆竹的规定》同时废止。

(来源：http://www.ahrd.gov.cn/npcweb/web/info_view.jsp? strId=1507602282730467)

≫ 简析：本规定是地方法规，采用的写作形式是条款式。全文共20条，可分为三部分。第一部分是第1、2条，相当于总则，阐释了制定本规定的目的、依据及适用范围。第二部分是第3条至第19条，相当于分则，其中第3条至第7条阐释了责任与义务，即应该做什么；第8条至第12条规定了禁止性事项，即不能做什么；第13条至第19条规定了奖惩事项。第三部分是第20条，相当于附则，明确了本规定的施行时间及前规定的废止时间。本规定语言表述清晰，环环相扣，逻辑性较强。

第三节　细　则

一、细则的概念

细则是国家机关根据有关法律、条例、规定或办法，结合本系统、本地区的实际情况，制定的具有一定补充性、说明性的详细的实施规则。细则也是一种规范性文件，比条例、规定和办法等更具体、更明确。

二、细则的特点

细则具有附属性和周密性。细则依附于法令、条例、规定、办法等法规规章，是对它们的某些原则性条款作出说明、解释、补充，处于附属地位，写作上要突出“上有所依，下有所系”。细则使法规、规章更加周密详尽而便于操作。

三、细则的种类

（一）按性质划分

可分为党的法规、行政法规、部门规章、地方法规、地方人民政府规章等。

（二）按写作形式划分

可分为章条式、条款式等。

四、细则的写作

（一）标题

原文件标题＋实施或施行＋文种

【例】 中华人民共和国税收征收管理法实施细则

（二）题注

细则一般将通过的时间或批准的时间及会议名称，写于标题之下正中，用圆括号括上。

（三）正文

细则的正文结构，视篇幅及复杂程度而论。篇幅长、内容复杂的可用章条式结构，内容较少、篇幅较短的可采用条款式结构。章条式及条款式的写作可参照前面的“条例”。

【例】

中华人民共和国反间谍法实施细则

第一章　总　则

第一条　根据《中华人民共和国反间谍法》（以下简称《反间谍法》），制定本实施细则。

第二条　国家安全机关负责本细则的实施。

公安、保密行政管理等其他有关部门和军队有关部门按照职责分工，密切配合，加强协调，依法做好有关工作。

第三条　《反间谍法》所称“境外机构、组织”包括境外机构、组织在中华人民共和国境内设立的分支（代表）机构和分支组织；所称“境外个人”包括居住在中华人民共和国境内不具有中华人民共和国国籍的人。

第四条　《反间谍法》所称“间谍组织代理人”，是指受间谍组织或者其成员的指使、委托、资助，进行或者授意、指使他人进行危害中华人民共和国国家安全活动的人。

间谍组织和间谍组织代理人由国务院国家安全主管部门确认。

第五条　《反间谍法》所称“敌对组织”，是指敌视中华人民共和国人民民主专政的政权和社会主义制度，危害国家安全的组织。

敌对组织由国务院国家安全主管部门或者国务院公安部门确认。

第六条　《反间谍法》所称“资助”实施危害中华人民共和国国家安全的间谍行为，是指境内外机构、组织、个人的下列行为：

（一）向实施间谍行为的组织、个人提供经费、场所和物资的；

（二）向组织、个人提供用于实施间谍行为的经费、场所和物资的。

第七条　《反间谍法》所称“勾结”实施危害中华人民共和国国家安全的间谍行为，是指境内外组织、个人的下列行为：

（一）与境外机构、组织、个人共同策划或者进行危害国家安全的间谍活动的；

（二）接受境外机构、组织、个人的资助或者指使，进行危害国家安全的间谍活动的；

（三）与境外机构、组织、个人建立联系，取得支持、帮助，进行危害国家安全的间谍活动的。

第八条　下列行为属于《反间谍法》第三十九条所称“间谍行为以外的其他危害国家安全行为”：

（一）组织、策划、实施分裂国家、破坏国家统一，颠覆国家政权、推翻社会主义制度的；

（二）组织、策划、实施危害国家安全的恐怖活动的；

（三）捏造、歪曲事实，发表、散布危害国家安全的文字或者信息，或者制作、传播、出版危害国家安全的音像制品或者其他出版物的；

（四）利用设立社会团体或者企业事业组织，进行危害国家安全活动的；

（五）利用宗教进行危害国家安全活动的；

（六）组织、利用邪教进行危害国家安全活动的；

（七）制造民族纠纷，煽动民族分裂，危害国家安全的；

（八）境外个人违反有关规定，不听劝阻，擅自会见境内有危害国家安全行为或者有危害国家安全行为重大嫌疑的人员的。

第二章　国家安全机关在反间谍工作中的职权

第九条　境外个人被认为入境后可能进行危害中华人民共和国国家安全活动的，国务院国家安全主管部门可以决定其在一定时期内不得入境。

第十条　对背叛祖国、危害国家安全的犯罪嫌疑人，依据《反间谍法》第八条的规定，国家安全机关可以通缉、追捕。

第十一条　国家安全机关依法执行反间谍工作任务时，有权向有关组织和人员调查询问有关情况。

第十二条　国家安全机关工作人员依法执行反间谍工作任务时，对发现身份不明、有危害国家安全行为的嫌疑人员，可以检查其随带物品。

第十三条　国家安全机关执行反间谍工作紧急任务的车辆，可以配置特别通行标志和警灯、警报器。

第十四条　国家安全机关工作人员依法执行反间谍工作任务的行为，不受其他组织和个人的非法干涉。

国家安全机关工作人员依法执行反间谍工作任务时，应当出示国家安全部侦察证或者其他相应证件。

国家安全机关及其工作人员在工作中，应当严格依法办事，不得超越职权、滥用职权，不得侵犯组织和个人的合法权益。

第三章　公民和组织维护国家安全的义务和权利

第十五条　机关、团体和其他组织对本单位的人员进行维护国家安全的教育，动员、组织本单位的人员防范、制止间谍行为的工作，应当接受国家安全机关的协调和指导。

机关、团体和其他组织不履行《反间谍法》和本细则规定的安全防范义务，未按照要求整改或者未达到整改要求的，国家安全机关可以约谈相关负责人，将约谈情况通报该单位上级主管部门，推动落实防范间谍行为和其他危害国家安全行为的责任。

第十六条　下列情形属于《反间谍法》第七条所称“重大贡献”：

（一）为国家安全机关提供重要线索，发现、破获严重危害国家安全的犯罪案件的；

（二）为国家安全机关提供重要情况，防范、制止严重危害国家安全的行为发生的；

（三）密切配合国家安全机关执行国家安全工作任务，表现突出的；

（四）为维护国家安全，与危害国家安全的犯罪分子进行斗争，表现突出的；

（五）在教育、动员、组织本单位的人员防范、制止危害国家安全行为的工作中，成绩显著的。

第十七条　《反间谍法》第二十四条所称“非法持有属于国家秘密的文件、资料和其他物品”是指：

（一）不应知悉某项国家秘密的人员携带、存放属于该项国家秘密的文件、资料和其他物品的；

（二）可以知悉某项国家秘密的人员，未经办理手续，私自携带、留存属于该项国家秘密的文件、资料和其他物品的。

第十八条　《反间谍法》第二十五条所称“专用间谍器材”，是指进行间谍活动特殊需要的下列器材：

（一）暗藏式窃听、窃照器材；

（二）突发式收发报机、一次性密码本、密写工具；

（三）用于获取情报的电子监听、截收器材；

（四）其他专用间谍器材。

专用间谍器材的确认，由国务院国家安全主管部门负责。

第四章　法律责任

第十九条　实施危害国家安全的行为，由有关部门依法予以处分，国家安全机关也可以予以警告；构成犯罪的，依法追究刑事责任。

第二十条　下列情形属于《反间谍法》第二十七条所称“立功表现”：

（一）揭发、检举危害国家安全的其他犯罪分子，情况属实的；

（二）提供重要线索、证据，使危害国家安全的行为得以发现和制止的；

（三）协助国家安全机关、司法机关捕获其他危害国家安全的犯罪分子的；

（四）对协助国家安全机关维护国家安全有重要作用的其他行为。

“重大立功表现”，是指在前款所列立功表现的范围内对国家安全工作有特别重要作用的。

第二十一条　有证据证明知道他人有间谍行为，或者经国家安全机关明确告知他人有危害国家安全的犯罪行为，在国家安全机关向其调查有关情况、收集有关证据时，拒绝提供的，依照《反间谍法》第二十九条的规定处理。

第二十二条　国家安全机关依法执行反间谍工作任务时，公民和组织依法有义务提供便利条件或者其他协助，拒不提供或者拒不协助，构成故意阻碍国家安全机关依法执行反间谍工作任务的，依照《反间谍法》第三十条的规定处罚。

第二十三条　故意阻碍国家安全机关依法执行反间谍工作任务，造成国家安全机关工作人员人身伤害或者财物损失的，应当依法承担赔偿责任，并由司法机关或者国家安全机关依照《反间谍法》第三十条的规定予以处罚。

第二十四条　对涉嫌间谍行为的人员，国家安全机关可以决定其在一定期限内不得出境。对违反《反间谍法》的境外个人，国务院国家安全主管部门可以决定限期离境或者驱逐出境，并决定其不得入境的期限。被驱逐出境的境外个人，自被驱逐出境之日起10年内不得入境。

第五章　附　则

第二十五条　国家安全机关、公安机关依照法律、行政法规和国家有关规定，履行防范、制止和惩治间谍行为以外的其他危害国家安全行为的职责，适用本细则的有关规定。

第二十六条　本细则自公布之日起施行。1994年6月4日国务院发布的《中华人民共和国国家安全法实施细则》同时废止。

（来源：http://www.chinalaw.gov.cn/art/2017/12/7/art_12_206842.html）

≫ 简析：本细则是行政法规，以国务院令的形式发布。细则解释、说明的是《中华人民共和国反间谍法》，采用的写作形式与该法一一对应，即章条式，共5章26条。第一章总则，阐释了制定本细则的目的、依据，细则的实施机构，并对若干概念进行了明确。第二章至第四章是分则，进一步对国家安全机关在反间谍工作中的职权、公民和组织维护国家安全的义务和权利、法律责任等问题进行了说明。第五章附则，说明了其他适用本细则的情况，确立了本细则的施行时间及前细则的废止时间。本细则对《中华人民共和国反间谍法》起到了补充、细化的作用，使该法更周密、具体和详尽。

第四节　守　则

一、守则的概念

守则是党政机关、社会团体及企事业单位根据本系统、本单位的具体情况制定的要求所属人员共同遵守的道德规范和行为准则。

二、守则的特点

守则具有明确的使用范围，针对性较强，不属于法律规范，而属于职业道德范畴，它对所涉及的成员有约束作用，但不具有法律效力。

三、守则的种类

（一）按时间划分

可分为短期和长期守则。

（二）按规范的范围划分

可分为公开发布和内部使用的守则。

四、守则的写作

（一）标题

规范对象/规范内容＋文种

【例】　国务院工作人员守则

（二）题注

会议通过的守则，需要在标题下面以题注的形式标注日期，并用圆括号括上。

（三）正文

守则的正文结构比较简单。大体上有两种写法：一是在标题下面采用序数式直接写作；二是开头写明制作守则的原因或目的，之后另起一行，采用序数式写具体内容。

【例】

上海市轨道交通乘客守则

一、根据《上海市轨道交通管理条例》（以下简称《条例》）第二十九条与《城市轨道交通运营管理规定》第二十三条，制定本守则。

二、凡进站、乘车的人员，应当遵守本守则。

三、乘客应当遵守以下有关票务管理的规定：

(一)乘客应当持有效乘车凭证乘车，并配合轨道交通企业查验，不得使用无效、伪造、变造的乘车凭证或者逃票；

(二)乘客越站乘车的，应当补交超过部分的票款。乘客无车票或者持无效车票乘车的，轨道交通企业可以按照轨道交通网络单程最高票价补收票款，并可加收五倍票款；

(三)乘客不得冒用他人证件、使用伪造证件乘车。乘客有冒用他人证件、使用伪造证件乘车和其他逃票行为的，有关信息可以纳入个人信用信息系统。

四、按照国家和本市有关规定享受免费乘车待遇的乘客，凭有效证件，经轨道交通企业查验后，可以免费乘坐本市轨道交通(磁浮线除外)。

五、乘客须在安全线内有序排队候车，乘车时应当先下后上，上、下列车应当注意站台间隙；列车车门蜂鸣器响，车门及屏蔽门、安全门警示灯亮，乘客不得强行上、下车；车门开启、关闭时，不得触摸、倚靠车门；车到终点，乘客应当全部下车。

六、老、幼、病、残、孕妇及怀抱婴儿者优先上、下车，其他乘客应当主动让座。

七、乘客可以免费带领两名身高1.3米(含1.3米)以下的儿童乘车，超过两名的按超过人数购票。无成年人带领的学龄前儿童不得单独乘车。

八、乘客所携带的物品重量不得超过23千克，体积不得大于0.2立方米，长、宽、高之和不得超过1.8米，并不得污损乘车环境或者影响其他乘客正常乘车。

九、凡进站、乘车的，禁止下列行为：

(一)拦截列车；

(二)擅自进入驾驶室、轨道、隧道或者车站内其他有禁行标志的区域；

(三)攀爬或者跨越列车、围墙、栅栏、闸机、站台门；

(四)强行上、下车，扒门和吊门；

(五)吸烟、点燃明火，随地吐痰、便溺、乱吐口香糖，乱扔果皮、纸屑等杂物；

(六)擅自涂写、刻画或者悬挂、张贴物品；

(七)擅自设摊、停放车辆、堆放杂物、卖艺、散发宣传品或者从事营销活动，大声喧哗、吵闹，使用电子设备时外放声音；

(八)乞讨、躺卧、收捡废旧物品；

(九)携带活禽以及猫、狗(导盲犬、军警犬除外)等动物；

(十)携带自行车(含折叠式自行车)，使用平衡车、滑板、踏板车、溜冰鞋等助力代步工具(残疾人轮椅车、婴童车除外)；

(十一)携带易燃、易爆、有毒、有害、放射性、腐蚀性以及其他有可能危及人身和财产安全的危险物品；携带有严重异味、刺激性气味的物品，以及未经安全包装的易碎、尖锐物品；携带充气气球；

(十二)擅自操作有警示标志的按钮、开关装置，非紧急状态下动用紧急或者安全装置。

(十三)损坏车辆、站台门、自动售检票等设备，干扰通信信号、视频监控设备等系统；

(十四)向轨道交通线路、列车以及其他设施抛掷物品；

(十五)损坏、移动、遮盖安全标志、监测设施以及安全防护设备；

(十六)在运行的自动扶梯上逆行、推挤、嬉戏打闹；

(十七)影响运营安全和滋扰乘客的其他行为。

十、赤脚、赤膊、油污衣裤者、醉酒肇事者、烈性传染病患者、无人监护的精神病患者或者健康状况危及他人安全者不得进站、乘车。

十一、乘客应当文明乘车，自觉保持车站、车厢卫生，不得在列车车厢内饮食、大声喧哗，不得踩踏车站和车厢内座席。

十二、乘客应当正确使用轨道交通自动扶梯、自动售检票机、公共交通卡充值验票机及有关设施、设备。因乘客原因造成设施设备损坏的，乘客应当给予相应的经济赔偿。

十三、轨道交通范围内发生突发事件或者意外情况时，乘客应当保持冷静，服从现场工作人员指挥或者按广播提示有序疏散。

十四、乘客应当自觉遵守轨道交通企业有关票务、安全、公共卫生等方面的服务须知，接受和配合安全检查，遵从服务、应急设施的使用提示，服从轨道交通工作人员的管理。发生纠纷时，可向轨道交通企业反映，但不得影响轨道交通工作人员的管理和轨道交通的正常运行。

十五、乘客违反《条例》及其他相关法律规定的，按照《条例》及其他有关法律规定予以处罚。乘客应当遵守本守则，拒不遵守的，轨道交通企业有权劝阻和制止，制止无效的，报告公安机关依法处理。

十六、本守则自2020年12月1日起施行，有效期至2025年11月30日止。《上海市交通委员会关于发布〈上海市轨道交通乘客守则〉的通知》（沪交轨〔2016〕551号）同时废止。

（来源：http://service.shanghai.gov.cn/XingZhengWenDangKu/XZGFDetails.aspx?docid=REPORT_NDOC_006699）

≫ 简析：这是一份针对上海市轨道交通乘客的规范，属公开发文，序数式写法。守则首先交代了制定依据，其次对出入上海市轨道交通的乘客提出了各项具体要求和规范，最后明确了本守则的施行时间及前守则的废止时间。守则在第九条第七点首次明文规定进站、乘车人员使用电子设备时禁止外放声音，此规定受到广泛关注与热议。

第五节　须　知

一、须知的概念

须知是人们从事某项活动时必须知道、注意并遵守的行为指南。

二、须知的特点

须知具有知照性，旨在让相关人员知晓有关的规定要求。因而很多须知都是公开地张贴在对应的活动场所，并位于显著位置，以便引起人们的注意。

三、须知的种类

（一）按时间划分

可分为短期和长期须知。

（二）按规范的范围划分

可分为公开发布和内部使用的须知。

四、须知的写作

（一）标题

规范对象/规范内容＋文种

【例】 电梯乘客安全须知

（二）正文

须知的正文结构比较简单。一般采用序数式直接在标题下面分条列项告知须周知和遵守的具体内容。

【例1】

中国国家博物馆参观须知

请观众在开放时间内持本人有效身份证件入馆参观各免费展览；

入馆请自觉接受安全检查，请勿将各类禁限带物品及宠物带入场馆；

醉酒者、限制行为能力者、衣履不整者谢绝入馆；

幼童、高龄老人、行动不便者须由成年人看护入馆；

参观时请勿大声喧哗，并请将手机设置为静音以免影响他人参观；

请观众不要使用馆内电源；

严禁翻越围挡护栏、触摸展品，请自觉爱护展览、服务设施，如造成损坏，须照价赔偿并承担相应的法律责任；

展厅内请勿饮食，请在指定区域就餐；

场馆内请勿吸烟，请勿随意丢弃杂物，自觉维护环境卫生；

场馆内请勿奔跑、追逐、打闹、攀爬、躺卧；

允许拍照的展览，请勿使用闪光灯、自拍杆和脚架；

在场馆内进行讲解、讲学、调查、摄录等活动，请提前向馆方申请，依照规定获得许可后方可实施；

馆内谢绝使用电动轮椅、老年代步车；

请听从工作人员引导，协助我们维持好展厅内的参观秩序和良好的参观环境；

如遇我馆重大或临时性活动，须遵从我馆安排；

如遇各类突发事件，请服从工作人员指挥。

感谢您的理解与支持！

（来源：http://www.chnmuseum.cn/cg/＃visit－cgxz）

【例 2】

中国国家博物馆疫情防控期间参观须知

2020—04—29

1.观众须按预约时段自北门西侧经消毒通道入馆接受安检，错过预约时段者谢绝入馆。

2.观众入馆参观时须全程佩戴口罩，与他人保持 1.5 米以上距离，配合做好疫情防控工作。

3.禁止在展厅内饮食集聚、追逐打闹、大声喧哗、触摸展柜展品等不文明行为，服从工作人员疏导安排。

4.参观期间如突发发热、咳嗽、气促等身体不适状况，请及时联系工作人员，按应急处置预案进行处理。

5.观众如有参观问题咨询或意见诉求时，可拨打电话：010—65116400。

6.疫情防控期间，对拒不配合及扰乱秩序者，由工作人员协调公安部门依法处置。

（来源：http://www.chnmuseum.cn/zx/gbxw/202004/t20200429_220054.shtml）

≫ 简析：例 1 是一份针对中国国家博物馆参观人员的规范要求，在馆内张贴和网站公布，长期有效。该须知具体详尽，不足之处是没有用序号标明，致使阅读上稍有阻碍。例 2 则是针对新冠疫情防控期间特别发布的补充性须知，属非常规性规范。

综合实训

一、评析题

1.辨析条例、规定、细则、守则、须知的概念与特点的不同。

2.请登录国务院官网查找学习以国务院令的形式所颁发的若干条例，并从结构和语言角度进行评析。

二、写作题

1.请为你所在的小区物业拟写一份文明养犬守则发给全体业主。

2.宿舍管理是高校后勤管理工作的一部分，请结合你所在学校实际情况，代后勤处拟写一份宿舍管理规定发给全体同学。

3.请为你所在的学校教务部门代拟一份期末考试考场须知发给全体师生。

第六章

商务文书写作

商务文书是商务往来和经营管理活动中使用的各种文书的总称，它涉及商业活动、商务工作以及特定的商务内容等，是应用文的一个重要分支。写作商务文书的要求：掌握相关经济政策，熟悉业务知识，注重真实性与时效性等。

第一节　经济合同

一、经济合同的概念

2020 年 5 月 28 日，《中华人民共和国民法典》(以下简称《民法典》)由中华人民共和国第十三届全国人民代表大会第三次会议表决通过，自 2021 年 1 月 1 日起施行。《民法典》共 7 编，1260 条。其中第三编为"合同"，又细分为"通则""典型合同""准合同"三个分编，计 526 条。合同编在原《中华人民共和国合同法》(1999 年 10 月 1 日施行)的基础上，进行了全方位的修订。

合同是民事主体之间设立、变更、终止民事法律关系的协议。当事人订立合同，可以采用书面形式、口头形式或者其他形式。签订合同是一种法律行为，其主要作用是：有利于维护合同当事人的合法权益，明确当事人的权利、义务。经济合同是指在经济活动中，双方或多方当事人之间，为实现一定的经济目的，明确相互权利义务关系而订立的合同。

二、经济合同的特点

(一)合法性

经济合同的内容要符合《民法典》的规定，具有强制合法性特点。

(二)平等互利性

签订经济合同的双方或多方的法律地位是平等的；合同条款中，权利、义务也是相互的、对等的，不能将其建立在损害对方或他方的利益之上。

(三)协商一致性

经济合同的签订是一个协商一致的过程。合同的内容只有表达当事人彼此一致的意愿,其条款才能成立。任何不经双方或多方协商一致而改变合同者要承担违约责任。

(四)规范性

规范性具有两层含义:其一是指依法成立的合同对当事人具有法律约束力,其二是指合同的写法和格式有固定要求。

三、经济合同的种类

(一)以给付义务是否由双方当事人互付为标准

分为双务合同与单务合同。

(二)以当事人取得权益是否须付相应代价为标准

分为有偿合同与无偿合同。

(三)以合同的成立除双方意思表示一致外,是否需付标的物或完成其他给付为标准

分为诺成合同与实践合同。

(四)以合同相互间的主从关系为标准

分为主合同与从合同。

四、经济合同的写作

(一)首部

首部主要包括以下几项:

1.标题　即合同的名称。合同的标题多种多样,有的由"合同的性质+文种"组成,如"购销合同""建筑工程合同""借款合同"等;有的由"业务范围+合同性质+文种"组成,如"农机产品购销合同"等;还有其他形式,但"合同"二字不能少。为了便于归档查考,往往在标题的右下方注明编号。

2.合同当事人名称或者姓名　即签订合同的双方或多方的名称或者姓名。要准确写出签约单位或个人的全称、全名,并在其后注明双方约定的固定指代:"甲方""乙方"。如有第三方,可将其称为"丙方"。不论在什么情况下,合同中都不能用不定指代"你方""我方"来指代当事人。当事人的名称应在标题左下方空两格写起,当事人要写全称。为正文叙说简便,在名称前面或后面注明代称,如"甲方""乙方"或"供方""需方"等。

3.引言　即合同的开头部分,主要写签订合同的目的或签订合同的依据,常用的表述句式:"为了……"或"根据……"。若选用"表格式合同",则应依据有关部门制定的合同的规范文本要求填写有关内容。

(二)主部

主部是合同的主要部分，一般采用条文式结构，详细写明主要条款和其他条款的内容。

1.主要条款　合同的内容由当事人约定，一般应具备以下条款：

(1)标的　即合同当事人权利义务所共同指向的对象，是合同的基本条款。没有标的的合同是无效合同。标的可以是物、货币、劳务、智力成果等。签订合同的双方对标的要协商一致，写得具体、明确。

(2)数量和质量要求　即从数量和质量的角度对标的进行精确度量，它决定双方当事人承担的权利义务的大小、范围。数量是标的具体的计量，如借款金额、工作量等。要明确标的的计量单位，如吨、米、件等。质量要求是对标的质的要求，如产品、商品、工程的优劣程度。应明确标的质量的技术标准(如国家标准、行业标准等)、等级、检测依据等。

(3)价款或报酬　即合同标的的价格，是合同双方当事人根据国家法律、法规、政策和有关规定，对标的议定的价格，是合同一方以货币形式取得对方商品或接受对方劳务所应支付的货币数量。要明确标的的总价、单价、货币计算标准，付款方式、程序，结算方式，若与国外以及某些地区合作，还要写明支付币种。

(4)合同履行的期限、地点和方式　履约期限就是合同的有效期限，是合同法律效力的时限和责任界限，过时则属违约。日期用公元纪年，年、月、日书写齐全。地点是指当事人履行合同义务、完成标的任务的地点。履行方式是当事人履约的具体办法，如借贷合同的出资方要以提供一定的货币来履约；劳务合同的某一方要提供某种具体的劳动服务，如照看小孩、打扫卫生等。

(5)违约责任　即合同的当事人不能履约或不能完全履约时，所要承担的经济责任和法律后果。具体包括违约金、赔偿金和其他承担责任的法律形式等。

2.其他条款　即除上述必备条款外，经双方当事人协商确定的其他条款。具体包括：

(1)不可抗力条款　此条款的作用：如果发生了当事人不能预见、不能避免且不能克服的客观事故(如洪水、地震、台风等)，而导致履行合同困难时，当事人便可根据这一条款，依据《合同法》规定，部分或全部免予承担责任。此条款的内容应包括不可抗力事故的范围、后果等。

(2)解决争议的方法　此条款主要约定在履行合同发生争议时解决问题的方式和程序，要明确注明是通过仲裁解决、协商解决还是诉讼解决。

(三)尾部

尾部是指合同的结尾和落款部分。主要包括：

1.合同的有效期限和文本保存　有效期限是指合同执行生效、终止的时间，是合同当事人要求必须具备的条款。文本保存是注明合同文本的保管方式，即合同一式几份，当事人保管的份数。

2.落款　这部分主要是各种具名和签约日期，包括当事人双方(或多方)单位(个人)名称、代表姓名。如需上级机关、主管部门或司法机关批准、签证、公证的，要写明机关、部门全称或代表姓名。所有具名都要加盖印章。为联系方便，还应注明当事人的地址、电话、电子邮箱、邮政编码等。具名下方要写明签约的年、月、日。

有些合同有特殊要求，或有附件，也要在尾部注出。通常是在合同正文“其他条款”之后注明“合同附件、附表均为本合同的组成部分，且有同等的法律效力”。如工程承包合同常要在“附件”中列出工程项目表、工程进度表、工程图纸等。附件名称应标注在合同落款的最下方，即“年、月、日”之后的位置。

【例】

××市房屋承租经纪服务合同(2019)

委托人与房地产经纪机构在自愿、平等、公平及诚实信用的基础上，根据《中华人民共和国民法总则》《中华人民共和国合同法》《中华人民共和国城市房地产管理法》及《商品房屋租赁管理办法》《房地产经纪管理办法》《××市房屋租赁管理若干规定》等法律法规的规定，就房屋承租经纪服务相关内容协商一致，签订本合同。

委托人(甲方)：________________

【法定代表人】【负责人】：____________

国籍：________

证件类型：【居民身份证】【护照】【营业执照】【　】

证件号码：__________________

通讯地址：__________________

邮政编码：____________联系电话：____________

【法定代理人】【委托代理人】：____________

国籍：______

证件类型：【居民身份证】【护照】【营业执照】【　】

证件号码：__________________

通讯地址：__________________

邮政编码：____________联系电话：____________

(委托人为多人时，可相应增加)

房地产经纪机构(乙方)：______________

【法定代表人】：____________________

证件类型：【营业执照】【　】

证件号码：______________________

通讯地址：______________________

邮政编码：____________联系电话：____________

第一条　委托承租房屋要求

(一)意向房屋区位：__________区__________【社区】【建筑物】附近______米内的范围；户型：______室______厅______卫______厨；楼层______层；朝向：______；面积：【建筑面积】【使用面积】【　】______平方米至______平方米；建成年份：______年至______年；室内净高：不低于______米；装修情况：【有装修】【毛坯房】；电梯：【有】【无】。

（二）意向房屋登记用途：____________________。

（三）意向房屋租金范围：人民币____________元至______________元/(【月】【季】【半年】【年】【　】)，租金按【月】【季】【半年】【年】【一次性】【　】收取。支付方式：________。

（四）意向房屋户型特点需求：【平层】【错层】【复式】【跃层】；房屋建筑形式【普通平房】【四合院】【低层(1—3层)】【多层(4—6层)】【中高层(7—9层)】【高层(10层以上)】【　】。

（五）意向房屋周边环境：【公园】【医院】【学校】【超市】【影院】【　】。

（六）其他要求：____。

第二条　委托服务事项及完成标准

（一）提供与意向房屋租赁相关的法律法规、政策等信息咨询。

（二）发布意向房屋需求信息，寻找意向房源。

（三）查看意向房屋权属情况。

（四）实地看房，核对房屋状况说明书信息。

（五）按甲方需求报告服务进度信息。

（六）陪同甲方实地看房。

（七）协助甲方签订房屋租赁合同，协助甲方办理房屋租赁登记备案。

（八）其他：________________________。

上述服务事项以____________________为完成标准。

第三条　经纪服务人员

【甲方选定】【乙方指派】下列与乙方签订劳动合同的房地产经纪从业人员提供本合同约定的委托服务事项：

姓名：____________，居民身份证号码：___________________________，职业资格：【房地产经纪人】【房地产经纪人协理】，从业人员信息卡号：___________________________，联系电话：________________。

（可相应增加房地产经纪从业人员信息）

如上述房地产经纪从业人员无法继续提供服务而影响本合同履行的，甲乙双方可另行协商变更。

第四条　委托期限与方式

（一）乙方为甲方提供房屋承租经纪服务的期限为：【自__________年__________月__________日至__________年__________月__________日】【自本合同签订之日起，至甲方与出租人签订房屋租赁合同并完成租赁登记备案之日止】【　　　　　　】。

（二）甲方委托乙方提供房屋承租经纪服务，自__________年__________月__________日至__________年__________月__________日，【保留】【放弃】同时委托其他房地产经纪机构承租房屋的权利。

第五条　经纪服务费用及支付方式

（一）甲方应当在__________________________时，按__________________________的标准向乙方支付房地产经纪服务费。经甲乙双方协商一致终止合同的，对已完成的委托服务事项，甲方应当按___________________________的标准向乙方支付房地产经纪服务费，但对乙方未完成委托服务事项已支出的必要费用由乙方自行承担。

（二）支付方式：【一次性】【　　　　　　　　】。

第六条　权利义务

(一)甲方权利义务

1.甲方应当保证房屋承租意向的真实性。

2.甲方应当向乙方提供身份证件及有关情况,保证所提供的证件、资料具有真实性、有效性、完整性。

3.甲方应当如实向乙方书面告知与租赁房屋用途和租住人员等有关的信息。

4.甲方调整意向承租房屋租金等交易条件的,应当通过书面形式及时通知乙方。

(二)乙方权利义务

1.乙方有权向甲方详细询问其意向房屋的基本信息,了解租赁房屋用途和租住人员等有关的信息。

2.乙方为完成受托事项而向甲方收取证件、文件、资料原件的,应当向甲方开具规范的收件清单并妥善保管,在完成相应委托代办事项后,应当及时退还甲方。

3.乙方应当向甲方书面告知承租意向房屋的市场参考价格、房屋租赁的一般程序及可能存在的风险、房屋租赁涉及的税费、应当由甲方协助的事项以及提供的资料等事项。

4.乙方应当保守在服务过程中知悉的甲方的个人隐私或商业秘密。

第七条　违约责任

(一)甲方违约责任

1.甲方故意隐瞒重要信息或提供虚假资料,或泄露由乙方提供的房屋出租人资料,给乙方造成损失的,甲方应当依法承担赔偿责任。

2.甲方放弃同时委托其他房地产经纪机构承租房屋的权利,但在委托期限内通过其他房地产经纪机构承租房屋的,应当按______________的标准向乙方支付房地产经纪服务费。

3.甲方拒绝与乙方介绍的房屋出租人签署房屋租赁合同,但在委托服务期限届满后________日内与该房屋出租人自行成交的,应当按____________________的标准向乙方支付房地产经纪服务费。

4.甲方拒绝与乙方介绍的房屋出租人签署房屋租赁合同,但在委托服务期限届满后________日内通过其他房地产经纪机构与该房屋出租人成交的,如乙方有证据证明房屋租赁成交与其提供的房屋承租经纪服务有直接因果关系的,甲方应当按____________________的标准向乙方支付房地产经纪服务费。

(二)乙方违约责任

1.乙方违背保密义务,不当泄露甲方个人隐私或商业秘密,给甲方造成损害的,应当依法承担赔偿责任。

2.乙方因隐瞒、虚构信息侵害甲方权益的,乙方应当退还已收取的房地产经纪服务费并依法承担赔偿责任。

3.在委托代办事项中,乙方遗失甲方提供的证件、文件、资料、物品等,应当依法承担赔偿责任。

4.如因乙方过错导致所签订的房屋租赁合同无法履行的,甲方无需向乙方支付经纪服务费用。如甲方已支付的,乙方应当在收到甲方书面退还要求之日起________个工作日内将经纪服务费用等相关款项退还甲方。给甲方造成损失的,乙方应当承担赔偿责任。

(三)乙方与甲方之间有付款义务而延迟履行的,应当按照迟延天数乘以应付款项的百分之________(小写________%)计算迟延付款违约金支付给对方,但不超过应付款总额的30%。

第八条　合同变更及解除

(一)经甲乙双方协商一致,可以对合同条款进行变更。

(二)经甲乙双方协商一致,可以解除本合同。因解除合同给对方造成损失的,除不可归责于己方的事由和本合同另有约定外,应当赔偿对方损失。

乙方提供虚假的出租房屋情况和资料,或泄露由甲方提供的房屋承租人资料的,甲方有权单方解除合同。

乙方因不当泄露甲方个人隐私或商业秘密的,或因隐瞒、虚构信息侵害甲方权益的,甲方有权单方解除合同。

第九条　送达

双方当事人保证在本合同中记载的通讯地址、联系电话均真实有效。任何根据本合同发出的文件,均应当采用书面形式,以【邮政快递】【邮寄挂号信】【　　　　】方式送达对方。任何一方变更通讯地址、联系电话的,应当自变更之日起________日内书面通知其他当事人。变更的一方未履行通知义务导致送达不能的,对方当事人按照约定的通讯地址进行送达的,视为有效送达。

第十条　不可抗力

因不可抗力不能按照约定履行本合同的,根据不可抗力的影响,部分或全部免除责任,但因不可抗力不能按照约定履行合同的一方当事人应当及时通知对方当事人,并自不可抗力事件结束之日起________日内向另一方当事人提供证明。

第十一条　争议解决方式

本合同在履行过程中发生的争议,由双方当事人协商解决,也可以通过有关社会组织调解;协商或调解不成的,按照下列第【　】种方式解决:

(一)依法向房屋所在地的人民法院起诉。

(二)提交仲裁委员会仲裁。

(三)____________________。

第十二条　其他约定事项

第十三条　合同生效及特别约定

(一)本合同自甲乙双方签字(盖章)之日起生效。

(二)本合同一式________份,其中甲方执________份,乙方执________份,具有同等法律效力。

(三)本合同生效后,甲乙双方对本合同中未约定或约定不明的内容签订书面协议进行补充,补充协议与本合同具有同等法律效力。对本合同的解除,应当采用书面形式。

委托人(签章):	房地产经纪机构(签章):
【法定代表人】(签章):	【法定代表人】(签章):
【委托代理人】(签章):	房地产经纪从业人员签字:
【法定代理人】(签章):	从业人员信息卡号:
签订时间:　　年　　月　　日	签订时间:　　年　　月　　日

(来源:http://zjw.beijing.gov.cn/bjjs/fwgl/index.shtml#cxfw1)

≫ 简析:这是一份××市 2019 年房屋承租经纪服务合同示范文本,采用的是条文式写法。条款部分详尽规定了“委托承租房屋要求”“委托服务事项及完成标准”“经纪服务人员”“委托期限与方式”“经纪服务费用及支付方式”“权利义务”“违约责任”等,表意清晰,权责明确,格式规范,可供签订其他类似合同时参考借鉴。

第二节　招标书　投标书

※　招标书

一、招标书的概念

招标书是招标方利用投标者之间的竞争,达到优选投标者目的所形成的对招标事项作出解释和说明的告知性文件。招标书也称为招标通知、招标公告、招标通告、招标启事、招标说明书等。

二、招标书的特点

(一)公开性

招标书是一种告知性文件,它一般通过大众传媒向社会公开,因此也称作招标广告。

(二)规范性

招标书的制作过程和基本内容必须符合《中华人民共和国招标投标法》的基本规定和要求,规范而明晰。

(三)时限性

招标书要求在短时间内获得结果,时间紧迫,必须对招标时间和招标项目的完成时间有明确限定。

三、招标书的种类

(一)按时间划分

可分为长期招标书和短期招标书。

(二)按计价方式划分

可分为固定总价项目招标书、单价不变项目招标书和成本加酬金项目招标书等。

(三)按性质和内容划分

可分为工程建设招标书、大宗商品交易招标书、选聘企业经营者招标书、企业承包招标书、企业租赁招标书、劳务招标书、科研课题招标书、技术引进或转让招标书等。

（四）按招标的范围划分

可分为国际招标书和国内招标书。

四、招标书的写作

（一）标题

标题一般由招标单位名称、标的物和文种三部分构成，根据这种构成，标题有四种写法：
1.招标单位名称＋标的物＋文种
【例】 ××大学南区健身馆扩建工程招标通告
2.招标单位名称＋文种
【例】 中华人民共和国××投资企业公司招标公告
3.标的物＋文种
【例】 建筑安装工程招标书
4.文种
【例】 招标书、招标公告、招标通告、招标通知、招标启事

（二）正文

一般用条文式，有的也可用表格式。招标书的正文一般应依次写明以下内容：
1.前言　概括写明招标单位的基本情况、招标目的依据、招标项目名称、招标范围等。
2.主体　这是招标书的重点和核心，要具体、准确地写明招标具体要求、招标方式、招标范围、招标程序等内容。

（三）结尾

要写清招标单位名称、法人代表、签署日期并加盖印章。还应注明单位地址、联系方式等。

【例】

××大学2020年高分子有机合成平台建设项目招标公告

一、项目基本情况
招标编号：ZF2020－05－2568
项目名称：××大学2020年高分子有机合成平台建设项目
预算金额：40.16万元
最高限价（如有）：40.16万元
采购需求：××大学2020年高分子有机合成平台建设项目，详见附件。
合同履行期限：合同签订之日起，2个月完成供货，到货之日起4天内安装调试完成。
本项目不接受联合体投标。

二、申请人的资格要求

1. 满足《中华人民共和国政府采购法》第二十二条规定；

2. 落实政府采购政策需满足的资格要求；

3. 本项目的特定资格要求：在投标截止时间，投标人(不含其不具有独立法人资格的分支机构)存在下列有效情形之一的，其投标无效：

(1)被人民法院列入失信被执行人名单的；

(2)被税务机关列入重大税收违法案件当事人名单的；

(3)被列入政府采购严重违法失信名单的；

(4)被市场监督管理部门(或工商行政管理部门)列入严重违法失信企业名单的。

注："有效"是指"情形"规定的程度、起止期间处于有效状态。投标人为联合体的，对投标人的要求视同对联合体成员的要求。

三、获取招标文件

网上在线发售

时间：2020 年 10 月 15 日上午 9:00 至 2020 年 10 月 22 日 17:30(北京时间)

地点："优质采云采购平台"(http://www.youzhicai.com/)

方式：在线下载

售价：0 元

四、提交投标文件截止时间、开标时间和地点

2020 年 11 月 04 日 14 点 30 分(北京时间)

地点：安徽省招标集团股份有限公司 2 楼第 1 开标室(线上开标："优质采云采购平台"http://www.youzhicai.com/)

五、公告期限

自本公告发布之日起 5 个工作日。

六、其他补充事宜

1. 本项目相关信息同时在"安徽省政府采购网、安徽省招标投标信息网、优质采云采购平台、中国招标投标公共服务平台"等媒介上发布。

2. 本项目需落实的节能环保、中小微型企业扶持等相关政府采购政策详见招标文件。

3. 政府采购电子化交易要求：

(略)

七、对本次招标提出询问，请按以下方式联系

1. 采购人信息

名称：××大学

地址：安徽省合肥市×××××

联系方式：××老师、电话×××××××××

2. 采购代理机构信息

名称：安徽省招标集团股份有限公司

地址：合肥市包河大道 236 号

联系方式：×××、电话×××××××××

应急客服电话：×××××××××

（接听时间:8:30—12:00,13:30—17:30,节假日除外。潜在投标人应优先拨打项目联系人联系电话,无人接听时再拨打该“应急客服电话”）

3.项目联系方式

项目联系人:×××、×××、×××

电　　话:×××××××××

附件:主要采购需求

（来源:https://cgzx.ahu.edu.cn/sfw_cms/e?page=cms.news&cid=4380）

≫ 简析:这是一份招标公告,标题由招标单位名称、标的物和文种三个部分组成。正文采用分条列项的形式,将项目基本情况、申请人的资格要求、获取招标文件的方式、联系方式等有关事项逐一列出,简明清晰。随文附有附件。

※　投标书

一、投标书的概念

投标书是指投标者按照招标文件的条件和要求而制作的专门递送给招标单位的文书。投标书又称标函、标书、投标申请书等,它是投标者为了中标而对招标文件提出的要求的响应和承诺。

二、投标书的特点

（一）竞争性

投标书是投标方说明自己实力的文书,由于招标方将通过投标书来确认中标者,因此,投标书本身就成为投标方展开竞争活动的重要手段。

（二）针对性

投标书的内容是按照招标书提出的要求和条件而写,内容上具有很强的针对性。

（三）约束性

投标书一旦送达招标方就具有了约束性。招标方将就各方递交的投标书展开评标、定标等一系列工作,投标方不得再更改投标书上承诺的内容。

三、投标书的种类

（一）按时间划分

可分为长期投标书和短期投标书。

（二）按投标方人员组成情况划分

可分为个人投标书、合伙投标书、集体投标书、全员投标书和企业（或企业联合体）投标书等。

（三）按性质和内容划分

可分为工程建设项目投标书、大宗商品交易投标书、选聘企业经营者投标书、企业承包投标书、企业租赁投标书、劳务投标书、科研课题投标书、技术引进或转让投标书等。

（四）按范围划分

可分为国际投标书和国内投标书。

四、投标书的写作

（一）标题

投标书的标题主要有四种形式：

1. 投标单位名称＋标的物＋文种

【例】 ××建筑工程公司承包××公司建筑安装工程投标书

2. 投标单位名称＋文种

【例】 ××装潢公司投标书

3. 标的物＋文种

【例】 ××大桥改造工程投标书

4. 文种

【例】 投标书、投标申请书、标书

（二）抬头

即顶格写明招标单位的名称，如"××大学实验楼工程招标办公室"。

（三）正文

1. 前言　概括写明投标目的、依据、项目名称等。

2. 主体　根据招标文件的要求，如实写明投标者的资质情况和具备投标的条件，提出标价，明确具体保证措施以及其他要说明的应标条件和事宜等。

（四）结尾

要写清投标人名称、法人代表、投标日期并加盖印章。还应注明单位地址、联系方式等。

【例】

银行储蓄管理项目投标书

××银行：

1. 根据已收到的招标编号为××××的"银行储蓄管理项目"工程的招标文件，遵照《××××招标投标管理办法》的规定，经过反复论证、认真分析，我公司愿意按人民币××××元（大写：　　）的投标总价完成我们投标文件所报的全部工作内容，以此作为本工程的结算

依据，并遵守招标文件的要求承担本合同工程的实施、完成及其缺陷修复工作。

2. 如我公司中标，我们承诺在××××年×月××日开工，××××年×月××日竣工，即××天（日历日）内竣工并确保工程质量优良。

3. 如我公司中标，我们承诺在招标文件规定的时间内，以招标文件规定的方式和项目额度提供具体化项目实施方案。

4. 我公司同意在规定的开标之日起30天的投标文件有效期内，严格遵守本投标书的各项承诺。在此期限届满之前，本投标书将始终对我方具有约束力，并随时接受中标。

5. 在合同协议书正式签署生效之前，本投标书连同贵单位的中标通知书将构成我们双方之间共同遵守的条件，对双方具有约束力。

6. 如我公司在本投标文件有效期内撤回投标文件，或在收到中标通知书后的7天内未能或拒绝签订合同协议书，则视为自动放弃。

7. 我公司金额为人民币××××元的投标保证金与本投标书同时递交。

投标单位：（盖章）
单位地址：
法定代表人或其授权委托人：（签字、盖章）
邮政编码：
电话：
传真：
日期：

≫ 简析：这是一份项目投标书，标题由标的物和文种两个部分组成，抬头是招标单位名称。正文中对银行储蓄管理项目进行报价并进行相关承诺，内容针对性和约束性强。结尾是投标单位名称、法人代表姓名、联系方式等并加盖印章。

第三节　经济活动分析报告

一、经济活动分析报告的概念

经济活动是指人们从事物质资料的生产活动及其相应的交换、分配和消费的活动。

经济活动分析报告是根据会计报表、计划指标、会计核算、统计资料等数据材料，对某部门、某企业或者社会某方面的经济活动状况进行分析、研究、评估后形成的书面报告。

二、经济活动分析报告的特点

（一）时效性

经济活动分析报告提供情况、信息、预测的时间早晚，常对企业起着至关重要的作用。所以经济活动分析报告应力求及时、迅速。

(二)分析性

经济活动分析报告不仅要将各种数据进行定量、定性、定时的分析,以便找出相互间的关系,而且还要从不同的侧面、角度对宏观和微观的、全面和局部的、有利和不利的因素进行深入的分析和比较说明。

(三)指导性

经济活动分析报告应对前期全部或局部经济工作进行总结、评价,针对现状提出意见、建议和措施,以指导下一步的经济活动。

三、经济活动分析报告的种类

(一)按分析的时间划分

可分为事前分析报告、事中分析报告和事后分析报告。

(二)按形式划分

可分为文章式、表格式和文章表格结合式分析报告。

(三)按部门划分

可分为财政部门、税务部门、银行部门、统计部门、审计部门等部门的分析报告。

(四)按内容和性质划分

可分为专题性分析报告和综合性分析报告。

(五)按涉及范围划分

可分为宏观分析报告和微观分析报告。

四、经济活动分析报告的写作

(一)标题

1.分析单位名称+分析时限+分析对象+文种,有时也可略去单位和时限。

【例】 中国农业银行××省分行2019年第一季度储蓄结构分析报告

2.新闻式标题

【例】 谁能告诉我,是对还是错——“学区房热”中的“冷”思考

(二)正文

正文由前言、主体、结尾三部分组成,所遵循的内在基本结构是“提出问题—分析问题—解决问题”。

1.前言　一般要交代所需分析对象的基本情况,揭示分析的意图。前言的表述可用叙

述式或者列表式,也可两者兼用。

2.主体　它是分析报告的核心,这部分通常是依据一定的经济指标,对经济活动进行综合分析研究评价,得出结论。

分析报告主体部分常采用以下几种分析方法:

(1)对比分析法　又叫比较分析法。这种方法是将可比的数据资料放在同一基础上(时间、范围、项目、条件等)进行对比,根据比较结果来研究经济活动状况,找出差异及其原因。根据需要可以与原定计划比,与过去比,与先进单位比。

(2)因素分析法　就是剖析、探究影响经济活动的各种因素,如经营管理、生产技术、工艺流程、产品质量、产品结构、流通渠道、资金周转、气候环境等客观与主观因素,从而探寻取得成绩或存在问题的根本原因。

(3)指数分析法　就是通过指数计算和分析,对产品产量指数、成本指数、商品价格指数、消费指数等进行研究,从而得出以数据资料为依据的精确结论。

(4)预测分析法　就是通过对过去和当前的大量经济活动现象的分析,找出经济活动规律,预见未来发展趋势,作出正确决策。

3.结尾　一般是根据主体部分所反映的问题,提出改进意见、建议或措施。

(三)落款

落款即署名和日期。若标题正下方已有撰写单位名称或个人姓名,结尾就不再署名,只标注日期(年、月、日);若标题下无署名,可在正文结尾后的右下方署名并标注日期。

【例】

××省2019年一季度交通运输经济运行分析报告

××省交通运输厅

今年以来,随着省委、省政府促进经济持续健康发展"新30条"政策的实施,多项政策叠加效应持续显现,一季度我省交通运输经济运行延续了去年总体平稳、稳中有进的态势,交通固定资产总体平稳,客运结构持续调整,货运保持较快增长,发展活力不断增强,质量效益持续改善。

一、交通固定资产持续增长,后续动力仍需加强

一季度交通固定资产投资规模增长较快,实现平稳开局。一季度全省共完成交通固定资产投资147.8亿元,同比增长12.9%,完成全年计划18.5%。农村公路和水运建设增长较快,站场建设平稳有序,普通国省道投资略降,高速公路下降较大。

——高速公路投资降幅较大。一季度高速公路完成投资17.6亿元,比去年同期减少7亿元,同比下降28.7%,完成年度建设投资计划的8.5%。

投资额均为续建项目完成,改扩建项目投资比例较高,占全部建设投资完成额的30%。××长江公路大桥跨江主桥主体工程顺利完工。重点项目前期工作有序推进,××至××高速公路××至林头段改扩建工程初步设计获交通运输部批复。××至××、××至××、××至××高速××至×××段项目通过自然资源部土地预审。一季度,建设项目到位交通部车购税补助资金22.5亿元,有力保障了建设项目的推进。

——普通国省道总体平稳。一季度普通国省干线公路建设工程投资完成54.6亿元,同比减少6.3%，占年度建设投资计划的18.2%。新增一级公路20公里，新开工1条普通国省道“断头路”项目，完工1条普通国省道“断头路”项目。

受连续雨雪恶劣天气影响，公路建设有效施工工作日不足三分之一，特别是对正在开展路基施工的项目影响较大，难以大规模组织施工，影响工程进展。

——农村公路增长较快。一季度农村公路完成投资54.4亿元，比去年同期增长14.9亿元，同比上升37.7%，完成年度建设投资计划的36.3%。

——场站建设稳步推进。一季度完成站场建设投资2.4亿元，同比增长4.5%，完成年度建设投资计划的22.1%。其中，客运站场完成投资1.8亿元，货运站场完成投资0.6亿元。2019年计划项目全部开工在建，××公路客运高铁枢纽站、××县城南汽车站等10个客运站场和××宝特铁路物流综合基地等4个货运物流园区进展顺利。

——水运建设大幅增长。一季度完成水运固定资产投资18.8亿元，占年度预期目标100亿元的18.8%，同比增长201.2%。其中引江济淮航运工程完成投资8.6亿元。

——区域投资增幅差异较大。受开工条件及季节性因素影响，一季度我省××、××、××、××等地增幅较大，××、××、××、××等地降幅较大。

二、公路水路客运结构持续调整，铁路民航客运量增长较快

一季度，全省旅客运输生产结构持续调整优化，公路和水路客运量同比下降，但整体趋于稳定。随着我省综合运输体系不断优化调整，部分公路水路旅客向高铁、民航、私人交通等其他方式转移，加之我省大力推进城乡客运一体化工作，部分农村客运转为公交经营方式，不纳入公路客运统计范畴，导致公路水路客运量持续下降。

——公路客运降幅收窄。(略)

——客运站发送量下降较大。(略)

——旅游客运均小幅下降。(略)

——水路客运量低位运行。(略)

——春运工作平稳有序。(略)

——××公交都市客运量基本平稳。(略)

——铁路客运量增长较快。(略)

——民航旅客吞吐量快速增长。(略)。

三、公路水路民航货物运输持续增长，铁路货运量下降

一季度，全省货物运输生产整体向好，公路货物运输量小幅上升，水路货物运输量增长明显。

——公路货物运输增速下滑。(略)

——水路货物运输量增长明显。(略)

——港口生产保持增长。(略)

——铁路货物运输下降。(略)

——民航货运量增幅较大。(略)

四、交通运输通道通行平稳有序

我省交通运输通道整体运行平稳，通行有序，交通量稳步上升，交通供给整体满足通行需求。

(一)高速公路通行情况

——交通拥挤度。(略)

——货运量情况。(略)

——分车型通行情况。(略)

(二)普通国省道通行情况

——交通拥挤度。(略)

——交通量月度波动情况。(略)

——分车型情况。(略)

(三)重点水运船闸运行情况

——船闸通行量情况。(略)

——船闸货物种类通行情况。(略)

五、交通发展活力不断增强

——运输结构不断优化。(略)

——降本增效深入实施。(略)

——发展质量逐步提升。(略)

——区域合作不断深化。(略)

——行业重大政策稳步推进。(略)

六、交通运输安全生产总体平稳

——道路运输领域。(略)

——水上交通领域。(略)

七、存在的主要问题

(一)投资建设后劲不足

我省交通投资规模主要依靠续建项目拉动,新开工项目投资呈现下降态势。高速公路投资全部为续建项目,一季度尚无新开工项目,随着续建项目逐渐完工,交通建设后劲不足问题愈发突出。

(二)土地环保等刚性约束无法突破

受生态红线、用地报批等影响,我省交通基础设施建设尤其是高速公路建设举步维艰。2017 年至今,没有一条高速公路获得建设用地批复,造成重点项目无法落地,G42S、G4012、G3W 等国家高速公路在我省境内路段近期难以贯通。

(三)运输生产尤其是货运生产面临压力

一是根据《××省推进运输结构调整工作实施方案》,我省积极推进“公转铁、公转水”运输结构调整,加强各运输方式协同联动。到 2020 年,实现全省货物运输结构明显优化,铁路、水路承担的大宗货物运输量显著提高,公路货运的增速将会出现一定程度放缓。

二是交通运输部取消总质量 4.5 吨及以下普通货运车辆道路运输证造成的运力下降的影响。自 2019 年 1 月 1 日起,道路运输管理部门将对总质量 4.5 吨及以下的车辆不再办理道路运输证,且对已取得道路运输证的车辆不再要求年度审验。这必然使得在册营运货车大幅减少,据初步测算,我省总质量 4.5 吨及以下货运车辆占总数的 43%,运力的下降势必影响我省公路货运生产情况。

三是受税费改革及地方对船型标准化支持政策的影响,船舶运力增速呈缓慢下降趋势。

经过近两年的非法码头整治和长江大保护等环保专项整治，淘汰了一批无证和环保不达标的码头泊位，一批不达标泊位经整改已基本恢复生产，新建泊位投入生产还需一定的前期规划、审批和建设周期，影响我省水路货运生产情况。

八、2019年上半年全省交通运输经济运行趋势预测

(一)交通运输企业景气情况调查

交通运输部开展的交通运输企业景气情况调查数据显示，××共有74家公路客运企业参与了调查预测二季度业务量情况，9.5%的企业认为业务量加快，29.7%的企业认为持平，60.8%的企业认为放缓。共有537家公路货运企业参与了调查预测二季度业务量情况，14.7%的企业认为业务量加快，49%的企业认为持平，36.3%的企业认为放缓。共有98家航运企业参与了调查预测二季度业务量情况，15.3%的企业认为业务量加快，49%的企业认为持平，35.7%的企业认为放缓。共有42家港口企业参与了调查，预测二季度业务量情况，31%的企业认为业务量加快，52.4%的企业认为持平，16.6%的企业认为放缓。

(二)2019年上半年交通运输经济运行趋势预测

根据一季度我省交通运输经济运行分析及交通运输部开展的景气情况调查数据，经综合分析预测，2019年上半年我省交通运输经济仍将延续平稳运行态势，投资规模保持高位运行，但稳增长压力加大，新开工项目难度加剧。营业性客运量继续下降，但降幅进一步收窄，城乡公交出行量逐步提高。营业性货运量保持增长，公路运输在长距离大宗物资运输的比例降低，公转铁、公转水取得初步成效，运输质量不断提升。

——公路客运方面：受综合交通运输结构调整和农村客运转为公交运营等影响，预计公路客运量仍然会处于下降态势。

——公路货运方面：受"公转铁、公转水"运输结构调整，以及取消总质量4.5吨及以下普通货运车辆道路运输证造成的运力下降的影响，预计公路货运的增速将会出现一定程度放缓。

——水路货运方面：预计港口吞吐量保持增长态势，水路货运将会保持平稳增长。

——交通固定资产方面：预计公路建设投资将持平或呈小幅增长态势，水运固定资产投资将继续维持较快增长。

九、下一阶段重点工作

(一)加大重点项目协调力度

加大在建重点项目工程进展情况的调度和督查；积极协调自然资源部门尽快解决重点项目在土地报批工作中的重点和难点问题，为重点项目的顺利推进创造条件。

(二)加强交通运输行业统计监测

2019年下半年将进行新一轮的道路货物运输量专项调查，制定新的运输量统计方案。扎实做好行业统计基础数据整理收集工作，为公路运输量统计工作夯实基础。强化经济运行主要指标月度监测，逐渐完善交通运输经济运行监测体系。拓展交通运输监测指标，将交通固定资产投资完成情况、交通流量情况、港口生产情况等纳入监测指标体系，更好服务交通运输经济运行分析工作。

(三)进一步加强港口经营管理

进一步巩固非法码头整治成果。加快推进港口规划修订、调整工作，优化港口布局和岸线利用规划。抓住交通运输结构调整的机遇，加快港口资源整合，集约利用岸线等港口资源。鼓励支持公用码头、专业化泊位建设。加强港口经营管理，维护港口经营秩序。

（四）深入推进运输结构调整

积极推进大宗货物运输“公转铁”“公转水”，大力发展多式联运，强化公路货运治理行动。启动城市绿色配送等行动，持续培育运输结构调整内生动力。充分发挥水运大容量节能优势，大力发展集装箱江海直达运输，支持沿江港口开辟沿海及近洋航线，打造支线班轮运输网络。支持港口企业延伸服务范围，加快内陆“无水港”建设。

（五）促进长三角区域合作发展

加强省际通道互联互通项目衔接，协调推动断头路、断头航道建设。加快长三角地区港航一体化发展，协同推进长三角内河高等级航道网建设。加强长三角区域的交通运输数据资源共享与开放，促进交通运输行业科技成果、标准的共享和推广应用。深入开展交通运输行业联合执法，推进区域治超和港口经营市场联合执法，净化交通运输市场。研究取消省界收费站，加强收费服务一体化建设。

（来源：http://jtt.ah.gov.cn/public/21701/116564751.html）

≫ 简析：这是一篇内容详实、层次清晰的交通运输领域的专项经济活动分析报告（篇幅所限，有所删减）。前言部分概述了××省 2019 年第一季度交通运输经济运行的总体情况；主体部分首先从六个方面对 2019 年第一季度全省交通运输经济运行情况进行了具体全面的总结分析，其次剖析了存在的主要问题，再次预测了××省 2019 年上半年交通运输经济运行趋势，最后提出下一阶段工作重点。文中综合应用对比分析法、因素分析法、预测分析法等多种分析方法，令人信服。

第四节　可行性研究报告

一、可行性研究报告的概念

可行性研究报告是通过对某一项目的主要内容和配套条件，从经济、技术、生产、供销、法律、社会效应等多方面进行具体调查、研究、分析，从而判断项目是否可行以及如何建设，确定最佳方案和最佳时机，为项目投资者的最终决策提供科学依据的文书。可行性研究报告，又叫可行性论证报告、可行性分析报告。

二、可行性研究报告的特点

（一）综合性

虽然各类可行性研究报告的内容及侧重点因行业不同而差异很大，但一般都应包括投资必要性、技术可行性、财务可行性、组织可行性、经济可行性、社会可行性等方面的分析评价，且分析方法涵盖了静态分析和动态分析、定性分析和定量分析、宏观分析和微观分析等，具有全面性和综合性特征。

(二)科学性

可行性研究报告是项目立项的决策依据,其结论要建立在科学严密的分析论证基础之上,经得起时间的考验。

(三)时效性

可行性研究报告强调现实实用性,报告的编写要求及时而迅速。

三、可行性研究报告的种类

(一)按报告的决策阶段划分

可分为机会可行性研究报告(最初阶段研究)、初步可行性研究报告(前期研究)和可行性研究报告(最终技术经济可行性研究)。此类报告主要用于大中型项目的研究分析。

(二)按报告的内容性质划分

可分为科学研究型可行性研究报告、技术开发型可行性研究报告、项目建设型可行性研究报告等。

四、可行性研究报告的写作

可行性研究报告通常都是独立成册上报的。它的一般格式包括:封面(题目、项目名称、承担单位、单位负责人、项目负责人、起止日期),摘要,目录,图表清单,术语表,前言,主体,结论和建议,参考文献,附件。下面主要介绍标题、前言、主体、结论和建议、附件的写作要领。

(一)标题

1.单位名称+项目名称+文种

【例】 ××省××市电子信息产业园项目可行性研究报告

2.事由+文种

【例】 关于进一步开发老年服装市场的可行性分析报告

(二)前言

主要是概括地介绍可行性研究报告的来龙去脉及其重要内容,包括项目提出背景,拨款的必要性及项目的战略意义或经济意义,研究工作的依据,采用的主要方法,得出的主要结论等。

(三)主体

可行性研究报告的主体,是结论和建议赖以产生的基础。要求以系统分析为主要方法,以经济效益为核心,围绕影响项目的各种因素,运用大量的数据资料,以论证拟建项目是否可行,或对各种预选项目的方案进行分析、比较、论证和预测,从而说明拟立项目的必要性、可行性。

项目立项可行性论证的目的，无非是为决策提供科学依据。以企业拟上马项目为例，一般来说，论证要从九个方面进行：①需要预测和拟建的规模；②资源、原材料、燃料及公用设施情况；③建厂条件和厂址方案；④设计方案；⑤环境保护、劳动保护与安全防护；⑥企业组织、劳动定员和人员培训；⑦工程实施进度；⑧投资估算和资金筹措；⑨经济效益与社会效益。对于不同项目的可行性研究报告，以上各项内容应有所侧重或增减。

（四）结论和建议

当项目的可行性研究完成了所有方面的分析之后，应对整个可行性研究提出综合性的评价、结论，指出优、缺点，提出建议。

（五）附件

为了说明结论，往往还需要一些附件，例如试验数据、论证材料、计算图表、附图等，以加大可行性报告的说明力度。

【例】

××康养中心建设项目可行性研究报告大纲

第一章　××康养中心建设项目总论

1.1　项目概况

1.2　项目建设单位基本情况

1.3　编制依据及研究范围

1.4　主要经济技术指标

1.5　结论与建议

第二章　××康养中心建设项目建设背景及必要性

2.1　项目建设背景

2.2　项目建设必要性

第三章　××康养中心建设项目市场分析

3.1　老年群体消费行为分析

3.2　老龄服务业的消费需求潜力分析

3.3　××市养老服务市场分析

3.4　项目市场前景广阔

第四章　××康养中心建设项目建设区位分析

4.1　项目选址

4.2　项目区域概况

第五章　××康养中心建设项目运营方案

5.1　项目定位

5.2　产品规划

5.3　老年公寓介绍

5.4　管家式服务体系介绍

第六章　××康养中心建设项目建设规划

6.1　项目建设规模及内容

6.2　功能分区

第七章　××康养中心建设项目总图工程

7.1　总图布置

7.2　总图建筑工程

7.3　单体建筑设计

7.4　结构设计

第八章　××康养中心建设项目公共辅助工程

8.1　给排水

8.2　供电

8.3　暖通设计说明

8.4　无障碍设计

8.5　消防设计

第九章　××康养中心建设项目环境影响评价

9.1　编制依据

9.2　施工期污染物的识别

9.3　项目施工期环境影响分析及治理措施

9.4　项目运营期环境影响分析及治理措施

9.5　绿化措施

9.6　环境影响评价

第十章　××康养中心建设项目消防方案

10.1　设计依据

10.2　消防措施

第十一章　××康养中心建设项目节能方案

11.1　编制依据

11.2　节能概述

11.3　节能措施

第十二章　××康养中心建设项目组织管理

12.1　项目管理

12.2　组织结构和劳动定员

第十三章　××康养中心建设项目招标管理

13.1　招标方案编制原则

13.2　招标原则

13.3　招标范围

13.4　招标组织方式

第十四章　××康养中心建设项目建设进度

14.1　建设周期

14.2　实施进度安排

第十五章　××康养中心建设项目投资估算与资金筹措

15.1 编制依据

15.2 估算范围

15.3 投资估算

15.4 资金筹措

15.5 资金使用与管理

第十六章　××康养中心建设项目财务分析

16.1 财务估算与评价依据

16.2 主要财务数据预测

16.3 财务评价

16.4 主要经济技术指标表

第十七章　××康养中心建设项目效益分析

17.1 经济效益

17.2 社会效益

17.3 生态效益

第十八章　××康养中心建设项目风险及控制

18.1 经营风险及控制

18.2 财务风险及控制

18.3 市场风险及控制

18.4 政策风险及控制

第十九章　××康养中心建设项目结论与建议

19.1 结论

19.2 建议

附表

（来源：https://www.meipian.cn/1gkk3ikp）

≫ 简析：这是一篇可行性研究报告大纲，虽未见全貌，但结构主干清晰可见，为写作可行性研究报告提供了较好的思路与框架。报告围绕××康养中心建设项目，从项目建设背景及必要性、项目市场分析、项目环境影响评价、项目组织管理、项目建设进度、项目财务分析、项目风险及控制等多个层面和角度进行分析与论证，结构完整、条理清晰，为项目投资决策提供了科学依据。

综合实训

一、判断题

1. 投标文书应具有公开性和竞争性特点。（　　）

2. 投标书的内容是按照招标书提出的要求和条件而写，内容上具有很强的针对性。（　　）

3. 以给付义务是否由双方当事人互付为标准，合同分为有偿合同与无偿合同。（　　）

4. 根据情况，合同中可以用“你方”“我方”“他方”来指代当事人。（　　）

5. 标的是合同当事人权利义务所共同指向的对象，是合同的基本条款。（　　）

6. 招标书是一种告知性文件，它一般通过大众传媒向社会公开，因此也称作招标广告。（　　）

7. 撰写经济活动分析报告所遵循的内在结构思路是“提出问题—分析问题—解决问题”。（　　）

8. 可行性研究报告是项目开发的决策依据，其结论要建立在科学严密的分析论证基础之上。（　　）

二、改错题

指出下面合同存在的问题并加以修改。

建筑工程合同

××建筑公司生产科（乙方）

××食品公司第四车间（甲方）

甲方委托乙方建造厂房一座，为使工程顺利完成，经双方协议，订立本合同。

1. 工程名称：第四车间厂房。
2. 由乙方全面负责建造。
3. 甲方委托乙方建造东厂房一座。全部建造费用共计855000元。
4. 甲方在订立合同后先交一部分建造费用。
5. 其余在厂房建成后抓紧归还所欠部分。
6. 工期待乙方筹备就绪后立即开始。
7. 力争九月中旬开工。
8. 力争明年二月份左右完工。
9. 建筑材料由乙方全面负责筹备。
10. 本合同一式四份，双方各一份，各自上级单位备案一份。

立合同人：××食品公司第四车间（公章）　　主任：××（私章）

××建筑公司生产科（公章）　　科长：××（私章）

2019年8月1日

三、评析题

阅读下面案例，你了解“定金”与“订金”的区别吗？这些案例提醒我们在拟写及签订合同时应注意些什么？

以案说法：“定金”和“订金”有什么区别？如何正确认识？

“定金”与“订金”纠纷，是我们日常生活中最常见的消费纠纷。读法一样，法律含义却截然不同，很多人无法正确区分。

今天，××律所合同纠纷律师团，就带您一起了解下。

案例一

李某通过朋友介绍，找到从事服装定制的王某，想要定制一套西装。经过协商，双方约定西装定制价格为5000元。由于为朋友介绍，王某象征性收取了李某200元订金，并开具了单据且注明了西装总价及订金。后李某中途表示不需要定制了，订金就作为辛苦费不要了。王某表示不同意，表示西装已经接近制作完成，要求李某按时付款收取西装。双方协商不一致，诉至法院。

案例一解析

1.订金是否可以退还？

订金属于单方行为，不管哪一方原因造成不能继续履行合同，给付订金一方都可以主张全额返还。

在案例一中，虽然李某明确表示不用退还订金，但也可以要求对方退还订金。

2.王某的诉求是否能得到支持？

虽然订金可以全额主张，但不代表不需要承担违约责任。如果给对方造成损失的，对方同样可以要求赔偿损失。反之一样。

在案例一中，王某已经接近履行完协议，可以就李某因违约所造成的损失，要求李某进行赔偿。

案例二

张某需要装修新房，于是找到某家具店老板杨某。双方经过协商，签订家具定制合同，约定家具总价10万，张某支付定金3万。后张某离开家具店回到车上时，其妻子打来电话，告知家具已找人定制，无需再找。张某回到家具店，要求家具店杨某退还定金，被杨某拒绝，于是张某诉至法院。

案例二解析

1.定金是否可以退还？

定金是自愿约定的一种担保形式，是承担违约责任的方式之一，无论哪一方违约，均需要承担违约责任：若支付定金方违约，其支付的定金不予返还；若收取定金一方违约，则需要承担双倍返还定金的责任。

2.张某的诉求是否能得到支持？

定金的成立必须满足：

(1)最高不超过合同总金额的20%；

(2)约定的方式必须是书面形式(聊天记录、合同协议)；

(3)支付定金方已经实际交付了定金款项；

(4)必须明确约定为定金。

在案例二中，张某与对方签订的合同总金额为10万，支付了3万定金，按照合同标的20%计算，可以退还1万。

定金与订金的区别

为了方便大家更直观地认识，我们以简单、直接的方式解读。

1.约定双方均不存在损失的情况

(1)订金可以退还；

(2)支付定金方违约，定金不支持退还，但最高不超过合同标的额的20%；

(3)收取定金方违约,需双倍返还定金。

2.其中一方存在损失的情况

(1)无论是"定金"还是"订金"的约定方式,若因其中一方违约,造成对方损失,均需要赔偿对方的实际经济损失;

(2)约定为"订金"的方式,实际损失数额与交付订金的差额(可参考下一条)。

3.定金和实际损失可以并用,但赔偿总和不应高于因违约造成的实际损失

《最高人民法院关于审理买卖合同纠纷案件适用法律问题的解释》第二十八条规定,在合同约定的定金不足以弥补守约方实际损失情况下,二者可以并用,但定金和赔偿损失的数额总和不应高于因违约方违约造成的损失。

简单理解:

若因支付定金方违约造成对方实际损失超过约定定金数额(合同标的的20%),应在定金折抵损失后,就超出定金数额的部分进行赔偿;

若因收取定金方违约,造成对方实际损失超过约定定金数额,需双倍返还定金后,就超出定金数额部分进行赔偿。

(来源:https://xw.qq.com/cmsid/20210325A07WJZ00)

四、写作题(要求:主旨明确,结构合理,语言得体,格式规范)

1.某大型超市想在你所在的大学附近开一家连锁店,请代拟一份可行性研究报告,全面深入地分析一下其赢利的概率和风险。

2.请根据以下材料,以××市××房地产公司的名义,拟写一份工程设计招标书,具体内容可合理想象。

××市××房地产公司经上级批准,准备新建××大厦。建筑面积××平方米,建筑地点在××区××路。有意工程设计者请于××年××月××日到××房地产公司报名,参加资格预审等。联系人:××先生。联系电话:×××××××。

第七章

社交礼仪文书写作

“礼”，本谓敬神，引申为表示敬意的通称；“仪”，既指仪式，亦指礼节。“礼仪”是礼节和仪式的总称。社交礼仪文书是人们在人际交往过程中所使用的用于表达礼节、沟通感情的具有固定格式的应用文书。我国素有礼仪之邦的美誉，随着社会文明的不断发展，国家之间、组织之间、个人之间的交往越加密切，礼仪问题越来越受到党政机关、企事业单位、社会团体等各类社会组织和人员的重视，社交礼仪文书的使用也越来越普遍。

第一节 请柬 聘书

※ 请 柬

一、请柬的概念

请柬，又称“请帖”，是邀请单位或个人参加会议、庆典等活动时所使用的一种告知性礼仪文书。发送请柬，一方面表示邀请者对被邀请者的尊敬和重视，另一方面也表明活动的正式。

二、请柬的特点

（一）正式性

请柬一般表示举办的会议或活动意义重大、内容重要、形式庄重，因此具有正式性。

（二）通达性

请柬的柬文写作要通顺明白、准确无误、庄重得体。

（三）美观性

请柬的装帧要尽量美观大方，以示对被邀请者的尊重和诚意。

三、请柬的种类

(一)按载体划分

一般可分为纸质请柬、电子请柬。纸质请柬又可分为单面请柬和折叠式请柬等,电子请柬则包括微信请柬、短信请柬、二维码请柬等。

(二)按用途划分

一般可分为会议类请柬、典礼仪式类请柬、展览类请柬、宴会类请柬等。

四、请柬的写作

请柬有横式、直式两种,一般由以下几个部分组成:

(一)封面

在封面(正面)居中写或印制"请柬"二字,字号要略大,要醒目美观。普通请柬可以将"请柬"二字和正文合在同一面上。

(二)称谓

首行顶格写被邀请的单位名称或个人的姓名。个人姓名后应加相应的尊称,如"先生""女士""老师""教授"等。发给长辈的请柬可以省略姓名,直接写称谓,如伯父、伯母、舅父、舅母等。

(三)主体

写清邀请的目的、活动内容、时间、地点及应注意的一些问题。为了便于被邀请者赴会,有的还应注明抵达方式、接送安排等。

(四)结尾

通常写"敬请光临""敬请莅临"或"敬请光临指导"等表示欢迎、恭敬的词语。

(五)落款

写明邀请者的名称和发出邀请的日期。

【例】

请　柬

尊敬的××总经理:

兹定于2019年1月20日上午9:00在北京市××大厦三楼多功能厅举办"2018年××画展"颁奖仪式,敬请您的莅临指导,并为获奖人员颁奖。

××组委会

2019年1月10日

请您注意以下事项：

1. 颁奖仪式时间：2019 年 1 月 20 日上午 9:00 至 10:00。请您提前 10 分钟入场。

2. 颁奖仪式地点：北京市××大厦三楼多功能厅(××区××路××号)。

3. 届时组委会将为各位嘉宾准备精美的礼品和丰盛的午餐，请您携带请柬签到入场。

≫ 简析：这份请柬用简洁明晰的语言告知了活动的时间、地点、主题。值得一提的是，请柬注明了具体的注意事项，体现出主办方的细致严谨以及对被邀请者的尊重体贴。

※ 聘　书

一、聘书的概念

聘书，又称"聘请书"，是聘请某些有专业特长或名声威望的人担任某项职务或承接某项工作时所使用的文书。

二、聘书的特点

(一)严肃性和规范性

聘书一旦发出，双方都将承担着特定的法律责任，不到期满，任何一方都不得随意中止聘用关系。除非有特殊的原因，才能以除名或辞职的方式中止这种关系。因此，聘书的制作和发送是件严肃的事情，要合法而规范。

(二)凭据性

聘书是受聘者上岗工作的凭证和保护自己工作权利的依据。当然，它也是用人单位衡量受聘人员是否履行职责、完成任务的依据。如果双方发生纠纷，聘书也是依法解决的重要证据。

(三)明确性

聘书要写明聘谁、担任何职、工作要求和聘用期限等，不能含糊其辞。

三、聘书的种类

(一)临时聘请书

这是一家单位在工作、生产、科研活动中，因为自身力量不足，需要聘请外单位有关人员承担某个职务或某项工作时而使用的凭证。任务完成后，聘请书即告失效。

(二)正式聘请书

一般在实行聘任制的单位中使用。这种聘请书又包括专业技术职务聘书和聘约书。

四、聘书的写作

（一）标题

首页或内页正中写或印制“聘书”或“聘请书”字样。

（二）称谓

首行顶格写被聘者的姓名，也可在正文中写明被聘者的姓名称呼。如“兹聘请××老师为……”。

（三）主体

主要交代聘请的原因，聘任的职务或工作，聘请的期限，聘请的待遇等。

（四）结尾

在主体后面写上表示敬意、祝颂或希望的话语，也可省略。

（五）落款

署上聘请单位名称、发文日期并加盖公章。

【例 1】

聘请书

兹聘请××局长为我院档案学专业本科生校外实习指导老师，指导学生的暑期社会实践及毕业实习工作。聘期 3 年，自 2019 年 3 月 1 日至 2022 年 3 月 1 日。

此聘

××大学××学院（印章）

×年×月×日

» 简析：这则聘书明确交代了被聘请者所担任的职务、所需完成的工作以及聘用期限，语言简洁明了，落款完整。

【例 2】

教师岗位聘书

甲方：____________聘任单位（章）________年________月________日

乙方：____________应聘人员（签字）________年________月________日

根据《××县中小学教师职工聘任办法》，经双方协商，特订立如下聘约：

一、甲方聘任乙方____________职务，聘期从________至________。

二、任职期满前，甲方根据需要和乙方在任职期间的实绩，提出连聘或解聘意见，并通知乙方。

三、乙方应履行的具体职责：____

四、甲方保证乙方在任职期间内，按照有关规定领取相应的工资和待遇。

五、甲方有聘任和解聘的权利，乙方有应聘和辞聘的权利。但双方都不得随意终止聘约。如有特殊情况要提前解聘或辞聘，须双方协商同意后，报请主管部门批准。

六、具有以下情况之一者，可以解除聘约。

1.违反国家政策法规，受开除处分的人员；

2.工作严重失职，造成重大损失或属于一般事故而很少改进的人员；

3.拒绝接受组织分配，屡犯校规校纪者；

4.在一年内，病、事假累计达六个月，聘任时仍不能正常工作的人员；

5.不能完成规定工作量的人员；

6.连续旷工七天或全年累计旷工十四天的人员。

七、甲方对乙方在聘任期内的业务水平、工作态度、工作成绩和任务执行情况等，要进行定期和不定期的考核，考核结果记入业务档案，作为奖惩和能否连聘的依据。

八、甲乙双方在执行聘约期间发生争议，主管部门予以仲裁。

九、本聘约自签订日起有法律效力。

（来源：http://www.ruiwen.com/gongwen/pinshu/447043.html）

≫ 简析：这则聘书采用分条列项形式，向被聘用者说明了聘用职位、聘期、双方各自权利义务职责、解聘条件等事宜，对彼此起到了约束作用。不足之处是有些措辞较为含糊、表意不清，如“属于一般事故而很少改进的人员”。

第二节　答谢词　祝贺词　迎送词

※　答谢词

一、答谢词的概念

答谢词是指在特定的礼仪场合（如宴会、招待会）宾客对主人的热情款待和帮助表示谢意时所使用的致辞。

二、答谢词的特点

（一）真挚性

既然是答谢，就应该真挚坦诚，而非矫揉造作、虚情假意。

（二）适度性

致辞不宜妄加评论、说三道四。在答谢评价对方时要恰如其分，不可故意拔高，以免适得其反。

（三）精练性

致辞应注意所处的特定场合，语言应言简意赅，切忌冗长。

三、答谢词的种类

依据不同的致谢缘由和致谢内容，答谢词可划分为两个基本类型：

（一）谢遇型答谢词

“遇”，指招待、款待。谢遇型答谢词，即用来答谢别人的招待的致辞。它既可用于欢迎仪式、会见仪式上，与欢迎词相应，也可用于欢送仪式、告别仪式上，与欢送词相应。

（二）谢恩型答谢词

“恩”，指受到的好处，即别人的帮助。谢恩型答谢词，即用来答谢别人的帮助的致辞。它常用于捐赠仪式或某种送别仪式上。例如，2008 年汶川地震的灾民代表在接受各地捐赠物品的仪式上就使用了这种答谢词。

四、答谢词的写作

（一）标题

直接写“答谢词”三个字，也可在其前面加上致辞人姓名、职务、致辞场合。

【例】 ××总经理在员工培训基地签约酒会上的答谢词

（二）称谓

标题下一行顶格写被答谢人的姓名、头衔，既可以是广泛对象，也可以是具体对象。称呼要友好亲切，常在称呼前加上“尊敬的”“亲爱的”之类的修饰语。

（三）主体

大体包括对对方的盛情表示感谢，对对方的情况及成就作介绍和评价，就双方共同关心的问题表达自己的观点和态度，展望双方广阔的合作前景等。

（四）结尾

再一次用简短的语言表示感谢。

（五）落款

署名并标注时间。

【例】

韩方明在柬埔寨大学名誉外交学博士学位授予仪式上的答谢词

长夜将尽，朝阳初升。新冠肺炎疫情让今天的典礼无法跨越国境，握手叙好，但此刻，借助互联网，我们彼此已可“看见”。以这样的方式远程接受高金洪校长亲授的柬埔寨大学名誉外交学博士学位，这恰恰是中柬两国两千多年友好交往史的一个注脚，是慈悲的佛陀映照在洞里萨湖的一缕佛光，指引我们不断“看见”。

看见表象之下的恒定，看见此刻无比的庄严，亦看见“高棉的微笑”和东方智慧的连绵，指引着世间放下争执，拥抱和平。方明深知，大地所育，终归大地。谨对各位决定授予我学位的校董和教授委员会成员表示深挚和诚恳的谢意。

有一些地方，轻轻邂逅一次，便常驻心底。柬埔寨，便是这样留存在我心间的国度。这里土地肥沃，雨量充沛，民风淳朴，对华友好，从扶南国历千年而降，于今为盛。柬埔寨作为东西方交汇的贸易中心，于扶南时期便已开启，及至吴哥王朝已开创东方文明的新辉煌。在我国元人周达观的《真腊风土记》里，我们见证了吴哥城的宏大与精美，而那些远去的黄金时代光荣和伟大尤在激励着今天的柬埔寨王国人民砥砺前行。

没有疫情的那些年，我曾多次踏足柬埔寨，每一次的到访都让我感受到柬埔寨王国文明的厚重和伟大。在这里，我感受过“初日照高林”的朝气，听见过“清泉石上流”的悠然，为巴戎寺佛像里融为一体的菩萨之慈和、金刚之雄健深深着迷。我由衷地坚信，在如此伟大的哲学和宗教传统里，柬埔寨人民对体面而有尊严生活的追求，对安康与安宁兼具时光的向往，必将重现。

中柬两国都曾经历过辉煌与苦难，喧嚣与流离，见证过百年浮沉，风雨苍黄。然而，柬埔寨从来就是一个开放和从容的国度，曾经沉睡四百年的吴哥窟早已告诉世界，不同的文明于此融汇，世人皆能以个体的视角寻觅自己的信仰归宿。这便是柬埔寨能够从颠沛流离中再度屹立的伟大底蕴，一千个人心中有一千种“高棉的微笑”，而在我的心中，这微笑不啻于是对这片神奇土地的期许，是心中的“莲花处处开”。一花一净土。我愿意为这微笑，为这期许，为这净土，为两国千年的友好做一名“花农”，成一名使者，与诸位一起“看见”心中所见，再现“富贵真腊”。

湄公河畔，华灯不绝。起源于青海唐古拉山的澜沧江，流经西藏、云南，穿越高山峡谷，一入印度支那半岛化身湄公河，滋润了洞里萨河与洞里萨湖两岸的肥沃。中柬两国的友谊便如湄公河一般，长流不息；我祈愿我们两国和人民的互信，更如吴哥的古树一样，历久常青。

《左传》云，“亲仁善邻，国之宝也”。让我们互相视为珍宝，宣德化、柔远人，共同为国人的福祉、为世界的和平赓续努力。再次感谢授予我名誉外交学博士学位，这是我个人和家族的荣耀，也是我服务的机构察哈尔学会和效忠的国家——中国的光荣！

（来源：http://www.charhar.org.cn/newsinfo.aspx?newsid=16362）

≫ 简析：2021 年 1 月 15 日下午，柬埔寨大学年度毕业典礼在柬埔寨首都金边东南亚电视台大礼堂隆重举行。柬埔寨王国友谊合作勋章获得者韩方明博士（现任全国政协外事委员会副主任、外交与国际关系智库察哈尔学会主席）获颁柬埔寨大学荣誉外交学博士学位，本文是其在学位授予仪式上的答谢词。全篇首先对新冠肺炎疫情背景下以远程方式参加博士学位授予典礼进行了特别的解读，表达了诚挚的谢意；然后回顾了柬埔寨的辉煌历史文明以及自身与柬埔寨的渊源；接着祈愿中柬两国的友谊万古长青；最后是美好的期许与再次的感谢。答谢词用语考究，情真意切，符合正式场合礼仪要求。

※　祝贺词

一、祝贺词的概念

祝贺词是祝词与贺词的合称，二者都是泛指对人、对事表示祝贺的言辞和文章，它们都富于强烈的感情色彩，针对性、场合性也很强。祝词和贺词在某些场合可以互用，如祝寿也可以说贺寿，祝事业的祝词常常也兼有贺词的意思。

二、祝贺词的特点

(一)多样性

祝贺词种类繁多，风格多样。应根据不同的场合和目的选择不同的祝贺词。

(二)真挚性

祝贺词要求感情真挚，对对方表示激励和鼓舞，展现出向上的一面。

(三)恰当性

祝贺词要切合身份，不能逾越了一般礼仪，不可使用不敬或者不切场合的词语。

三、祝贺词的种类

(一)按祝贺的内容划分

可以分为祝事业、祝酒、祝寿、祝婚、祝节日等类型。

(二)按表达形式划分

可以分为韵文(诗、词)体和散文体两种类型。

四、祝贺词的写作

(一)标题

既可以直接写“祝贺词”“祝词”“贺词”，也可以在其前面加上致辞人姓名、职务、致辞场合。

【例】　××市长在××市××晚宴上的祝贺词

(二)称谓

在标题之下第一行顶格书写。另外，要注意称呼的先后顺序和亲切感。

（三）主体

这部分写法比较灵活，针对不同的祝贺对象、不同的祝贺动机，写出相应的祝贺内容。但总的来说，大体应包含下面几层意思：向受祝贺的单位或人员表示祝贺、感谢或问候，说明写祝贺词的理由或原因，对对方已取得的成就进行适当评价。

（四）结尾

再次表示祝愿、希望、祝贺，也可给被祝者以鼓励。

（五）落款

署名并标注时间。如果在标题部分已注明，此处可省略。

【例】

2021年新年贺词

国家主席　习近平

大家好！2021年的脚步越来越近，我在北京向大家致以新年的美好祝福！

2020年是极不平凡的一年。面对突如其来的新冠肺炎疫情，我们以人民至上、生命至上诠释了人间大爱，用众志成城、坚忍不拔书写了抗疫史诗。在共克时艰的日子里，有逆行出征的豪迈，有顽强不屈的坚守，有患难与共的担当，有英勇无畏的牺牲，有守望相助的感动。从白衣天使到人民子弟兵，从科研人员到社区工作者，从志愿者到工程建设者，从古稀老人到“90后”“00后”青年一代，无数人以生命赴使命、用挚爱护苍生，将涓滴之力汇聚成磅礴伟力，构筑起守护生命的铜墙铁壁。一个个义无反顾的身影，一次次心手相连的接力，一幕幕感人至深的场景，生动展示了伟大抗疫精神。平凡铸就伟大，英雄来自人民。每个人都了不起！向所有不幸感染的病患者表示慰问！向所有平凡的英雄致敬！我为伟大的祖国和人民而骄傲，为自强不息的民族精神而自豪！

艰难方显勇毅，磨砺始得玉成。我们克服疫情影响，统筹疫情防控和经济社会发展取得重大成果。“十三五”圆满收官，“十四五”全面擘画。新发展格局加快构建，高质量发展深入实施。我国在世界主要经济体中率先实现正增长，预计2020年国内生产总值迈上百万亿元新台阶。粮食生产喜获“十七连丰”。“天问一号”“嫦娥五号”“奋斗者”号等科学探测实现重大突破。海南自由贸易港建设蓬勃展开。我们还抵御了严重洪涝灾害，广大军民不畏艰险，同心协力抗洪救灾，努力把损失降到了最低。我到13个省区市考察时欣喜看到，大家认真细致落实防疫措施，争分夺秒复工复产，全力以赴创新创造，神州大地自信自强、充满韧劲，一派只争朝夕、生机勃勃的景象。

2020年，全面建成小康社会取得伟大历史性成就，决战脱贫攻坚取得决定性胜利。我们向深度贫困堡垒发起总攻，啃下了最难啃的“硬骨头”。历经8年，现行标准下近1亿农村贫困人口全部脱贫，832个贫困县全部摘帽。这些年，我去了全国14个集中连片特困地区，乡亲们愚公移山的干劲，广大扶贫干部倾情投入的奉献，时常浮现在脑海。我们还要咬定青山不放松，脚踏实地加油干，努力绘就乡村振兴的壮美画卷，朝着共同富裕的目标稳步前行。

今年，我们隆重庆祝深圳等经济特区建立40周年、上海浦东开发开放30周年。置身春潮涌动的南海之滨、绚丽多姿的黄浦江畔，令人百感交集，先行先试变成了示范引领，探索创新成为了创新引领。改革开放创造了发展奇迹，今后还要以更大气魄深化改革、扩大开放，续写更多“春天的故事”。

大道不孤，天下一家。经历了一年来的风雨，我们比任何时候都更加深切体会到人类命运共同体的意义。我同国际上新老朋友进行了多次通话，出席了多场“云会议”，谈得最多的就是和衷共济、团结抗疫。疫情防控任重道远。世界各国人民要携起手来，风雨同舟，早日驱散疫情的阴霾，努力建设更加美好的地球家园。

2021 年是中国共产党百年华诞。百年征程波澜壮阔，百年初心历久弥坚。从上海石库门到嘉兴南湖，一艘小小红船承载着人民的重托、民族的希望，越过急流险滩，穿过惊涛骇浪，成为领航中国行稳致远的巍巍巨轮。胸怀千秋伟业，恰是百年风华。我们秉持以人民为中心，永葆初心、牢记使命，乘风破浪、扬帆远航，一定能实现中华民族伟大复兴。

站在“两个一百年”的历史交汇点，全面建设社会主义现代化国家新征程即将开启。征途漫漫，惟有奋斗。我们通过奋斗，披荆斩棘，走过了万水千山。我们还要继续奋斗，勇往直前，创造更加灿烂的辉煌！

此时此刻，华灯初上，万家团圆。新年将至，惟愿山河锦绣、国泰民安！惟愿和顺致祥、幸福美满！

谢谢大家！

（来源：https://www.fmprc.gov.cn/web/ziliao_674904/zyjh_674906/t1843858.shtml）

≫ 简析：2020 年 12 月 31 日 19 时，国家主席习近平通过中央广播电视总台和互联网发表了 2021 年新年贺词。贺词首先对大家致以新年的祝福；然后回顾了 2020 年我国从团结抗疫到脱贫攻坚等取得的一系列伟大成就；接着指出 2021 年是中国共产党百年华诞，坚持党的领导，永葆初心、牢记使命一定能实现中华民族伟大复兴，再创辉煌；最后是美好的祝愿。全篇振奋人心，金句迭出，给每一位中国人以温暖、感动和力量，如：“平凡铸就伟大，英雄来自人民。每个人都了不起！”“艰难方显勇毅，磨砺始得玉成。”“大道不孤，天下一家。”

※ 迎送词

一、迎送词的概念

迎送词是欢迎词和欢送词的总称。它是客人光临或离别时，主人为表示热烈欢迎之意或依依惜别之情在座谈会、宴会、酒会等场合发表的热烈友好的讲话。

二、迎送词的特点

（一）真挚性

对于欢迎词而言，用语务必富有激情和表现出致辞人的真诚，只有这样才可给客人一种宾至如归的感觉；而欢送词要表达对客人离别时的感受，依依惜别之情要溢于言表。公务交往应尤其注意把握好分别时所用言辞的分寸，格调不宜过于低沉。

（二）口语化

迎送词是现场当面向宾客口头表达的，可以选择较为生活化的语言，拉近主人同来宾的关系。

三、迎送词的种类

（一）按表现方式划分

可以分为现场讲演迎送词和报刊等发表迎送词。

（二）按社交性质划分

可以分为私人交往迎送词和公事往来迎送词。

四、迎送词的写作

（一）标题

既可以直接写“欢迎词”或“欢送词”三个字，也可以在其前面附加致辞人姓名、职务、致辞场合。

（二）称谓

在标题之下第一行顶格书写。一般要在姓名前冠以“尊敬的”等修饰语，在后面加上职务头衔，或加“先生”“女士”等称呼。

（三）主体

1.欢迎词主体内容　一是表达欢迎之意，写明致辞者在什么情况下，代表谁向宾客表示欢迎；二是介绍宾客的主要情况，如领导职务、工作成绩、学术造诣等。既可以叙写宾客来访的意义、作用，也可以回忆国家之间、组织之间、个人之间友好交往的历史等。

2.欢送词主体内容　一是表达欢送之意，写明致辞者在什么情况下，代表谁向宾客表示问候和欢送；二是简要回顾欢送对象来访情况、取得的成果等；三是展望双方未来的合作关系，或者对对方提出希望、要求等。

（四）结尾

结尾再一次表示感谢并表达美好的祝愿或希望，如：“我衷心地祝愿大家访学期间身体健康！学习进步！生活愉快！”“祝同学们一路顺风！前程似锦！”

（五）落款

署名并标注时间。如果在标题部分已注明，此处可省略。

【例 1】

在中巴建交 70 周年招待会上的致辞

国家副主席　王岐山

莫因·哈克大使先生，

各位来宾：

大家好！很高兴出席中国和巴基斯坦建交 70 周年招待会。我谨代表中国政府，对两国建交 70 周年致以热烈祝贺，向长期致力于促进中巴友好交往的各界人士表示感谢，也对参加今天活动的各国使节和各位朋友表示欢迎！

中巴友谊源远流长，2000 多年前的古丝绸之路就已将两国人民联系在一起。从鸠摩罗什到法显、玄奘，这些高僧大德或不远万里到中国译经传教，或历经艰难远赴天竺参学受业，共同谱写了中华文明和印度河流域文明交流互鉴、友好交往的灿烂历史。

新中国建立后，巴基斯坦是最早承认中华人民共和国的国家之一。建交 70 年来，无论国际风云如何变幻，中巴两国始终坚定站在一起。我们不会忘记，在新中国打破外部封锁、恢复在联合国合法席位等重大关头，巴基斯坦都毫无保留地给予帮助。同样，在巴基斯坦捍卫领土完整和民族尊严的关键时刻，中国也从未"缺席"，毫不犹豫地提供最坚定支持。

各位来宾！

进入新时代，中巴关系乘风破浪，蓬勃发展。2015 年，习近平主席对巴基斯坦进行历史性国事访问，两国领导人将中巴关系提升为全天候战略合作伙伴关系，确立构建新时代更加紧密的命运共同体，开启了双边关系发展的新篇章。经过数年努力，中巴经济走廊建设已经结出硕果，为两国民众带来实实在在的福祉，为巴基斯坦进一步释放发展潜力奠定了坚实基础。

当前，百年变局和世纪疫情交织叠加，国际形势风云变幻。传承好、发扬好中巴全天候友谊，开展更高水平、更广范围、更深层次的战略合作，不仅符合两国和两国人民的共同利益，而且有利于本地区的持久稳定与共同繁荣。衷心期待中巴两国以庆祝建交 70 周年为契机，将中巴友好事业推向更高水平。

最后，我提议，让我们一起举杯，为中国和巴基斯坦建交 70 周年，为中巴友谊万古长青，为在座各位来宾身体健康，干杯！

（来源：https://www.fmprc.gov.cn/web/ziliao_674904/zyjh_674906/t1877646.shtml）

≫ 简析：2021 年 5 月 21 日，国家副主席王岐山在中国和巴基斯坦建交 70 周年招待会上致辞。致辞首先表达了祝贺、感谢与欢迎之意，然后追溯了中巴两国源远流长的友谊，接着对当前形势下两国之间的合作进行了展望，最后提议来宾举杯共庆。全篇层次清晰，感情真挚，为招待会现场营造了友好而热烈的氛围。

【例 2】

欢送词

尊敬的××先生：

再过两小时，您就要起程回国了。我代表×××集团公司，并受×××副部长之托，向您及您率领的代表团全体成员表示最热烈的欢送！

我们十分高兴地看到，近一个星期以来，我们双方本着互惠互让的原则，经过多次会谈，达成了四个实质性协议，取得了令人满意的成果。在此，我们对您在洽谈中表现出的诚意和合作态度深表感谢！我衷心地希望我们今后一如既往，为进一步发展我们双方的经济贸易往来而不懈努力！

我们期待着您和您的同事们明年再来这里访问。

谨致最美好的祝愿！一路顺风！

×××集团公司总经理×××

2019 年 7 月 9 日

≫ 简析：这篇欢送词首先代表相关单位与领导对来访的客人表达了真挚的欢送之情，其次简要介绍了双方取得的成果并对客人的诚意和合作态度表示感谢，最后展望了双方未来的合作关系并表达了祝愿之意。全文用语简洁，情真意切。

第三节　求职信

一、求职信的概念

求职信是求职人向用人单位介绍自己情况以求录用的专用性文书，又称“自荐信”或“应聘信”。求职信是随着社会经济的发展而产生的日常应用类文体，使用频率极高。

二、求职信的特点

（一）自荐性

写求职信目的就是推荐自己，以期成功地得到自己想要的工作岗位，所以应扬长避短，突出自我优势。

（二）针对性

求职信应针对求职单位的实际情况、用人心理及个人求职目标而写。

（三）真实性

求职信所描述的内容一定要真实可信，绝不可为了求职而造假。

（四）简要性

求职信切忌面面俱到，要突出重点，简要明确。

三、求职信的种类

（一）按求职者的身份划分

可以分为毕业生求职信，待业、下岗人员求职信，在岗者求职信等。

（二）按求职对象的情况划分

可以分为有明确单位的求职信和无确定单位的求职信。

四、求职信的写作

（一）标题

直接标明文种“求职信”“自荐信”或“应聘信”。

（二）称谓

求职信的称呼往往比一般书信的称呼更加正规礼貌，如“尊敬的××董事长（总经理）先生”“尊敬的公司领导”。称谓要顶格书写。

（三）主体

这是求职信的重点，一般应表明求职的原因和目的，介绍自己所学专业、学习成绩、工作情况、特长、志向、兴趣、性格等，尤其要注意突出自己的优势所在，最后写明希望被录用的愿望等。

（四）结尾

写上简短的表示敬意、祝愿之类的祝词。如“祝贵公司兴旺发达”“此致敬礼”等。

（五）落款

署上求职人姓名、日期。

（六）附件

如有相关辅助性材料，可在信函左下角予以注明，如“附件一：个人简介”“附件二：体检表”等。个人的联系地址与方式也可在此处标明。

【例】

求职信

尊敬的领导：

您好！

我是一名即将毕业的本科毕业生。我很荣幸有机会向您呈上我的个人资料。在投身社会之际，为了更好地发挥自己的才能，谨向各位领导作以下自我推荐。

我个性开朗活泼，兴趣广泛；思路开阔，办事沉稳；关心集体，责任心强；待人诚恳，工作主动认真，富有敬业精神。在四年的学习生活中，我很好地掌握了专业知识，学习成绩一直名列前茅。在学有余力的情况下，我阅读了大量课外书籍，并熟悉掌握了各种设计软件。美好的大学生活，培养了我科学严谨的思维方法，更造就了我积极乐观的生活态度和开拓进取的创新意识。我相信我的知识和能力正是贵单位所需要的，我真诚渴望能为贵单位的明天奉献自己的青春和热血！

求职信不是广告词，不是通行证。但我知道：一个青年人，可以通过不断的学习来完善自己，可以在实践中证明自己。尊敬的××先生/女士，如果我能喜获您的赏识，我一定会用实际行动向您证明：贵单位的过去，我来不及参与，但贵单位的未来，我愿奉献我毕生的心血和汗水！再次致以我最诚挚的谢意！

此致

敬礼！

附件：××××××××××

求职人：×××

2019 年 6 月 8 日

≫ 简析：这是一封应届大学生的求职信。正文首先表示很荣幸向求职单位作自我推荐，其次介绍了自己的基本情况，最后表达了强烈的求职愿望。全文结构框架基本合理，语气态度自信而礼貌。该文最大的问题是虽有附件作材料支撑，但正文中缺少对自己毕业的院校和专业特长等情况的基本介绍，给求职单位留下的第一印象不够清晰。

第四节　竞聘词

一、竞聘词的概念

竞聘词，又叫竞聘演讲词或竞聘讲话稿。它是竞聘者为了竞争某岗位或职位而向领导、评委和听众展示自己优势条件，介绍自己假如受聘之后的工作目标、具体构想的演讲稿。

二、竞聘词的特点

（一）针对性

竞聘词是为了取得某岗位或者是职位而作，目标明确，阐述要具有针对性、集中性。

（二）竞争性

竞聘词的内容具有强烈的竞争色彩，必须凸显人无我有、人有我优、人优我特的竞争优势。

(三)客观性

竞聘词虽然要善于扬己之长,但必须实事求是,客观公正地评价自己,切忌吹牛浮夸。

(四)条理性

竞聘词所提出的具体构想、工作策略要条理清晰,不能听起来杂乱无章,让人摸不着边际。

三、竞聘词的种类

一般按职位类属进行分类,有机关单位干部竞聘词、企业干部竞聘词、事业单位干部竞聘词等。

四、竞聘词的写作

(一)标题

1. 文种式标题

【例】 竞聘词

2. 公文式标题

【例】 关于竞聘××大学人事处处长的演讲词

3. 新闻式标题

【例】 明明白白做人　实实在在做事——××学院办公室主任的竞聘词

(二)称谓

即对评委或听众的称呼。一般用"各位评委""各位听众"或"尊敬的各位领导、同志们"等。

(三)主体

这是竞聘词的重点和核心,一般围绕以下几个方面展开:首先开门见山叙述自己竞聘的职务和竞聘的缘由,应自然亲切、干净利落;其次介绍自己的基本情况(包括年龄、政治面貌、文凭、专业、工作简历等),重点突出自己优于他人的竞聘条件,如政治素质、业务水平、工作能力等,也可简单地说明自己的劣势;最后提出自己任职后的工作目标、构想、具体打算等。

(四)结尾

用简洁的话语表明自己竞聘的决心、信心和请求。

(五)落款

署上竞聘人姓名、日期。

【例】

竞聘书

尊敬的各位领导、各位评委、老师们：

大家好！非常感谢各位领导和老师给予我这次竞职演讲的机会。此次通过公开竞聘来选拔各处室干事，必将对我园的工作起到巨大的推动作用。作为一名年青的幼教工作者，我本着锻炼、提高的目的参与这次竞聘，接受大家的挑选。

我叫×××，今年××岁，本科学历，小学一级教师。××××年毕业后，一直从事幼儿教师工作，××××年聘入我园工作至今。我十分热爱幼教工作，十分珍惜幼教岗位。多年来，我以饱满的工作热情、严谨的工作态度、扎实的工作作风、科学的幼教理念一直兢兢业业地工作在幼教第一线。在园领导和老师的帮助下，我付出了辛勤的汗水，也取得了一些成绩。借此机会我衷心地感谢在座的各位领导和老师一直以来对我的支持和厚爱。

我今天竞聘的岗位是保教干事。我认为自己竞聘这一岗位具有三大优势：

一是有高昂的工作热情。这是我做好工作的思想前提。我愿意自加压力、多加担子，为我园的发展多作贡献。

二是有一线教学教研工作的经验。在教学工作中，我善于循序渐进、善于思考问题。多次承担公开课、示范课。在学前班当副班时，还兼任过园数学教研组组长，积极参与了我园的教研课题研究。上学期，我又被上报推荐为县骨干教师。

三是有一定的管理工作实践能力。在教学干事岗位上工作的近一年时间里，在园领导和几位分管领导的悉心指导下，工作能力和业务素质都有了很大提高。另外，我参与过我园教育教学发展计划的制定和实施，参与了保教处的多项工作，积累了许多成功的经验。

假如我能够成功竞聘，我将不负众望、不辱使命。在园领导的正确领导下，当好助手。我将从以下几个方面的努力来充分履行保教干事岗位工作职责：

1. 加强学习，积极主动做好日常事务工作，努力提高服务质量。只有不断加强相关业务知识的学习，不断充实自己，才能胜任岗位要求。同时，保教处的很多工作实际上就是服务工作。工作中我会不断增强服务意识，做到以诚待人。

2. 做好综合协助、协调工作，处理好与领导同事的关系，确保政令畅通。

3. 当好参谋助手，服务领导决策。及时准确地掌握各方面工作动态和信息，主动为领导决策提供可靠的依据。

4. 发挥自己计算机方面的特长，提高幼儿园的信息化水平。正因为我对计算机的酷爱和较强的专业知识，如何利用信息技术提高幼儿园教学、管理上的效率将是我不断思考的问题。

作为竞争者，我希望在竞选中胜出，但我也会勇于面对失败。如果这次竞选失败，我愿接受组织的分配和安排。谢谢大家！

（来源：http://www.ruiwen.com/gongwen/pinshu/447043.html）

≫ 简析：这是一份幼儿教师竞聘保教干事的竞聘演讲稿。文中首先对评委表达谢意，交代了竞聘目的；然后作了简单的自我介绍，明确所要应聘的岗位；接着紧扣竞聘岗位，突出自己所具备的三大优势；并阐述了如果竞聘成功之后的工作构想、具体措施；最后表明对竞聘成败的态度，使听众感受到竞聘者的坦诚。全文主题集中、层次清晰、感情真挚。不足之处是有些语言表达尚需精雕细琢。

综合实训

一、判断题

1.请柬是一个组织需要邀请外单位的人才担任本组织某个职务或承接某项工作时所使用的一种特殊文书。 （ ）

2.聘书的语言要生动活泼，带有诗意。 （ ）

3.聘书要写明聘谁、担任何职、工作要求和聘用期限等，不能含糊其词。 （ ）

4.真挚性是答谢词、祝贺词、迎送词的共同特点。 （ ）

5.答谢词是在迎接宾客的仪式、宴会上或开会伊始时，主人表示欢迎客人到来的讲话稿。 （ ）

6.答谢词在答谢评价对方时可以故意拔高，以示尊重对方。 （ ）

7.迎送词一般是当面向宾客口头表达的，所以遣词造句应尽量口语化，以拉近主人同来宾的亲切关系。 （ ）

8.竞聘词要善于扬己之长，不可提及自己的劣势。 （ ）

9.求职信应针对求职单位的实际情况、用人心理及个人求职目标而写。 （ ）

10.请柬的柬文写作要通顺明白，准确无误。 （ ）

二、改错题

指出下面"请柬"存在的问题并加以修改。

请　　柬

亲爱的徐院长：

您好！

我们是图书馆学专业15级毕业班的学生，我们即将毕业走向社会，面对纷繁复杂难以捉摸的社会，我们每个人的人生观、价值观都将受到检验。而我们这一代人应该树立什么样的人生观、价值观呢？为了找到一个明确的答案，我班同学将于5月30日下午2:30分在院阶梯教室举行演讲比赛。您既是院领导，也兼任我们"两课"的任课教师，特邀请您出席并作指导，并请您担任评委，届时恭候您大驾光临！

此致

敬礼！

2015级图书馆学专业班委会

2019年5月25日

三、评析题

1.下面是一篇在外交礼仪场合宣读的著名的祝酒词，试分析其写作特色。

周恩来总理在欢迎美国总统尼克松的宴会上的祝酒词

总统先生，尼克松夫人；女士们，先生们，朋友们：

首先，我高兴地代表毛泽东主席和中国政府向尼克松总统和夫人，以及其他的美国客人们表示欢迎。

同时，我也想利用这个机会代表中国人民向远在太平洋彼岸的美国人民致以亲切的问候。尼克松总统应中国政府的邀请，前来我国访问，使两国领导人有机会直接会晤，谋求两国关系正常化，并对共同关心的问题交换意见。这是符合中美两国人民愿望的积极行动，这在中美两国关系史上是一个创举。

美国人民是伟大的人民。中国人民是伟大的人民。我们两国人民一向是友好的。由于大家都知道的原因，两国人民之间的来往中断了二十多年。现在，经过中美双方的共同努力，友好来往的大门终于打开了。目前，促使两国关系正常化，争取和缓紧张局势，已成为中美两国人民强烈的愿望。人民，只有人民，才是创造世界历史的动力。我们相信，我们两国人民这种共同愿望，总有一天是要实现的。

中美两国的社会制度根本不同，在中美两国政府之间存在着巨大的分歧。但是，这种分歧不应当妨碍中美两国在互相尊重主权和领土完整、互不侵犯、互不干涉内政、平等互利和和平共处五项原则的基础上建立正常的国家关系，更不应该导致战争。中国政府早在1955年就公开声明，中国人民不想同美国打仗，中国政府愿意坐下来同美国政府谈判。这是我们一贯奉行的方针。我们注意到尼克松总统在来华前的讲话中也说到，“我们必须做到的事情是寻找某种办法使我们可以有分歧而又不成为战争中的敌人”。我们希望，通过双方坦率地交换意见，弄清楚彼此之间的分歧，努力寻找共同点，使我们两国的关系能够有一个新的开始。

最后我提议：

为尼克松总统和夫人的健康，

为其他美国客人们的健康，

为在座的所有朋友和同志们的健康，

为中美两国之间的友谊，

干杯！

（原载《人民日报》，1972—02—22）

2.2020年6月20日，武汉大学2020年毕业典礼如期举行。毕业典礼以毕业生线上观礼为主，660位毕业生代表线下参加，现场与5G直播同步进行。15000名应届毕业生千里共“云端”，参加专属于自己的青春盛典。下文是武汉大学校长窦贤康在毕业典礼上的讲话，不仅引发了武汉大学师生们的强烈共鸣，也受到了网友们的热议。结合新冠肺炎疫情的大背景，你觉得这篇欢送词写得如何？对你是否有所触动？请谈谈具体感想。

化危为机　行稳致远——在武汉大学2020届毕业生毕业典礼上的讲话

亲爱的同学们：

大家好！这段时间，许多同学克服疫情带来的各种障碍，回到了阔别已久的珞珈山，沉寂多时的校园因为你们的到来又焕发出蓬勃生机！

作为校长，每年的毕业典礼，我都想给予你们最庄重、最难忘、最有意义的仪式感，以彰显大学对学生应有的重视、对知识应有的尊重、对学术应有的敬仰！前几年，“九一二”操场万人拨穗、雨中高歌的场景还历历在目，我知道你们一直非常期待属于自己的青春盛典。

这次新冠肺炎疫情，是新中国成立以来我国遭遇的传播速度最快、感染范围最广、防控难度最大的重大突发公共卫生事件。疫情暴发后，在以习近平同志为核心的党中央的坚强领导下，经过全国上下和广大人民群众艰苦卓绝的努力并付出巨大牺牲，我国疫情防控取得重大战略成果，包括湖北省、武汉市在内的全国各地的经济社会发展正在加快恢复。今天，在这样一个特殊时期，我们采取以线上为主、线上与线下相结合的特殊形式举办一场特殊的毕业典礼，尤其是少数同学以极高的热情回到校园参加现场毕业典礼，显得弥足珍贵！

学校之所以要克服种种困难坚持举办一场专属于你们的送别仪式，就是希望武汉大学的毕业典礼不因任何艰难险阻而中断，就是希望为你们的大学生活画上一个圆满的句号，就是希望你们在最后的大学时光不留太多遗憾，就是希望寄托在这场仪式中的武大精神能由你们这届毕业生得以延续和弘扬，也希望通过这场典礼纪念武汉人民付出的巨大牺牲和取得的可贵胜利！

当前，从全球范围来看，新冠疫情大流行仍在持续。而中国能够在这么短的时间内控制住疫情，并在全球率先实现复工复产，正是得益于习近平总书记亲自指挥、亲自部署，得益于以习近平同志为核心的党中央的坚强领导，得益于中国特色社会主义的制度优势，得益于全国各族人民众志成城的团结精神，得益于湖北人民和武汉人民的坚韧不拔。包括武汉大学师生在内的每个中国人，都应该为我们身处中国而感到无比骄傲和自豪！

这场肆虐全球的疫情已经不单单是一场公共卫生领域的危机，它不仅加剧了原有全球格局的改变与冲突，还深刻影响着世界发展的进程与未来，加剧了“百年未有之大变局”的不稳定性和不确定性。这场疫情给人类社会发展的冲击是巨大的、影响是深刻的，留给我们的思考也是多方面的，从一个国家到我们每一个人，应对疫情的态度和疫情之下的选择，直接决定不同的结局和不一样的未来。作为校长，今天我想与大家分享关于疫情的三点思考，希望你们从抗疫这本鲜活的“教科书”中，汲取成长的力量。

第一，永葆爱国之“心”，大力弘扬众志成城的民族精神。

疫情发生以来，习近平总书记反复强调，要“与时间赛跑、同病魔较量”“把人民生命安全和身体健康放在第一位”。武汉火神山、雷神山医院以令世人惊叹的“中国速度”建造启用，19个省市区对口支援湖北，全国364支医疗队、4.2万余名医务人员奔赴抗疫一线，全国人民全力以赴投入这个不见硝烟、事关生死的战场，凝聚起中华民族坚不可摧的强大力量！这几个月来，我见过、听过太多催人泪下的感人故事。有一位援鄂医疗队护士，她叫周国红，曾经参加过SARS和汶川地震的医疗救援，这次又来到了武汉抗击新冠疫情的一线。临行前，女儿陈彦然躲在被窝里哭着不让她走，她对女儿说：“你将来要读武汉大学对不对？武汉现在生病了，如果我不去治疗她，将来你就没有学校可以读了。”这位可敬可爱的周国红护士在抗疫一线多次晕倒，却不忘牵挂女儿，在防护服上写下“认真写作业”五个字督促孩子。这个故事格外感动武大人，我听到这个故事后，特地给周国红护士的女儿陈彦然同学写了一封信，对她的母亲在抗疫中的贡献表示感谢，并期待她努力学习、早日来到珞珈山求学成才。抗疫结束后，周国红护士病重入院，目前还在与病魔作艰苦的斗争。正是这些最可爱的人在危难之中帮助了武汉，我们永远不能忘记他们！所以，学校作出决定，明年在樱花盛开之际专门选择一天，向所有帮助过武汉的医护人员专场开放。武汉大学此次身处新冠疫情防控的“主战场”，学校附属的人民医院和中南医院不仅是新冠肺炎定点收治医院，还接管了雷神山医院、武昌方舱医院、武汉客厅方舱医院、武汉市第七医院、武汉市第九医院，支援金银潭医院危重症患者救治，在湖北保卫战、武汉保卫战中发挥了重要作用。我们有不止一位杰出校友在抗疫中献出宝贵生命，他们用生命守护生命，以大爱诠释医者仁心；我们还有许多校友企业家多方奔走、千里驰援，在疫情最危急的时刻构筑起生死时速的医用物资运送通道，武大校友捐赠总额超过12亿，占武汉市接受捐赠总额的四分之一；我们还有一批医学研究生在实习医院主动请缨，发出了“我们既是准医生，更是共产党员”的时代强音，一些回到家乡的学生也主动参与社区志愿服务，为一线医务人员的子女远程上课；我们还有无数默默奉献的党员干部和后勤人员，他们坚守岗位、下沉社区，为学校疫情防控筑起一道坚强的防线。

同学们，历经淬炼的中华民族向来都是从挑战中汲取力量，在磨难中不断奋起，在这场伟大的全民抗疫中，我们深刻认识到了党中央和各级政府的坚强领导，我们深切感受到了全国人民和全体武大人众志成城、万众一心的可贵精神。家与国、民族命运与个人前途，从来都是紧紧连在一起的。我希望，你们永葆一颗赤诚的“中国心”，坚定信心，不犹豫、不懈怠、不畏难，在中华民族伟大复兴的进程中展现武大人应有的家国担当。

第二，认清危中之“需”，主动担纲科学报国的重任。

回顾2002年末开始发生的非典疫情，尽管我国首先发现了感染病例，但在确定病原体、分离病毒、DNA测序等方面远远落后于西方国家；18年后的今天，在面对比SARS冠状病毒传播力更强的新冠病毒时，我国在10天之内就率先甄别出病原体，并在第一时间研发出检测试剂盒，这充分证明了中国在科技创新领域取得了长足进步。在这一过程中，武大人也没有缺席，一批武大学者深入疫情一线，在病毒鉴定、检测诊断、新药创制、基础研究等方面攻坚克难，书写了武大人在民族危急关头的责任与担当。我校病毒学国家重点实验室的蓝柯教授团队在不到一周时间里，就完成病毒全基因组序列测定并依规上报，成为国内最早鉴定出新型冠状病毒的团队之一，为中国在疫情早期快速锁定病原体作出重要贡献；我校药学院的刘天罡教授团队开发出纳米孔靶向测序法，极大程度地提高了检测效率和准确率，为病毒检测和临床诊疗提供了技术支撑。如今，国内外对于新冠疫情的药物研制和疫苗研发还没有定论，要打赢这场硬战，只有向科学要答案，还需要科技工作者持续不断地努力拼搏、攻坚克难。

同学们，人民的需要和时代的呼唤，就是你们努力的方向。中国只有将关键核心技术牢牢掌握在自己手上，才不会被别人“卡脖子”，才能有效维护人民生命安全和国家战略安全。未来关键领域的核心技术突破，需要你们这代的年轻人迎难而上，需要你们主动担负起进军世界科技强国的时代使命。我希望，你们积极发扬严谨求实、勇攀高峰的科学精神，永远保持蓬勃向上的朝气和敢为人先的锐气，在未来科技舞台上充分展现出武大人的风采。

第三，找准发展之“机”，打开人生发展的新天地。

上个月，陈东升校友带着14位在各行各业中有着较强影响力的企业家来到武大，为武汉复工复产加油打气，并寻求疫情下合作共赢的新机遇。在和这些企业家的交流中，我不仅感受到他们崇高的家国情怀和强烈的社会担当，更感受到他们作为企业家对于时代变革的敏锐把握。尽管突发疫情让世界经济出现暂时性的停摆，却为传统产业的优胜劣汰和转型升级提供了机遇，为在线办公、远程教育、智慧医疗、移动支付、无人配送等各种新经济、新产业和新业态的勃发创造了条件，特别是随着数字经济的到来，以5G网络、人工智能、大数据中心、工业互联网等为代表的“新基建”将成为促进中国新旧动能转换的重要领域，成为未来中国经济高质量发展新的增长点。前不久，习近平总书记在浙江考察时指出，“危和机总是同生并存的，克服了危即是机”。同学们，疫情中各种新需求的倒逼，就是未来创新创业的机遇所在。未来的竞争不仅仅是资本、技术和产品的竞争，更取决于人的思想观念与方式方法的创新。我希望，你们用“敢闯”的激情和“善创”的能力，找准未来发展的机遇，努力推动更多新技术的突破、催生更多新产业的变革、带动更多新业态的诞生，这也许是你们走向成功的最好选择，也是武大人的使命所在！

同学们，武汉已经重启，国家在做好疫情常态化防控的同时，正全面恢复生产生活秩序。在以习近平同志为核心的党中央坚强领导下，中国经济长期向好的基本面没有改变，湖北在国家和区域发展中的重要地位没有改变，武汉大学加快建设中国特色世界一流大学的底气和信心也没有改变。同学们，你们要对中华民族伟大复兴充满信心，对走中国特色社会主义道路充满信心，对国家经济社会发展前景充满信心，对学校改革发展的美好蓝图充满信心，对自己的未来充满信心！

星光不问赶路人，时间不负奋斗者。今天这场毕业典礼，就是你们人生起航的新起点，我期待你们放眼未来，不断增强转危为机的坚定信心、化危为机的昂扬斗志、危中求机的果敢睿智，让人生的路越走越宽、越走越远！

古人是千里共婵娟，今天我们和很多同学是千里共“云端”。尽管相隔千山万水，但母校无时无刻不在牵挂着你们！等疫情过去，珞珈山下，我们相聚可期！期待你们再次回“珈”看看！

（来源：https://news.whu.edu.cn/info/1002/60908.htm）

四、写作题

1.××大学将于2021年10月16日至10月18日举行建校100周年庆祝活动，请发挥合理想象，撰写如下礼仪文书。

(1)请代××大学拟写一份请柬给××省教育厅厅长，邀请其作为特别嘉宾出席校庆活动。

(2)请代××省教育厅拟写一封致××大学的祝贺词。

(3)请代××大学校长拟写一份在“欢迎校友回家”酒会上所致的欢迎词。

(4)××大学学报编辑部拟在校庆期间举行聘请××教授为学报学术顾问的小型仪式，请代拟一份聘书。

2.请结合自己的求学经历(工作经历)及专业特长，给自己心仪的××单位写一封求职信。

3.请拟写一份竞聘××高校学生会主席职位的竞聘词。

4.2021年4月，中国科学院自动化研究所黄国平先生的博士论文“致谢”部分内容在多个网络平台走红，他将自己的家庭变故、坎坷求学等经历娓娓道来，平静的文字下，蕴藏着直抵人心的精神力量。网友们评价：无数个日日夜夜，只为走出大山，始终仰望星空。穷且益坚、矢志不移。这也是许多青年人“用力生活”的真实写照。以下是这篇“致谢”的节选部分，认真阅读后你有何感想？请为自己的毕业论文或者完成的某项人生目标撰写一篇“致谢”。

黄国平博士论文　致谢

我走了很远的路，吃了很多的苦，才将这份博士学位论文送到你的面前。二十二载求学路，一路风雨泥泞，许多不容易。如梦一场，仿佛昨天一家人才团聚过。

出生在一个小山坳里，母亲在我十二岁时离家。父亲在家的日子不多，即便在我病得不能自己去医院的时候，也仅是留下勉强够治病的钱后又走了。我十七岁时，他因交通事故离世后，我哭得稀里糊涂，因为再得重病时没有谁来管我了。同年，和我住在一起的婆婆病故，真的无能为力。她照顾我十七年，下葬时却仅是一副薄薄的棺材。另一个家庭成员是老狗小花，为父亲和婆婆守过坟，后因我进城上高中而命不知何时何处所终。如兄长般的计算机启蒙老师邱浩没能看到我的大学录取通知书，对我照顾有加的师母也在不惑之前匆匆离开人世。每次回去看他们，这一座座坟茔都提示着生命的每一分钟都弥足珍贵。

人情冷暖，生离死别，固然让人痛苦与无奈，而贫穷则可能让人失去希望。家徒四壁，在煤油灯下写作业或者读书都是晚上最开心的事。如果下雨，保留节目就是用竹笋壳塞瓦缝防漏雨。高中之前的主要经济来源是夜里抓黄鳝、周末钓鱼、养小猪崽和出租水牛。那些年里，方圆十公里的水田和小河都被我用脚测量过无数次。被狗和蛇追，半夜落水，因蓄电瓶进水而摸黑逃回家中；学费没交，黄鳝却被父亲偷卖了，然后买了肉和酒，都是难以避免的事。

人后的苦尚且还能克服，人前的尊严却无比脆弱。上课的时候，因拖欠学费而经常被老师叫出教室约谈。雨天湿漉着上课，屁股后面说不定还是泥。夏天光着脚走在滚烫的路上。冬天穿着破旧衣服打着寒颤穿过那条长长的过道领作业本。这些都可能成为压垮骆驼的最后一根稻草。如果不是考试后常能从主席台领奖金，顺便能贴一墙奖状满足最后的虚荣心，我可能早已放弃。

身处命运的漩涡，耗尽心力去争取那些可能本就是稀松平常的东西，每次转折都显得那么身不由己。幸运的是，命运到底还有一丝怜惜，进入高中之后，学校免了全部学杂费，胡叔叔一家帮助解决了生活费。进入大学之后，计算机终于成了我一生的事业与希望，胃溃疡和胃出血也终与我作别。

从家出发坐大巴需要两个半小时才能到县城，一直盼着走出大山。从炬光乡小学、大寅镇中学、仪陇县中学、绵阳市南山中学，到重庆的西南大学，再到中科院自动化所，我也记不清有多少次因为现实的压力而觉得自己快扛不下去了。这一路，信念很简单，把书念下去，然后走出去，不枉活一世。世事难料，未来注定还会面对更为复杂的局面。但因为有了这些点点滴滴，我已经有勇气和耐心面对任何困难和挑战。理想不伟大，只愿年过半百，归来仍是少年，希望还有机会重新认识这个世界，不辜负这一生吃过的苦。最后如果还能做出点让别人生活更美好的事，那这辈子就赚了。

（来源：https://new.qq.com/rain/a/20210624A0DYRL00）

附录一

党政机关公文处理工作条例

（中办发〔2012〕14号）

第一章　总　则

第一条　为了适应中国共产党机关和国家行政机关（以下简称党政机关）工作需要，推进党政机关公文处理工作科学化、制度化、规范化，制定本条例。

第二条　本条例适用于各级党政机关公文处理工作。

第三条　党政机关公文是党政机关实施领导、履行职能、处理公务的具有特定效力和规范体式的文书，是传达贯彻党和国家方针政策，公布法规和规章，指导、布置和商洽工作，请示和答复问题，报告、通报和交流情况等的重要工具。

第四条　公文处理工作是指公文拟制、办理、管理等一系列相互关联、衔接有序的工作。

第五条　公文处理工作应当坚持实事求是、准确规范、精简高效、安全保密的原则。

第六条　各级党政机关应当高度重视公文处理工作，加强组织领导，强化队伍建设，设立文秘部门或者由专人负责公文处理工作。

第七条　各级党政机关办公厅（室）主管本机关的公文处理工作，并对下级机关的公文处理工作进行业务指导和督促检查。

第二章　公文种类

第八条　公文种类主要有：

（一）决议。适用于会议讨论通过的重大决策事项。

（二）决定。适用于对重要事项作出决策和部署、奖惩有关单位和人员、变更或者撤销下级机关不适当的决定事项。

（三）命令（令）。适用于公布行政法规和规章、宣布施行重大强制性措施、批准授予和晋升衔级、嘉奖有关单位和人员。

（四）公报。适用于公布重要决定或者重大事项。

（五）公告。适用于向国内外宣布重要事项或者法定事项。

（六）通告。适用于在一定范围内公布应当遵守或者周知的事项。

（七）意见。适用于对重要问题提出见解和处理办法。

（八）通知。适用于发布、传达要求下级机关执行和有关单位周知或者执行的事项，批转、转发公文。

（九）通报。适用于表彰先进、批评错误、传达重要精神和告知重要情况。

（十）报告。适用于向上级机关汇报工作、反映情况，回复上级机关的询问。

（十一）请示。适用于向上级机关请求指示、批准。

（十二）批复。适用于答复下级机关请示事项。

（十三）议案。适用于各级人民政府按照法律程序向同级人民代表大会或者人民代表大会常务委员会提请审议事项。

（十四）函。适用于不相隶属机关之间商洽工作、询问和答复问题、请求批准和答复审批事项。

（十五）纪要。适用于记载会议主要情况和议定事项。

第三章　公文格式

第九条公文一般由份号、密级和保密期限、紧急程度、发文机关标志、发文字号、签发人、标题、主送机关、正文、附件说明、发文机关署名、成文日期、印章、附注、附件、抄送机关、印发机关和印发日期、页码等组成。

（一）份号。公文印制份数的顺序号。涉密公文应当标注份号。

（二）密级和保密期限。公文的秘密等级和保密的期限。

涉密公文应当根据涉密程度分别标注“绝密”“机密”“秘密”和保密期限。

（三）紧急程度。公文送达和办理的时限要求。根据紧急程度，紧急公文应当分别标注“特急”“加急”，电报应当分别标注“特提”“特急”“加急”“平急”。

（四）发文机关标志。由发文机关全称或者规范化简称加“文件”二字组成，也可以使用发文机关全称或者规范化简称。

联合行文时，发文机关标志可以并用联合发文机关名称，也可以单独用主办机关名称。

（五）发文字号。由发文机关代字、年份、发文顺序号组成。联合行文时，使用主办机关的发文字号。

（六）签发人。上行文应当标注签发人姓名。

（七）标题。由发文机关名称、事由和文种组成。

（八）主送机关。公文的主要受理机关，应当使用机关全称、规范化简称或者同类型机关统称。

（九）正文。公文的主体，用来表述公文的内容。

（十）附件说明。公文附件的顺序号和名称。

（十一）发文机关署名。署发文机关全称或者规范化简称。

（十二）成文日期。署会议通过或者发文机关负责人签发的日期。联合行文时，署最后签发机关负责人签发的日期。

（十三）印章。公文中有发文机关署名的，应当加盖发文机关印章，并与署名机关相符。有特定发文机关标志的普发性公文和电报可以不加盖印章。

（十四）附注。公文印发传达范围等需要说明的事项。

（十五）附件。公文正文的说明、补充或者参考资料。

（十六）抄送机关。除主送机关外需要执行或者知晓公文内容的其他机关，应当使用机关全称、规范化简称或者同类型机关统称。

（十七）印发机关和印发日期。公文的送印机关和送印日期。

（十八）页码。公文页数顺序号。

第十条　公文的版式按照《党政机关公文格式》国家标准执行。

第十一条　公文使用的汉字、数字、外文字符、计量单位和标点符号等，按照有关国家标准和规定执行。民族自治地方的公文，可以并用汉字和当地通用的少数民族文字。

第十二条　公文用纸幅面采用国际标准 A4 型。特殊形式的公文用纸幅面，根据实际需要确定。

第四章　行文规则

第十三条　行文应当确有必要，讲求实效，注重针对性和可操作性。

第十四条　行文关系根据隶属关系和职权范围确定。一般不得越级行文，特殊情况需要越级行文的，应当同时抄送被越过的机关。

第十五条　向上级机关行文，应当遵循以下规则：

（一）原则上主送一个上级机关，根据需要同时抄送相关上级机关和同级机关，不抄送下级机关。

（二）党委、政府的部门向上级主管部门请示、报告重大事项，应当经本级党委、政府同意或者授权；属于部门职权范围内的事项应当直接报送上级主管部门。

（三）下级机关的请示事项，如需以本机关名义向上级机关请示，应当提出倾向性意见后上报，不得原文转报上级机关。

（四）请示应当一文一事。不得在报告等非请示性公文中夹带请示事项。

（五）除上级机关负责人直接交办事项外，不得以本机关名义向上级机关负责人报送公文，不得以本机关负责人名义向上级机关报送公文。

（六）受双重领导的机关向一个上级机关行文，必要时抄送另一个上级机关。

第十六条　向下级机关行文，应当遵循以下规则：

（一）主送受理机关，根据需要抄送相关机关。重要行文应当同时抄送发文机关的直接上级机关。

（二）党委、政府的办公厅（室）根据本级党委、政府授权，可以向下级党委、政府行文，其他部门和单位不得向下级党委、政府发布指令性公文或者在公文中向下级党委、政府提出指令性要求。需经政府审批的具体事项，经政府同意后可以由政府职能部门行文，文中须注明已经政府同意。

（三）党委、政府的部门在各自职权范围内可以向下级党委、政府的相关部门行文。

（四）涉及多个部门职权范围内的事务，部门之间未协商一致的，不得向下行文；擅自行文的，上级机关应当责令其纠正或者撤销。

（五）上级机关向受双重领导的下级机关行文，必要时抄送该下级机关的另一个上级机关。

第十七条　同级党政机关、党政机关与其他同级机关必要时可以联合行文。属于党委、政府各自职权范围内的工作,不得联合行文。

党委、政府的部门依据职权可以相互行文。

部门内设机构除办公厅(室)外不得对外正式行文。

第五章　公文拟制

第十八条　公文拟制包括公文的起草、审核、签发等程序。

第十九条　公文起草应当做到:

(一)符合国家法律法规和党的路线方针政策,完整准确体现发文机关意图,并同现行有关公文相衔接。

(二)一切从实际出发,分析问题实事求是,所提政策措施和办法切实可行。

(三)内容简洁,主题突出,观点鲜明,结构严谨,表述准确,文字精练。

(四)文种正确,格式规范。

(五)深入调查研究,充分进行论证,广泛听取意见。

(六)公文涉及其他地区或者部门职权范围内的事项,起草单位必须征求相关地区或者部门意见,力求达成一致。

(七)机关负责人应当主持、指导重要公文起草工作。

第二十条公文文稿签发前,应当由发文机关办公厅(室)进行审核。审核的重点是:

(一)行文理由是否充分,行文依据是否准确。

(二)内容是否符合国家法律法规和党的路线方针政策;是否完整准确体现发文机关意图;是否同现行有关公文相衔接;所提政策措施和办法是否切实可行。

(三)涉及有关地区或者部门职权范围内的事项是否经过充分协商并达成一致意见。

(四)文种是否正确,格式是否规范;人名、地名、时间、数字、段落顺序、引文等是否准确;文字、数字、计量单位和标点符号等用法是否规范。

(五)其他内容是否符合公文起草的有关要求。

需要发文机关审议的重要公文文稿,审议前由发文机关办公厅(室)进行初核。

第二十一条　经审核不宜发文的公文文稿,应当退回起草单位并说明理由;符合发文条件但内容需作进一步研究和修改的,由起草单位修改后重新报送。

第二十二条　公文应当经本机关负责人审批签发。重要公文和上行文由机关主要负责人签发。党委、政府的办公厅(室)根据党委、政府授权制发的公文,由受权机关主要负责人签发或者按照有关规定签发。签发人签发公文,应当签署意见、姓名和完整日期;圈阅或者签名的,视为同意。联合发文由所有联署机关的负责人会签。

第六章　公文办理

第二十三条　公文办理包括收文办理、发文办理和整理归档。

第二十四条　收文办理主要程序是：

（一）签收。对收到的公文应当逐件清点，核对无误后签字或者盖章，并注明签收时间。

（二）登记。对公文的主要信息和办理情况应当详细记载。

（三）初审。对收到的公文应当进行初审。初审的重点是：是否应当由本机关办理，是否符合行文规则，文种、格式是否符合要求，涉及其他地区或者部门职权范围内的事项是否已经协商、会签，是否符合公文起草的其他要求。经初审不符合规定的公文，应当及时退回来文单位并说明理由。

（四）承办。阅知性公文应当根据公文内容、要求和工作需要确定范围后分送。批办性公文应当提出拟办意见报本机关负责人批示或者转有关部门办理；需要两个以上部门办理的，应当明确主办部门。紧急公文应当明确办理时限。承办部门对交办的公文应当及时办理，有明确办理时限要求的应当在规定时限内办理完毕。

（五）传阅。根据领导批示和工作需要将公文及时送传阅对象阅知或者批示。办理公文传阅应当随时掌握公文去向，不得漏传、误传、延误。

（六）催办。及时了解掌握公文的办理进展情况，督促承办部门按期办结。紧急公文或者重要公文应当由专人负责催办。

（七）答复。公文的办理结果应当及时答复来文单位，并根据需要告知相关单位。

第二十五条　发文办理主要程序是：

（一）复核。已经发文机关负责人签批的公文，印发前应当对公文的审批手续、内容、文种、格式等进行复核；需作实质性修改的，应当报原签批人复审。

（二）登记。对复核后的公文，应当确定发文字号、分送范围和印制份数并详细记载。

（三）印制。公文印制必须确保质量和时效。涉密公文应当在符合保密要求的场所印制。

（四）核发。公文印制完毕，应当对公文的文字、格式和印刷质量进行检查后分发。

第二十六条　涉密公文应当通过机要交通、邮政机要通信、城市机要文件交换站或者收发件机关机要收发人员进行传递，通过密码电报或者符合国家保密规定的计算机信息系统进行传输。

第二十七条　需要归档的公文及有关材料，应当根据有关档案法律法规以及机关档案管理规定，及时收集齐全、整理归档。两个以上机关联合办理的公文，原件由主办机关归档，相关机关保存复制件。机关负责人兼任其他机关职务的，在履行所兼职务过程中形成的公文，由其兼职机关归档。

第七章　公文管理

第二十八条　各级党政机关应当建立健全本机关公文管理制度，确保管理严格规范，充分发挥公文效用。

第二十九条　党政机关公文由文秘部门或者专人统一管理。设立党委（党组）的县级以上单位应当建立机要保密室和机要阅文室，并按照有关保密规定配备工作人员和必要的安全保密设施设备。

第三十条　公文确定密级前，应当按照拟定的密级先行采取保密措施。确定密级后，应当按照所定密级严格管理。绝密级公文应当由专人管理。

公文的密级需要变更或者解除的，由原确定密级的机关或者其上级机关决定。

第三十一条　公文的印发传达范围应当按照发文机关的要求执行；需要变更的，应当经发文机关批准。

涉密公文公开发布前应当履行解密程序。公开发布的时间、形式和渠道，由发文机关确定。

经批准公开发布的公文，同发文机关正式印发的公文具有同等效力。

第三十二条　复制、汇编机密级、秘密级公文，应当符合有关规定并经本机关负责人批准。绝密级公文一般不得复制、汇编，确有工作需要的，应当经发文机关或者其上级机关批准。

复制、汇编的公文视同原件管理。

复制件应当加盖复制机关戳记。翻印件应当注明翻印的机关名称、日期。汇编本的密级按照编入公文的最高密级标注。

第三十三条　公文的撤销和废止，由发文机关、上级机关或者权力机关根据职权范围和有关法律法规决定。公文被撤销的，视为自始无效；公文被废止的，视为自废止之日起失效。

第三十四条　涉密公文应当按照发文机关的要求和有关规定进行清退或者销毁。

第三十五条　不具备归档和保存价值的公文，经批准后可以销毁。销毁涉密公文必须严格按照有关规定履行审批登记手续，确保不丢失、不漏销。个人不得私自销毁、留存涉密公文。

第三十六条　机关合并时，全部公文应当随之合并管理；机关撤销时，需要归档的公文经整理后按照有关规定移交档案管理部门。

工作人员离岗离职时，所在机关应当督促其将暂存、借用的公文按照有关规定移交、清退。

第三十七条　新设立的机关应当向本级党委、政府的办公厅（室）提出发文立户申请。经审查符合条件的，列为发文单位，机关合并或者撤销时，相应进行调整。

第八章　附　则

第三十八条　党政机关公文含电子公文。电子公文处理工作的具体办法另行制定。

第三十九条　法规、规章方面的公文，依照有关规定处理。外事方面的公文，依照外事主管部门的有关规定处理。

第四十条　其他机关和单位的公文处理工作，可以参照本条例执行。

第四十一条　本条例由中共中央办公厅、国务院办公厅负责解释。

第四十二条　本条例自2012年7月1日起施行。1996年5月3日中共中央办公厅发布的《中国共产党机关公文处理条例》和2000年8月24日国务院发布的《国家行政机关公文处理办法》停止执行。

附录二

党政机关公文格式

（中华人民共和国国家标准 GB/T 9704—2012）

1 范 围

本标准规定了党政机关公文通用的纸张要求、排版和印制装订要求、公文格式各要素的编排规则，并给出了公文的式样。

本标准适用于各级党政机关制发的公文。其他机关和单位的公文可以参照执行。

使用少数民族文字印制的公文，其用纸、幅面尺寸及版面、印制等要求按照本标准执行，其余可以参照本标准并按照有关规定执行。

2 规范性引用文件

下列文件对于本标准的应用是必不可少的。凡是注日期的引用文件，仅所注日期的版本适用于本标准。凡是不注日期的引用文件，其最新版本（包括所有的修改单）适用于本标准。

GB/T148 印刷、书写和绘图纸幅面尺寸

GB3100 国际单位制及其应用

GB3101 有关量、单位和符号的一般原则

GB3102（所有部分） 量和单位

GB/T15834 标点符号用法

GB/T15835 出版物上数字用法

3 术语和定义

下列术语和定义适用于本标准。

3.1 字 word

标示公文中横向距离的长度单位。在本标准中，一字指一个汉字宽度的距离。

3.2 行 line

标示公文中纵向距离的长度单位。在本标准中，一行指一个汉字的高度加 3 号汉字高度的 7/8 的距离。

4 公文用纸主要技术指标

公文用纸一般使用纸张定量为 $60g/m^2$～$80g/m^2$ 的胶版印刷纸或复印纸。纸张白度 80％～90％，横向耐折度≥15 次，不透明度≥85％，pH 值为 7.5～9.5。

5　公文用纸幅面尺寸及版面要求

5.1　幅面尺寸

公文用纸采用 GB/T148 中规定的 A4 型纸，其成品幅面尺寸为：210mm×297mm。

5.2　版面

5.2.1　页边与版心尺寸

公文用纸天头（上白边）为 37mm±1mm，公文用纸订口（左白边）为 28mm±1mm，版心尺寸为 156mm×225mm。

5.2.2　字体和字号

如无特殊说明，公文格式各要素一般用 3 号仿宋体字。特定情况可以作适当调整。

5.2.3　行数和字数

一般每面排 22 行，每行排 28 个字，并撑满版心。特定情况可以作适当调整。

5.2.4　文字的颜色

如无特殊说明，公文中文字的颜色均为黑色。

6　印制装订要求

6.1　制版要求

版面干净无底灰，字迹清楚无断划，尺寸标准，版心不斜，误差不超过 1mm。

6.2　印刷要求

双面印刷；页码套正，两面误差不超过 2mm。黑色油墨应当达到色谱所标 BL100%，红色油墨应当达到色谱所标 Y80%、M80%。印品着墨实、均匀；字面不花、不白、无断划。

6.3　装订要求

公文应当左侧装订，不掉页，两页页码之间误差不超过 4mm，裁切后的成品尺寸允许误差±2mm，四角成 90°，无毛茬或缺损。

骑马订或平订的公文应当：

a）订位为两钉外订眼距版面上下边缘各 70mm 处，允许误差±4mm；

b）无坏钉、漏钉、重钉，钉脚平伏牢固；

c）骑马订钉锯均订在折缝线上，平订钉锯与书脊间的距离为 3mm～5mm。

包本装订公文的封皮（封面、书脊、封底）与书芯应吻合、包紧、包平、不脱落。

7　公文格式各要素编排规则

7.1　公文格式各要素的划分

本标准将版心内的公文格式各要素划分为版头、主体、版记三部分。公文首页红色分隔线以上的部分称为版头；公文首页红色分隔线（不含）以下、公文末页首条分隔线（不含）以上的部分称为主体；公文末页首条分隔线以下、末条分隔线以上的部分称为版记。

页码位于版心外。

7.2　版头

7.2.1　份号

如需标注份号，一般用 6 位 3 号阿拉伯数字，顶格编排在版心左上角第一行。

7.2.2　密级和保密期限

如需标注密级和保密期限，一般用3号黑体字，顶格编排在版心左上角第二行；保密期限中的数字用阿拉伯数字标注。

7.2.3　紧急程度

如需标注紧急程度，一般用3号黑体字，顶格编排在版心左上角；如需同时标注份号、密级和保密期限、紧急程度，按照份号、密级和保密期限、紧急程度的顺序自上而下分行排列。

7.2.4　发文机关标志

由发文机关全称或者规范化简称加"文件"二字组成，也可以使用发文机关全称或者规范化简称。

发文机关标志居中排布，上边缘至版心上边缘为35mm，推荐使用小标宋体字，颜色为红色，以醒目、美观、庄重为原则。

联合行文时，如需同时标注联署发文机关名称，一般应当将主办机关名称排列在前；如有"文件"二字，应当置于发文机关名称右侧，以联署发文机关名称为准上下居中排布。

7.2.5　发文字号

编排在发文机关标志下空二行位置，居中排布。年份、发文顺序号用阿拉伯数字标注；年份应标全称，用六角括号"〔〕"括入；发文顺序号不加"第"字，不编虚位(即1不编为01)，在阿拉伯数字后加"号"字。

上行文的发文字号居左空一字编排，与最后一个签发人姓名处在同一行。

7.2.6　签发人

由"签发人"三字加全角冒号和签发人姓名组成，居右空一字，编排在发文机关标志下空二行位置。"签发人"三字用3号仿宋体字，签发人姓名用3号楷体字。

如有多个签发人，签发人姓名按照发文机关的排列顺序从左到右、自上而下依次均匀编排，一般每行排两个姓名，回行时与上一行第一个签发人姓名对齐。

7.2.7　版头中的分隔线

发文字号之下4mm处居中印一条与版心等宽的红色分隔线。

7.3　主体

7.3.1　标题

一般用2号小标宋体字，编排于红色分隔线下空二行位置，分一行或多行居中排布；回行时，要做到词意完整，排列对称，长短适宜，间距恰当，标题排列应当使用梯形或菱形。

7.3.2　主送机关

编排于标题下空一行位置，居左顶格，回行时仍顶格，最后一个机关名称后标全角冒号。如主送机关名称过多导致公文首页不能显示正文时，应当将主送机关名称移至版记，标注方法见7.4.2。

7.3.3　正文

公文首页必须显示正文。一般用3号仿宋体字，编排于主送机关名称下一行，每个自然段左空二字，回行顶格。文中结构层次序数依次可以用"一、""(一)""1.""(1)"标注；一般第一层用黑体字、第二层用楷体字、第三层和第四层用仿宋体字标注。

7.3.4　附件说明

如有附件，在正文下空一行左空二字编排"附件"二字，后标全角冒号和附件名称。如有多个附件，使用阿拉伯数字标注附件顺序号(如“附件：1. ××××××”)；附件名称后不加标点符号。附件名称较长需回行时，应当与上一行附件名称的首字对齐。

7.3.5 发文机关署名、成文日期和印章

7.3.5.1 加盖印章的公文

成文日期一般右空四字编排，印章用红色，不得出现空白印章。

单一机关行文时，一般在成文日期之上、以成文日期为准居中编排发文机关署名，印章端正、居中下压发文机关署名和成文日期，使发文机关署名和成文日期居印章中心偏下位置，印章顶端应当上距正文(或附件说明)一行之内。

联合行文时，一般将各发文机关署名按照发文机关顺序整齐排列在相应位置，并将印章一一对应、端正、居中下压发文机关署名，最后一个印章端正、居中下压发文机关署名和成文日期，印章之间排列整齐、互不相交或相切，每排印章两端不得超出版心，首排印章顶端应当上距正文(或附件说明)一行之内。

7.3.5.2 不加盖印章的公文

单一机关行文时，在正文(或附件说明)下空一行右空二字编排发文机关署名，在发文机关署名下一行编排成文日期，首字比发文机关署名首字右移二字，如成文日期长于发文机关署名，应当使成文日期右空二字编排，并相应增加发文机关署名右空字数。

联合行文时，应当先编排主办机关署名，其余发文机关署名依次向下编排。

7.3.5.3 加盖签发人签名章的公文

单一机关制发的公文加盖签发人签名章时，在正文(或附件说明)下空二行右空四字加盖签发人签名章，签名章左空二字标注签发人职务，以签名章为准上下居中排布。在签发人签名章下空一行右空四字编排成文日期。

联合行文时，应当先编排主办机关签发人职务、签名章，其余机关签发人职务、签名章依次向下编排，与主办机关签发人职务、签名章上下对齐；每行只编排一个机关的签发人职务、签名章；签发人职务应当标注全称。

签名章一般用红色。

7.3.5.4 成文日期中的数字

用阿拉伯数字将年、月、日标全，年份应标全称，月、日不编虚位(即 1 不编为 01)。

7.3.5.5 特殊情况说明

当公文排版后所剩空白处不能容下印章或签发人签名章、成文日期时，可以采取调整行距、字距的措施解决。

7.3.6 附注

如有附注，居左空二字加圆括号编排在成文日期下一行。

7.3.7 附件

附件应当另面编排，并在版记之前，与公文正文一起装订。“附件”二字及附件顺序号用 3 号黑体字顶格编排在版心左上角第一行。附件标题居中编排在版心第三行。附件顺序号和附件标题应当与附件说明的表述一致。附件格式要求同正文。

如附件与正文不能一起装订，应当在附件左上角第一行顶格编排公文的发文字号并在其后标注“附件”二字及附件顺序号。

7.4 版记

7.4.1 版记中的分隔线

版记中的分隔线与版心等宽，首条分隔线和末条分隔线用粗线(推荐高度为0.35mm)，中间的分隔线用细线(推荐高度为0.25mm)。首条分隔线位于版记中第一个要素之上，末条分隔线与公文最后一面的版心下边缘重合。

7.4.2 抄送机关

如有抄送机关，一般用4号仿宋体字，在印发机关和印发日期之上一行、左右各空一字编排。“抄送”二字后加全角冒号和抄送机关名称，回行时与冒号后的首字对齐，最后一个抄送机关名称后标句号。

如需把主送机关移至版记，除将“抄送”二字改为“主送”外，编排方法同抄送机关。既有主送机关又有抄送机关时，应当将主送机关置于抄送机关之上一行，之间不加分隔线。

7.4.3 印发机关和印发日期

印发机关和印发日期一般用4号仿宋体字，编排在末条分隔线之上，印发机关左空一字，印发日期右空一字，用阿拉伯数字将年、月、日标全，年份应标全称，月、日不编虚位(即1不编为01)，后加“印发”二字。

版记中如有其他要素，应当将其与印发机关和印发日期用一条细分隔线隔开。

7.5 页码

一般用4号半角宋体阿拉伯数字，编排在公文版心下边缘之下，数字左右各放一条一字线；一字线上距版心下边缘7mm。单页码居右空一字，双页码居左空一字。公文的版记页前有空白页的，空白页和版记页均不编排页码。公文的附件与正文一起装订时，页码应当连续编排。

8 公文中的横排表格

A4纸型的表格横排时，页码位置与公文其他页码保持一致，单页码表头在订口一边，双页码表头在切口一边。

9 公文中计量单位、标点符号和数字的用法

公文中计量单位的用法应当符合GB3100、GB3101和GB3102(所有部分)，标点符号的用法应当符合GB/T15834，数字用法应当符合GB/T15835。

10 公文的特定格式

10.1 信函格式

发文机关标志使用发文机关全称或者规范化简称，居中排布，上边缘至上页边为30mm，推荐使用红色小标宋体字。联合行文时，使用主办机关标志。

发文机关标志下4mm处印一条红色双线(上粗下细)，距下页边20mm处印一条红色双线(上细下粗)，线长均为170mm，居中排布。

如需标注份号、密级和保密期限、紧急程度，应当顶格居版心左边缘编排在第一条红色双线下，按照份号、密级和保密期限、紧急程度的顺序自上而下分行排列，第一个要素与该线的距离为3号汉字高度的7/8。

发文字号顶格居版心右边缘编排在第一条红色双线下，与该线的距离为3号汉字高度的7/8。

标题居中编排，与其上最后一个要素相距二行。

第二条红色双线上一行如有文字，与该线的距离为3号汉字高度的7/8。

首页不显示页码。

版记不加印发机关和印发日期、分隔线，位于公文最后一面版心内最下方。

10.2　命令(令)格式

发文机关标志由发文机关全称加“命令”或“令”字组成，居中排布，上边缘至版心上边缘为20mm，推荐使用红色小标宋体字。

发文机关标志下空二行居中编排令号，令号下空二行编排正文。

签发人职务、签名章和成文日期的编排见7.3.5.3。

10.3　纪要格式

纪要标志由“×××××纪要”组成，居中排布，上边缘至版心上边缘为35mm，推荐使用红色小标宋体字。

标注出席人员名单，一般用3号黑体字，在正文或附件说明下空一行左空二字编排“出席”二字，后标全角冒号，冒号后用3号仿宋体字标注出席人单位、姓名，回行时与冒号后的首字对齐。

标注请假和列席人员名单，除依次另起一行并将“出席”二字改为“请假”或“列席”外，编排方法同出席人员名单。

纪要格式可以根据实际制定。

11　式样

A4型公文用纸页边及版心尺寸见图1；公文首页版式见图2；联合行文公文首页版式1见图3；联合行文公文首页版式2见图4；公文末页版式1见图5；公文末页版式2见图6；联合行文公文末页版式1见图7；联合行文公文末页版式2见图8；附件说明页版式见图9；带附件公文末页版式见图10；信函格式首页版式见图11；命令(令)格式首页版式见图12。

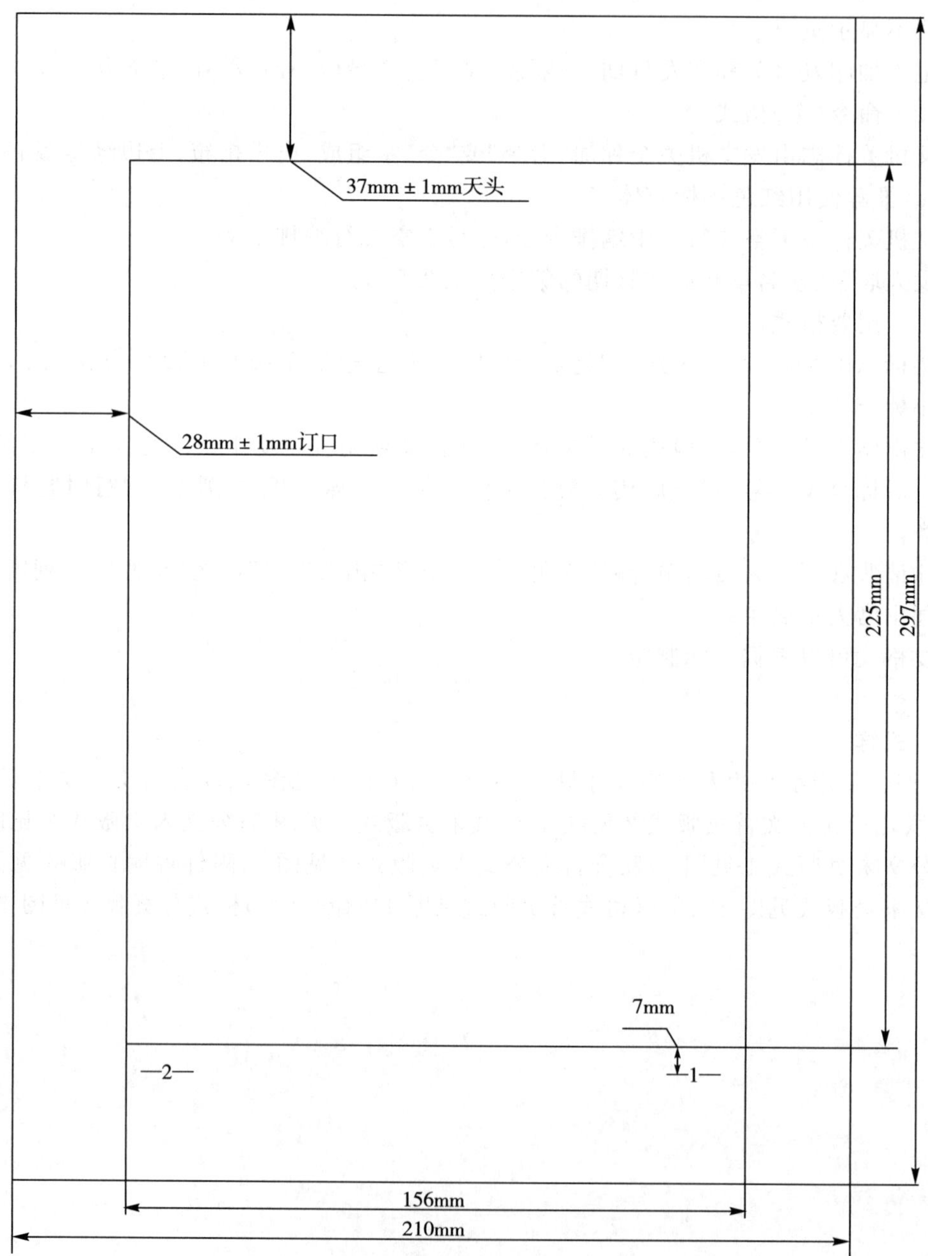

图1　A4型公文用纸页边及版心尺寸

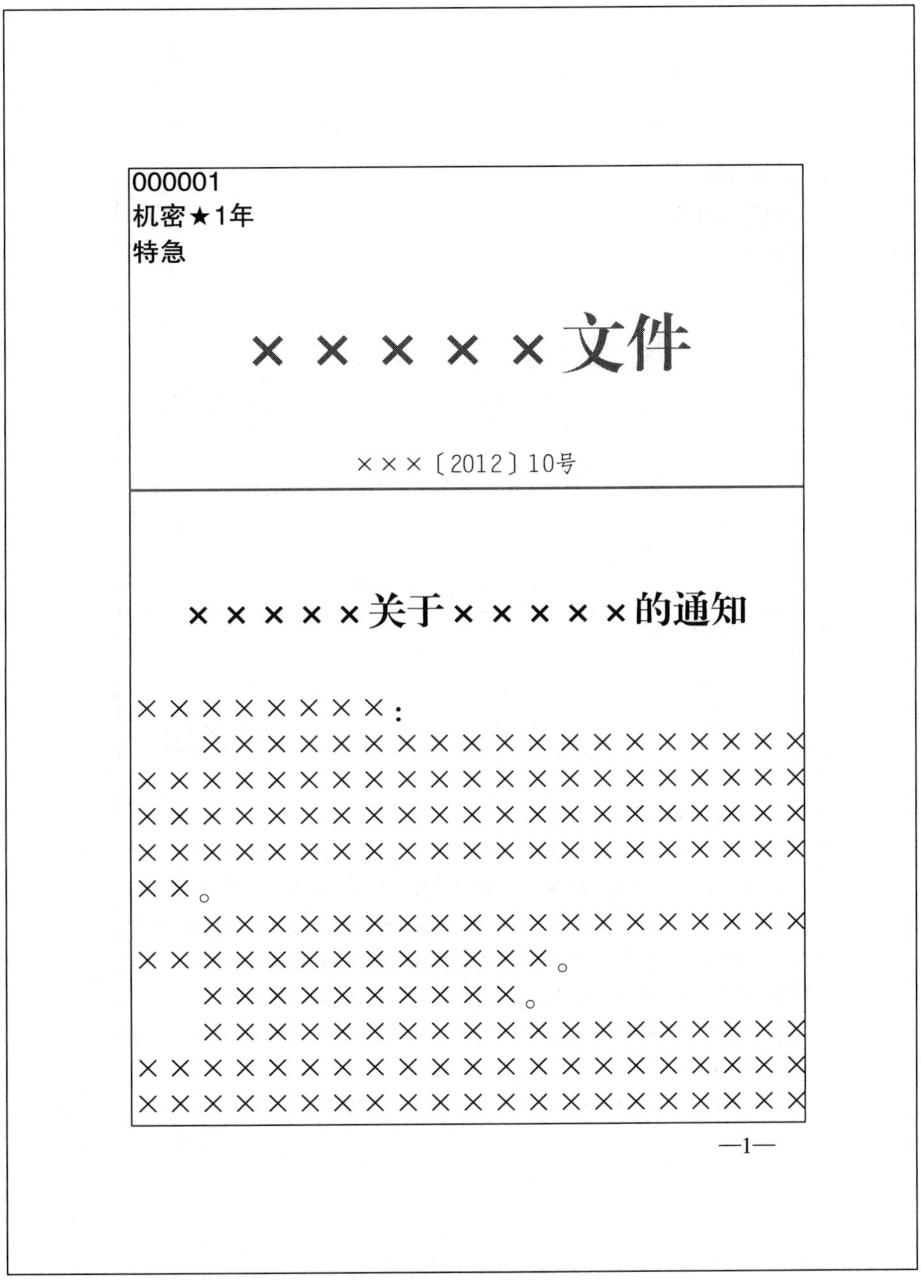

000001
机密★1年
特急

×××××文件

×××〔2012〕10号

×××××关于×××××的通知

××××××××：
　　×××××××××××××××××××
××××××××××××××××××××××
××××××××××××××××××××××
××××××××××××××××××××××
××。
　　×××××××××××××××××××
××××××××××××××。
　　××××××××××。
　　×××××××××××××××××××
××××××××××××××××××××××
××××××××××××××××××××××

—1—

图2　公文首页版式

注：版心实线框仅为示意，在印制公文时并不印出。

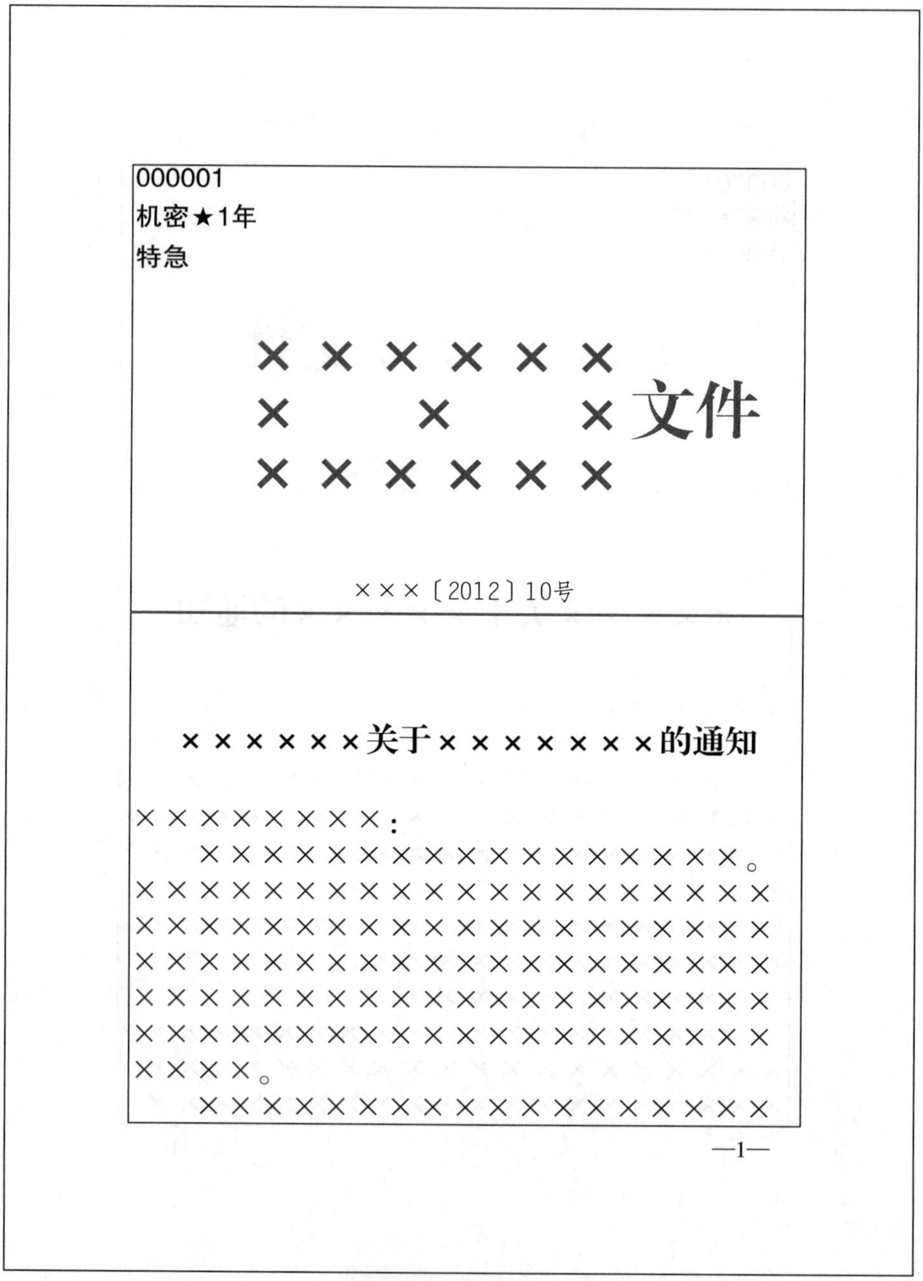

000001
机密★1年
特急

×××××× ×　×　× ×××××× 文件

×××〔2012〕10号

××××××关于×××××××的通知

××××××××：

××××××××××××××××××。
×××
××××。
××××××××××××××××××××

—1—

图3　联合行文公文首面版式1

000001
机　密
特　急

× × × × × ×
×　　×　　×
× × × × × ×

签发人：××× ×××
×××〔2012〕10号　×××

×××××关于×××××的请示

××××××××：

××××××××××××××××。
××××××××××××××××××××
××××××××××××××××××××
××××××××××××××××××××
××××××××××××××××××××
××××××××××××××××××××
××××。

××××××××××××××××××

—1—

图4　联合行文公文首页版式2

注：版心实线框仅为示意，在印制公文时并不印出。

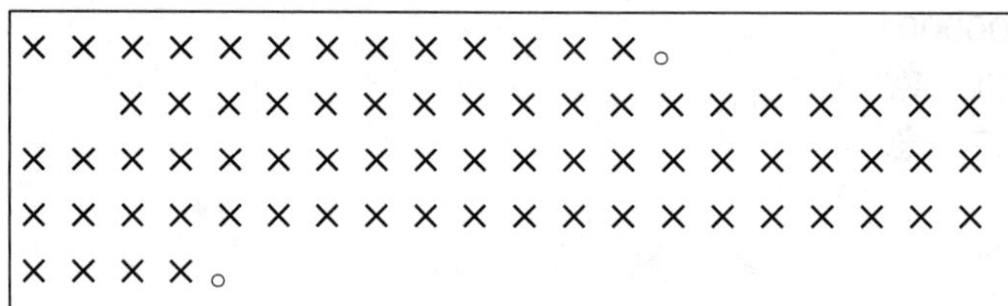

（×××××）

抄送：×××××××××，××××××，×××××，×××××。

×××××××××　　2012年7月1日印发

—2—

图5　公文末页版式1

注：版心实线框仅为示意，在印制公文时并不印出。

××××××××××××××。

　　××××××××××××××××××
××××××××××××××××××××
××××××××××××××××××××
××××。

×××××××××
2012年7月1日

（×××××）

抄送：×××××××××，××××××，×××××，
　　　×××××。

××××××××××　　2012年7月1日印发

—2—

图6　公文末页版式2

注：版心实线框仅为示意，在印制公文时并不印出。

××××××××××××××。

　　××。

××部　××部

2012年7月1日

（×××××）

抄送：×××××××××，××××××，×××××，×××××。

×××××××××　　2012年7月1日印发

—2—

图7　联合行文公文末页版式1

注：版心实线框仅为示意，在印制公文时并不印出。

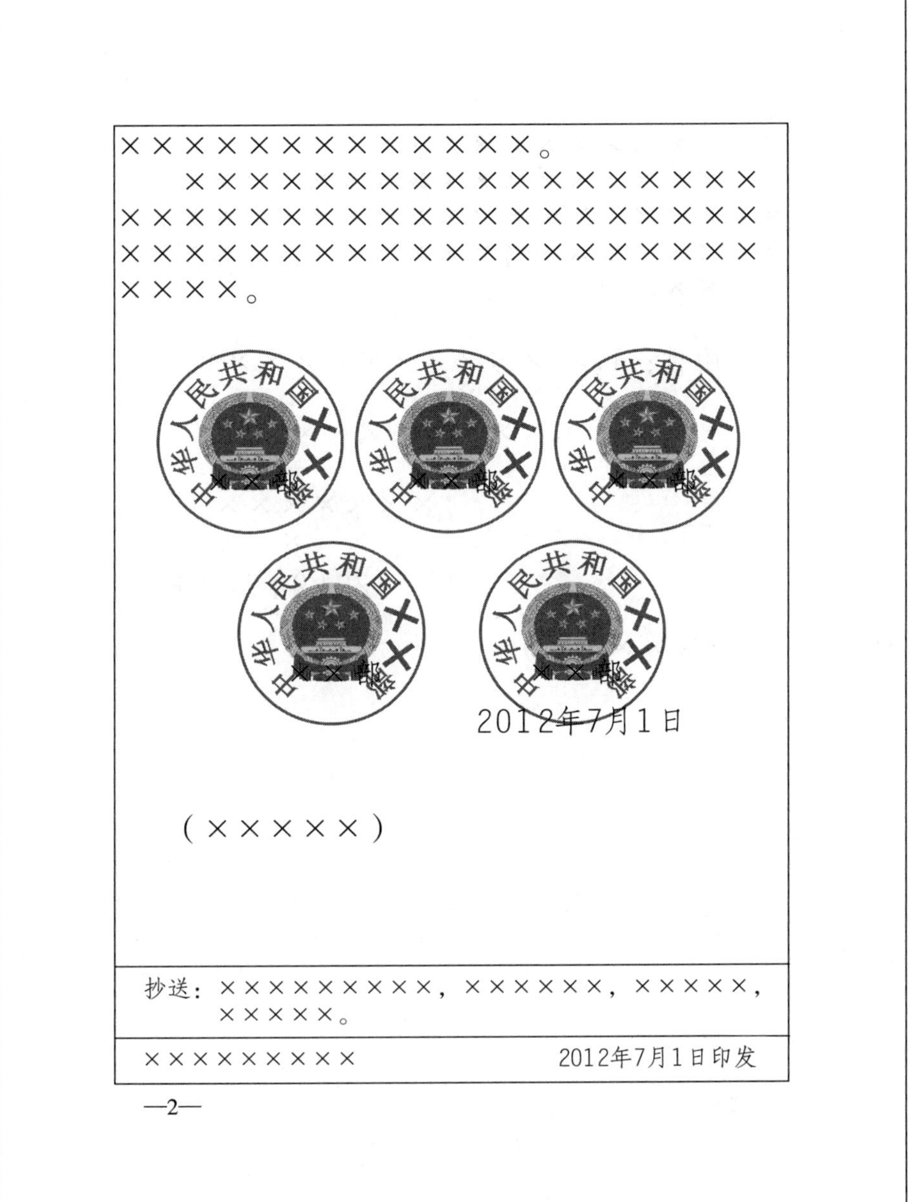

××××××××××××××。

××××××××××××××××××××
×××××××××××××××××××××
×××××××××××××××××××××
××××。

2012年7月1日

（×××××）

抄送：××××××××××，××××××，×××××，×××××。	
××××××××××	2012年7月1日印发

—2—

图8　联合行文公文末页版式2

注：版心实线框仅为示意，在印制公文时并不印出。

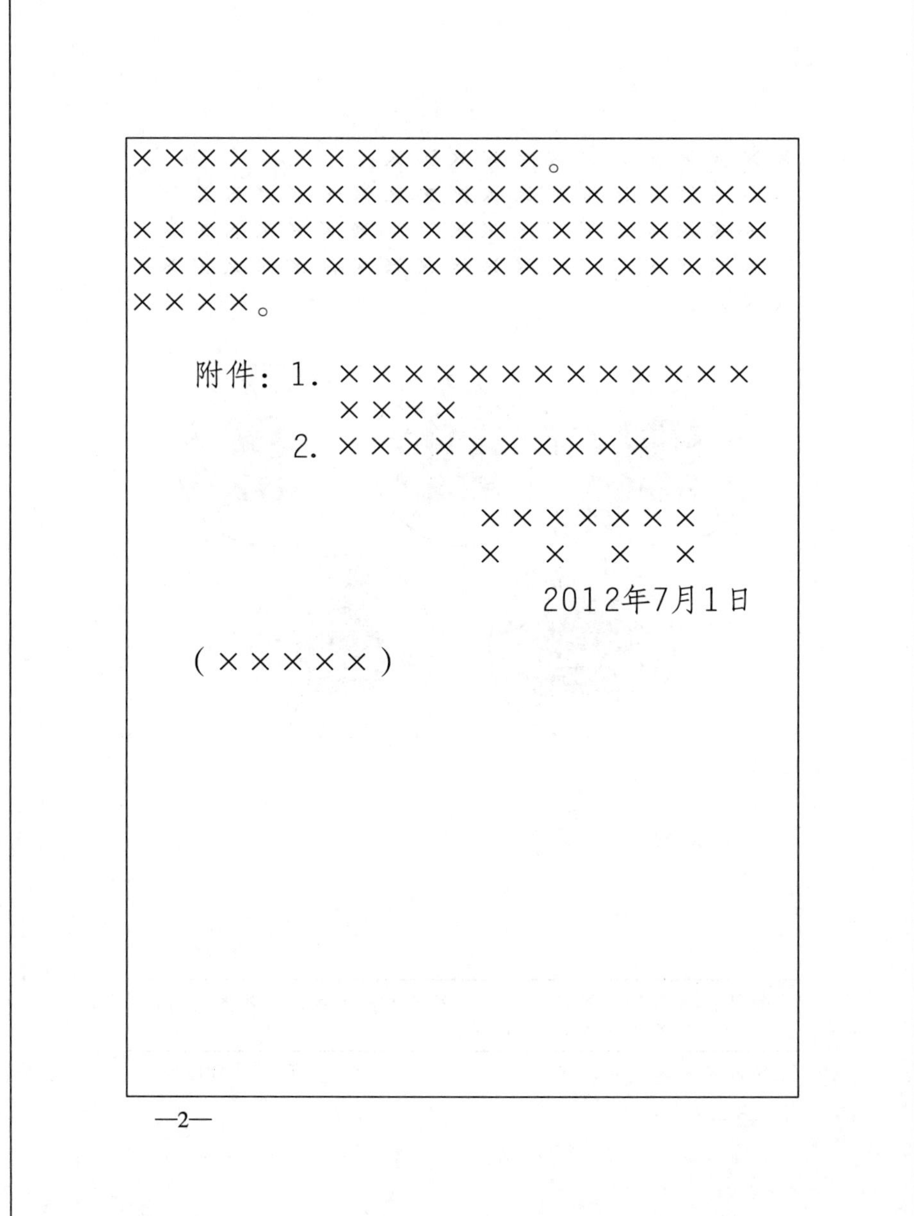
××××××××××××××。
　　××××××××××××××××××××
××××××××××××××××××××
××××××××××××××××××××
××××。

附件：1. ××××××××××××××××
　　　　××××
　　　2. ×××××××××××

××××××××
×　×　×　×
2012年7月1日

（×××××）

—2—

图9　附件说明页版式

注：版心实线框仅为示意，在印制公文时并不印出。

附件2

××××××××××××××

××××××××××××××××××
××××××××××××××××××××
×××。

××××××××××××××××××
××××××××××××××××××××
××××××××××××××××××××
××××××××××××××××××××
××××××××××××。

抄送：××××××××××，×××××××，××××××，
××××××。

××××××××××　　2012年7月1日印发

—2—

图10　带附件公文末页版式

注：版心实线框仅为示意，在印制公文时并不印出。

中华人民共和国×××××部

000001　　　　　　　　　　　　　　　　×××〔2012〕10号

机　密

特　急

×××××关于××××××的通知

××××××：

××。

××。

××。

图11　信函格式首页版式

注：版心实线框仅为示意，在印制公文时并不印出。

第×××号

××××××××××××××××××××××××××××××××××××××。×××××××××××××××××××××××××××××××××××××。

部长 ×××

2012年7月1日

—1—

图12　命令（令）格式首页版式

注：版心实线框仅为示意，在印制公文时并不印出。

附录三

标点符号用法

（中华人民共和国国家标准 GB/T 15834—2011）

前　言

本标准按照 GB/T1.1—2009 给出的规则起草。

本标准代替 GB/T15834—1995，与 GB/T15834—1995 相比，主要变化如下：

——根据我国国家标准编写规则（GB/T1.1—2009），对本标准的编排和表述做了全面修改；

——更换了大部分示例，使之更简短、通俗、规范；

——增加了对术语“标点符号”和“语段”的定义（2.1/2.5）；

——对术语“复句”和“分句”的定义做了修改（2.3/2.4）；

——对句末点号（句号、问号、叹号）的定义做了修改，更强调句末点号与句子语气之间的关系（4.1.1/4.2.1/4.3.1）；

——对逗号的基本用法做了补充（4.4.3）；

——增加了不同形式括号用法的示例（4.9.3）；

——省略号的形式统一为六连点“……”，但在特定情况下允许连用（4.11）；

——取消了连接号中原有的二字线，将连接号形式规范为短横线“-”、一字线“—”和浪纹线“～”，并对三者的功能做了归并与划分（4.13）；

——明确了书名号的使用范围（4.15/A.13）；

——增加了分隔号的用法说明（4.17）；

——“标点符号的位置”一章的标题改为“标点符号的位置和书写形式”，并增加了使用中文输入软件处理标点符号时的相关规范（第 5 章）；

——增加了“附录”：附录 A 为规范性附录，主要说明标点符号不能怎样使用和对标点符号用法加以补充说明，以解决目前使用混乱或争议较大的问题。附录 B 为资料性附录，对功能有交叉的标点符号的用法做了区分，并对标点符号误用高发环境下的规范用法做了说明。

本标准由教育部语言文字信息管理司提出并归口。

本标准主要起草单位：北京大学。

本标准主要起草人：沈阳、刘妍、于泳波、翁姗姗。

本标准所代替标准的历次版本发布情况为：

——GB/T15834—1995

1 范 围

本标准规定了现代汉语标点符号的用法。

本标准适用于汉语的书面语(包括汉语和外语混合排版时的汉语部分)。

2 术语和定义

下列术语和定义适用于本文件。

2.1

标点符号 punctuation

辅助文字记录语言的符号,是书面语的有机组成部分,用来表示语句的停顿、语气以及标示某些成分(主要是词语)的特定性质和作用。

注:数学符号、货币符号、校勘符号、辞书符号、注音符号等特殊领域的专门符号不属于标点符号。

2.2

句子 sentence

前后都有较大停顿、带有一定的语气和语调、表达相对完整意义的语言单位。

2.3

复句 complexsentence

由两个或多个在意义上有密切关系的分句组成的语言单位,包括简单复句(内部只有一层语义关系)和多重复句(内部包含多层语义关系)。

2.4

分句 clause

复句内两个或多个前后有停顿、表达相对完整意义、不带有句末语气和语调、有的前面可添加关联词语的语言单位。

2.5

语段 expression

指语言片段,是对各种语言单位(如词、短语、句子、复句等)不做特别区分时的统称。

3 标点符号的种类

3.1 点号

点号的作用是点断,主要表示停顿和语气。分为句末点号和句内点号。

3.1.1 句末点号

用于句末的点号,表示句末停顿和句子的语气。包括句号、问号、叹号。

3.1.2 句内点号

用于句内的点号,表示句内各种不同性质的停顿。包括逗号、顿号、分号、冒号。

3.2 标号

标号的作用是标明,主要标示某些成分(主要是词语)的特定性质和作用。包括引号、括号、破折号、省略号、着重号、连接号、间隔号、书名号、专名号、分隔号。

4　标点符号的定义、形式和用法

4.1　句号

4.1.1　定义

句末点号的一种，主要表示句子的陈述语气。

4.1.2　形式

句号的形式是“。”。

4.1.3　基本用法

4.1.3.1　用于句子末尾，表示陈述语气。使用句号主要根据语段前后有较大停顿、带有陈述语气和语调，并不取决于句子的长短。

示例1：北京是中华人民共和国的首都。

示例2：（甲：咱们走着去吧？）乙：好。

4.1.3.2　有时也可以表示较缓和的祈使语气和感叹语气。

示例1：请你稍等一下。

示例2：我不由地感到，这些普通劳动者也同样是很值得尊敬的。

4.2　问号

4.2.1　定义

句末点号的一种，主要表示句子的疑问语气。

4.2.2　形式

问号的形式是“？”。

4.2.3　基本用法

4.2.3.1　用于句子末尾，表示疑问语气（包括反问、设问等疑问类型）。使用问号主要根据语段前后有较大停顿、带有疑问语气和语调，并不取决于句子的长短。

示例1：你怎么还不回家去呢？

示例2：难道这些普通的战士不值得歌颂吗？

示例3：（一个外国人，不远万里来到中国，帮助中国的抗日战争。）这是什么精神？这是国际主义的精神。

4.2.3.2　选择问句中，通常只在最后一个选项的末尾用问号，各个选项之间一般用逗号隔开。当选项较短且选项之间几乎没有停顿时，选项之间可不用逗号。当选项较多或较长，或有意突出每个选项的独立性时，也可每个选项之后都用问号。

示例1：诗中记述的这场战争究竟是真实的历史描述，还是诗人的虚构？

示例2：这是巧合还是有意安排？

示例3：要一个什么样的结尾：现实主义的？传统的？大团圆的？荒诞的？民族形式的？有象征意义的？

示例4：（他看着我的作品称赞了我。）但到底是称赞我什么：是有几处画得好？还是什么都敢画？抑或只是一种对于失败者的无可奈何的安慰？我不得而知。

示例5：这一切都是由客观的条件造成的？还是由行为的惯性造成的？

4.2.3.3 在多个问句连用或表达疑问语气加重时，可叠用问号。通常应先单用，再叠用，最多叠用三个问号。在没有异常强烈的情感表达需要时不宜叠用问号。

示例：这就是你的做法吗？你这个总经理是怎么当的？？你怎么竟敢这样欺骗消

费者???

4.2.3.4 问号也有标号的用法，即用于句内，表示存疑或不详。

示例 1:马致远(1250? —1321)，大都人，元代戏曲家、散曲家。

示例 2:钟嵘(? —518)，颍川长社人，南朝梁代文学批评家。

示例 3:出现这样的文字错误，说明作者(编者? 校者?)很不认真。

4.3 叹号

4.3.1 定义

句末点号的一种，主要表示句子的感叹语气。

4.3.2 形式

叹号的形式是“!”。

4.3.3 基本用法

4.3.3.1 用于句子末尾，主要表示感叹语气，有时也可表示强烈的祈使语气、反问语气等。使用叹号主要根据语段前后有较大停顿、带有感叹语气和语调或带有强烈的祈使、反问语气和语调，并不取决于句子的长短。

示例 1:才一年不见，这孩子都长这么高啦!

示例 2:你给我住嘴!

示例 3:谁知道他今天是怎么搞的!

4.3.3.2 用于拟声词后，表示声音短促或突然。

示例 1:咔嚓! 一道闪电划破了夜空。

示例 2:咚! 咚咚! 突然传来一阵急促的敲门声。

4.3.3.3 表示声音巨大或声音不断加大时，可叠用叹号；表达强烈语气时，也可叠用叹号，最多叠用三个叹号。在没有异常强烈的情感表达需要时不宜叠用叹号。

示例 1:轰!! 在这天崩地塌的声音中，女娲猛然醒来。

示例 2:我要揭露! 我要控诉!! 我要以死抗争!!!

4.3.3.4 当句子包含疑问、感叹两种语气且都比较强烈时(如带有强烈感情的反问句和带有惊愕语气的疑问句)，可在问号后再加叹号(问号、叹号各一)。

示例 1:这么点困难就能把我们吓倒吗?!

示例 2:他连这些最起码的常识都不懂，还敢说自己是高科技人才?!

4.4 逗号

4.4.1 定义

句内点号的一种，表示句子或语段内部的一般性停顿。

4.4.2 形式

逗号的形式是“，”。

4.4.3 基本用法

4.4.3.1 复句内各分句之间的停顿，除了有时用分号(见 4.6.3.1)，一般都用逗号。

示例 1:不是人们的意识决定人们的存在，而是人们的社会存在决定人们的意识。

示例 2:学历史使人更明智，学文学使人更聪慧，学数学使人更精细，学考古使人更深沉。

示例 3:要是不相信我们的理论能反映现实，要是不相信我们的世界有内在和谐，那就不可能有科学。

4.4.3.2　用于下列各种语法位置：

a)较长的主语之后。

示例1:苏州园林建筑各种门窗的精美设计和雕镂功夫，都令人叹为观止。

b)句首的状语之后。

示例2:在苍茫的大海上，狂风卷集着乌云。

c)较长的宾语之前。

示例3:有的考古工作者认为，南方古猿生存于上新世至更新世的初期和中期。

d)带句内语气词的主语(或其他成分)之后，或带句内语气词的并列成分之间。

示例4:他呢，倒是很乐观地、全神贯注地干起来了。

示例5:(那是个没有月亮的夜晚。)可是整个村子——白房顶啦，白树木啦，雪堆啦，全看得见。

e)较长的主语中间、谓语中间和宾语中间。

示例6:母亲沉痛的诉说，以及亲眼看到的实事，都启发了我幼年时期追求真理的思想。

示例7:那姑娘头戴一顶草帽，身穿一条绿色的裙子，腰间还系着一根橙色的腰带。

示例8:必须懂得，对于文化传统，既不能不分青红皂白统统抛弃，也不能不管精华糟粕全盘继承。

f)前置的谓语之后或后置的状语、定语之前。

示例9:真美啊，这条蜿蜒的林间小路。

示例10:她吃力地站了起来，慢慢地。

示例11:我只是一个人，孤孤单单的。

4.4.3.3　用于下列各种停顿处：

a)复指成分或插说成分前后。

示例1:老张，就是原来的办公室主任，上星期已经调走了。

示例2:车，不用说，当然是头等。

b)语气缓和的感叹语、称谓语和呼唤语之后。

示例3:哎哟，这儿，快给我揉揉。

示例4:大娘，您到哪儿去啊？

示例5:喂，你是哪个单位的？

c)某些序次语(“第”字头、“其”字头及“首先”类序次语)之后。

示例6:为什么许多人都有长不大的感觉呢？原因有三：第一，父母总认为自己比孩子成熟；第二，父母总要以自己的标准来衡量孩子；第三，父母出于爱心而总不想让孩子在成长的过程中走弯路。

示例7:《玄秘塔碑》所以成为书法的范本，不外乎以下几方面的因素：其一，具有楷书点画、构体的典范性；其二，承上启下，成为唐楷的极致；其三，字如其人，爱人及字，柳公权高尚的书品、人品为后人所崇仰。

示例8:下面从三个方面讲讲语言的污染问题：首先，是特殊语言环境中的语言污染问题；其次，是滥用缩略语引起的语言污染问题；再次，是空话和废话引起的语言污染问题。

4.5　顿号

4.5.1　定义

句内点号的一种，表示语段中并列词语之间或某些序次语之后的停顿。

4.5.2　形式

顿号的形式是“、”。

4.5.3　基本用法

4.5.3.1　用于并列词语之间。

示例1：这里有自由、民主、平等、开放的风气和氛围。

示例2：造型科学、技艺精湛、气韵生动，是盛唐石雕的特色。

4.5.3.2　用于需要停顿的重复词语之间。

示例：他几次三番、几次三番地辩解着。

4.5.3.3　用于某些序次语（不带括号的汉字数字或“天干地支”类序次语）之后。

示例1：我准备讲两个问题，一、逻辑学是什么？二、怎样学好逻辑学？

示例2：风格的具体内容主要有以下四点，甲、题材；乙、用字；丙、表达；丁、色彩。

4.5.3.4　相邻或相近两数字连用表示概数通常不用顿号。若相邻两数字连用为缩略形式，宜用顿号。

示例1：飞机在6000米高空水平飞行时，只能看到两侧八九公里和前方一二十公里范围内的地面。

示例2：这种凶猛的动物常常三五成群地外出觅食和活动。

示例3：农业是国民经济的基础，也是二、三产业的基础。

4.5.3.5　标有引号的并列成分之间、标有书名号的并列成分之间通常不用顿号。若有其他成分插在并列的引号之间或并列的书名号之间（如引语或书名号之后还有括注），宜用顿号。

示例1：“日”“月”构成“明”字。

示例2：店里挂着“顾客就是上帝”“质量就是生命”等横幅。

示例3：《红楼梦》《三国演义》《西游记》《水浒传》，是我国长篇小说的四大名著。

示例4：李白的“白发三千丈”（《秋浦歌》）、“朝如青丝暮成雪”（《将进酒》）都是脍炙人口的诗句。

示例5：办公室里订有《人民日报》（海外版）、《光明日报》和《时代周刊》等报刊。

4.6　分号

4.6.1　定义

句内点号的一种，表示复句内部并列关系分句之间的停顿，以及非并列关系的多重复句中第一层分句之间的停顿。

4.6.2　形式

分号的形式是“；”。

4.6.3　基本用法

4.6.3.1　表示复句内部并列关系的分句（尤其当分句内部还有逗号时）之间的停顿。

示例1：语言文字的学习，就理解方面说，是得到一种知识；就运用方面说，是养成一种习惯。

示例2:内容有分量,尽管文章短小,也是有分量的;内容没有分量,即使写得再长也没有用。

4.6.3.2 表示非并列关系的多重复句中第一层分句(主要是选择、转折等关系)之间的停顿。

示例1:人还没看见,已经先听见歌声了;或者人已经转过山头望不见了,歌声还余音袅袅。

示例2:尽管人民革命的力量在开始时总是弱小的,所以总是受压的;但是由于革命的力量代表历史发展的方向,因此本质上又是不可战胜的。

示例3:不管一个人如何伟大,也总是生活在一定的环境和条件下;因此,个人的见解总难免带有某种局限性。

示例4:昨天夜里下了一场雨,以为可以凉快些;谁知没有凉快下来,反而更热了。

4.6.3.3 用于分项列举的各项之间。

示例:特聘教授的岗位职责为:一、讲授本学科的主干基础课程;二、主持本学科的重大科研项目;三、领导本学科的学术队伍建设;四、带领本学科赶超或保持世界先进水平。

4.7 冒号

4.7.1 定义

句内点号的一种,表示语段中提示下文或总结上文的停顿。

4.7.2 形式

冒号的形式是“:”。

4.7.3 基本用法

4.7.3.1 用于总说性或提示性词语(如“说”“例如”“证明”等)之后,表示提示下文。

示例1:北京紫禁城有四座城门:午门、神武门、东华门和西华门。

示例2:她高兴地说:“咱们去好好庆祝一下吧!”

示例3:小王笑着点了点头:“我就是这么想的。”

示例4:这一事实证明:人能创造环境,环境同样也能创造人。

4.7.3.2 表示总结上文。

示例:张华上了大学,李萍进了技校,我当了工人:我们都有美好的前途。

4.7.3.3 用在需要说明的词语之后,表示注释和说明。

示例1:(本市将举办首届大型书市。)主办单位:市文化局;承办单位:市图书进出口公司;时间:8月15日—20日;地点:市体育馆观众休息厅。

示例2:(做阅读理解题有两个办法。)办法之一:先读题干,再读原文,带着问题有针对性地读课文。办法之二:直接读原文,读完再做题,减少先入为主的干扰。

4.7.3.4 用于书信、讲话稿中称谓语或称呼语之后。

示例1:广平先生:……

示例2:同志们、朋友们:……

4.7.3.5 一个句子内部一般不应套用冒号。在列举式或条文式表述中,如不得不套用冒号时,宜另起段落来显示各个层次。

示例:第十条 遗产按照下列顺序继承:

第一顺序:配偶、子女、父母。

第二顺序：兄弟姐妹、祖父母、外祖父母。

4.8 引号

4.8.1 定义

标号的一种，标示语段中直接引用的内容或需要特别指出的成分。

4.8.2 形式

引号的形式有双引号““　””和单引号“‘　’”两种。左侧的为前引号，右侧的为后引号。

4.8.3 基本用法

4.8.3.1 标示语段中直接引用的内容。

示例：李白诗中就有“白发三千丈”这样极尽夸张的语句。

4.8.3.2 标示需要着重论述或强调的内容。

示例：这里所谓的“文”，并不是指文字，而是指文采。

4.8.3.3 标示语段中具有特殊含义而需要特别指出的成分，如别称、简称、反语等。

示例1：电视被称作“第九艺术”。

示例2：人类学上常把古人化石统称为尼安德特人，简称“尼人”。

示例3：有几个“慈祥”的老板把捡来的菜叶用盐浸浸就算作工友的菜肴。

4.8.3.4 当引号中还需要使用引号时，外面一层用双引号，里面一层用单引号。

示例：他问：“老师，‘七月流火’是什么意思？”

4.8.3.5 独立成段的引文如果只有一段，段首和段尾都用引号；不止一段时，每段开头仅用前引号，只在最后一段末尾用后引号。

示例：我曾在报纸上看到有人这样谈幸福：

“幸福是知道自己喜欢什么和不喜欢什么。……

“幸福是知道自己擅长什么和不擅长什么。……

“幸福是在正确的时间做了正确的选择。……”

4.8.3.6 在书写带月、日的事件、节日或其他特定意义的短语（含简称）时，通常只标引其中的月和日；需要突出和强调该事件或节日本身时，也可连同事件或节日一起标引。

示例1：“5·12”汶川大地震

示例2：“五四”以来的话剧，是我国戏剧中的新形式。

示例3：纪念“五四运动”90周年

4.9 括号

4.9.1 定义

标号的一种，标示语段中的注释内容、补充说明或其他特定意义的语句。

4.9.2 形式

括号的主要形式是圆括号“（）”，其他形式还有方括号“[]”、六角括号“〔〕”和方头括号“【】”等。

4.9.3 基本用法

4.9.3.1 标示下列各种情况，均用圆括号：

a)标示注释内容或补充说明。

示例1：我校拥有特级教师（含已退休的）17人。

示例2：我们不但善于破坏一个旧世界，我们还将善于建设一个新世界！（热烈鼓掌）

b)标示订正或补加的文字。

示例3:信纸上用稚嫩的字体写着:"阿夷(姨),你好!"

示例4:该建筑公司负责的建设工程全部达到优良工程(的标准)。

c)标示序次语。

示例5:语言有三个要素:(1)声音;(2)结构;(3)意义。

示例6:思想有三个条件:(一)事理;(二)心理;(三)伦理。

d)标示引语的出处。

示例7:他说得好:"未画之前,不立一格;既画之后,不留一格。"(《板桥集·题画》)

e)标示汉语拼音注音。

示例8:"的(de)"这个字在现代汉语中最常用。

4.9.3.2　标示作者国籍或所属朝代时,可用方括号或六角括号。

示例1:[英]赫胥黎《进化论与伦理学》

示例2:〔唐〕杜甫著

4.9.3.3 报刊标示电讯、报道的开头,可用方头括号。

示例:【新华社南京消息】

4.9.3.4　标示公文发文字号中的发文年份时,可用六角括号。

示例:国发〔2011〕3号文件

4.9.3.5　标示被注释的词语时,可用六角括号或方头括号。

示例1:〔奇观〕奇伟的景象。

示例2:【爱因斯坦】物理学家。生于德国,1933年因受纳粹政权迫害,移居美国。

4.9.3.6　除科技书刊中的数学、逻辑公式外,所有括号(特别是同一形式的括号)应尽量避免套用。必须套用括号时,宜采用不同的括号形式配合使用。

示例:〔茸(róng)毛〕很细很细的毛。

4.10　破折号

4.10.1　定义

标号的一种,标示语段中某些成分的注释、补充说明或语音、意义的变化。

4.10.2　形式

破折号的形式是"——"。

4.10.3　基本用法

4.10.3.1　标示注释内容或补充说明(也可用括号,见4.9.3.1;二者的区别另见B.1.7)。

示例1:一个矮小而结实的日本中年人——内山老板走了过来。

示例2:我一直坚持读书,想借此唤起弟妹对生活的希望——无论环境多么困难。

4.10.3.2　标示插入语(也可用逗号,见4.4.3.3)。

示例:这简直就是——说得不客气点——无耻的勾当!

4.10.3.3　标示总结上文或提示下文(也可用冒号,见4.7.3.1、4.7.3.2)。

示例1:坚强,纯洁,严于律己,客观公正——这一切都难得地集中在一个人身上。

示例2:画家开始娓娓道来——

　　数年前的一个寒冬……

4.10.3.4　标示话题的转换。

示例:“好香的干菜,——听到风声了吗?”赵七爷低声说道。

4.10.3.5　标示声音的延长。

示例:“嘎——”传过来一声水禽被惊动的鸣叫。

4.10.3.6　标示话语的中断或间隔。

示例1:“班长他牺——”小马话没说完就大哭起来。

示例2:“亲爱的妈妈,你不知道我多爱您。——还有你,我的孩子!”

4.10.3.7　标示引出对话。

示例:——你长大后想成为科学家吗?

——当然想了!

4.10.3.8　标示事项列举分承。

示例:根据研究对象的不同,环境物理学分为以下五个分支学科:

——环境声学;

——环境光学;

——环境热学;

——环境电磁学;

——环境空气动力学。

4.10.3.9　用于副标题之前。

示例:飞向太平洋

——我国新型号运载火箭发射目击记

4.10.3.10　用于引文、注文后,标示作者、出处或注释者。

示例1:先天下之忧而忧,后天下之乐而乐。

——范仲淹

示例2:乐浪海中有倭人,分为百余国。

——《汉书》

示例3:很多人写好信后把信笺折成方胜形,我看大可不必。(方胜,指古代妇女戴的方形首饰,用彩绸等制作,由两个斜方部分叠合而成。——编者注)

4.11　省略号

4.11.1　定义

标号的一种,标示语段中某些内容的省略及意义的断续等。

4.11.2　形式

省略号的形式是“……”。

4.11.3　基本用法

4.11.3.1　标示引文的省略。

示例:我们齐声朗诵起来:“……俱往矣,数风流人物,还看今朝。”

4.11.3.2　标示列举或重复词语的省略。

示例1:对政治的敏感,对生活的敏感,对性格的敏感,……这都是作家必须要有的素质。

示例2:他气得连声说:“好,好……算我没说。”

4.11.3.3　标示语意未尽。

示例1：在人迹罕至的深山密林里，假如突然看见一缕炊烟，……

示例2：你这样干，未免太……！

4.11.3.4　标示说话时断断续续。

示例：她磕磕巴巴地说："可是……太太……我不知道……你一定是认错了。"

4.11.3.5　标示对话中的沉默不语。

示例："还没结婚吧？"

"……"他飞红了脸，更加忸怩起来。

4.11.3.6　标示特定的成分虚缺。

示例：只要……就……

4.11.3.7　在标示诗行、段落的省略时，可连用两个省略号（即相当于十二连点）。

示例1：从隔壁房间传来缓缓而抑扬顿挫的吟咏声——

床前明月光，疑是地上霜。

…………

示例2：该刊根据工作质量、上稿数量、参与程度等方面的表现，评选出了高校十佳记者站。还根据发稿数量、提供新闻线索情况以及对刊物的关注度等，评选出了十佳通讯员。

…………

4.12　着重号

4.12.1　定义

标号的一种，标示语段中某些重要的或需要指明的文字。

4.12.2　形式

着重号的形式是"."，标注在相应文字的下方。

4.12.3　基本用法

4.12.3.1　标示语段中重要的文字。

示例1：诗人需要表现，而不是证明。

示例2：下面对本文的理解，不正确的一项是：……

4.12.3.2　标示语段中需要指明的文字。

示例：下边加点的字，除了在词中的读法外，还有哪些读法？

着急　　子弹　　强调

4.13　连接号

4.13.1　定义

标号的一种，标示某些相关联成分之间的连接。

4.13.2　形式

连接号的形式有短横线"－"、一字线"—"和浪纹线"～"三种。

4.13.3　基本用法

4.13.3.1　标示下列各种情况，均用短横线：

a）化合物的名称或表格、插图的编号。

示例1：3－戊酮为无色液体，对眼及皮肤有强烈刺激性。

示例2：参见下页表2－8、表2－9。

b)连接号码,包括门牌号码、电话号码,以及用阿拉伯数字表示年月日等。

示例3:安宁里东路26号院3－2－11室

示例4:联系电话:010－88842603

示例5:2011－02－15

c)在复合名词中起连接作用。

示例6:吐鲁番－哈密盆地

d)某些产品的名称和型号。

示例7:WZ－10直升机具有复杂天气和夜间作战的能力。

e)汉语拼音、外来语内部的分合。

示例8:shuōshuō－xiàoxiào(说说笑笑)

示例9:盎格鲁－撒克逊人

示例10:让－雅克·卢梭("让－雅克"为双名)

示例11:皮埃尔·孟戴斯－弗朗斯("孟戴斯－弗朗斯"为复姓)

4.13.3.2　标示下列各种情况,一般用一字线,有时也可用浪纹线:

a)标示相关项目(如时间、地域等)的起止。

示例1:沈括(1031—1095),宋朝人。

示例2:2011年2月3日—10日

示例3:北京—上海特别旅客快车

b)标示数值范围(由阿拉伯数字或汉字数字构成)的起止。

示例4:25～30g

示例5:第五～八课

4.14　间隔号

4.14.1　定义

标号的一种,标示某些相关联成分之间的分界。

4.14.2　形式

间隔号的形式是"·"。

4.14.3　基本用法

4.14.3.1　标示外国人名或少数民族人名内部的分界。

示例1:克里丝蒂娜·罗塞蒂

示例2:阿依古丽·买买提

4.14.3.2　标示书名与篇(章、卷)名之间的分界。

示例:《淮南子·本经训》

4.14.3.3　标示词牌、曲牌、诗体名等和题名之间的分界。

示例1:《沁园春·雪》

示例2:《天净沙·秋思》

示例3:《七律·冬云》

4.14.3.4　用在构成标题或栏目名称的并列词语之间。

示例:《天·地·人》

4.14.3.5　以月、日为标志的事件或节日,用汉字数字表示时,只在一、十一和十二月后用间隔号；当直接用阿拉伯数字表示时，月、日之间均用间隔号（半角字符）。

示例1："九一八"事变　"五四"运动

示例2："一·二八"事变　"一二·九"运动

示例3："3·15"消费者权益日　"9·11"恐怖袭击事件

4.15　书名号

4.15.1　定义

标号的一种，标示语段中出现的各种作品的名称。

4.15.2　形式

书名号的形式有双书名号"《　》"和单书名号"〈　〉"两种。

4.15.3　基本用法

4.15.3.1　标示书名、卷名、篇名、刊物名、报纸名、文件名等。

示例1：《红楼梦》（书名）

示例2：《史记·项羽本纪》（卷名）

示例3：《论雷峰塔的倒掉》（篇名）

示例4：《每周关注》（刊物名）

示例5：《人民日报》（报纸名）

示例6：《全国农村工作会议纪要》（文件名）

4.15.3.2　标示电影、电视、音乐、诗歌、雕塑等各类用文字、声音、图像等表现的作品的名称。

示例1：《渔光曲》（电影名）

示例2：《追梦录》（电视剧名）

示例3：《勿忘我》（歌曲名）

示例4：《沁园春·雪》（诗词名）

示例5：《东方欲晓》（雕塑名）

示例6：《光与影》（电视节目名）

示例7：《社会广角镜》（栏目名）

示例8：《庄子研究文献数据库》（光盘名）

示例9：《植物生理学系列挂图》（图片名）

4.15.3.3　标示全中文或中文在名称中占主导地位的软件名。

示例：科研人员正在研制《电脑卫士》杀毒软件。

4.15.3.4　标示作品名的简称。

示例：我读了《念青唐古拉山脉纪行》一文（以下简称《念》），收获很大。

4.15.3.5　当书名号中还需要书名号时，里面一层用单书名号，外面一层用双书名号。

示例：《教育部关于提请审议〈高等教育自学考试试行办法〉的报告》

4.16　专名号

4.16.1　定义

标号的一种，标示古籍和某些文史类著作中出现的特定类专有名词。

4.16.2　形式

专名号的形式是一条直线，标注在相应文字的下方。

4.16.3　基本用法

4.16.3.1　标示古籍、古籍引文或某些文史类著作中出现的专有名词，主要包括人名、地名、国名、民族名、朝代名、年号、宗教名、官署名、组织名等。

示例1：孙坚人马被刘表率军围得水泄不通。（人名）

示例2：于是聚集冀、青、幽、并四州兵马七十多万准备决一死战。（地名）

示例3：当时乌孙及西域各国都向汉派遣了使节。（国名、朝代名）

示例4：从咸宁二年到太康十年，匈奴、鲜卑、乌桓等族人徙居塞内。（年号、民族名）

4.16.3.2　现代汉语文本中的上述专有名词，以及古籍和现代文本中的单位名、官职名、事件名、会议名、书名等不应使用专名号。必须使用标号标示时，宜使用其他相应标号（如引号、书名号等）。

4.17　分隔号

4.17.1　定义

标号的一种，标示诗行、节拍及某些相关文字的分隔。

4.17.2　形式

分隔号的形式是“/”。

4.17.3　基本用法

4.17.3.1　诗歌接排时分隔诗行（也可使用逗号和分号，见4.4.3.1/4.6.3.1）。

示例：春眠不觉晓/处处闻啼鸟/夜来风雨声/花落知多少。

4.17.3.2　标示诗文中的音节节拍。

示例：横眉/冷对/千夫指，俯首/甘为/孺子牛。

4.17.3.3　分隔供选择或可转换的两项，表示“或”。

示例：动词短语中除了作为主体成分的述语动词之外，还包括述语动词所带的宾语和/或补语。

4.17.3.4　分隔组成一对的两项，表示“和”。

示例1：13/14次特别快车

示例2：羽毛球女双决赛中国组合杜婧/于洋两局完胜韩国名将李孝贞/李敬元。

4.17.3.5　分隔层级或类别。

示例：我国的行政区划分为：省（直辖市、自治区）/省辖市（地级市）/县（县级市、区、自治州）/乡（镇）/村（居委会）。

5　标点符号的位置和书写形式

5.1　横排文稿标点符号的位置和书写形式

5.1.1　句号、逗号、顿号、分号、冒号均置于相应文字之后，占一个字位置，居左下，不出现在一行之首。

5.1.2　问号、叹号均置于相应文字之后，占一个字位置，居左，不出现在一行之首。两个问号（或叹号）叠用时，占一个字位置；三个问号（或叹号）叠用时，占两个字位置；问号和叹号连用时，占一个字位置。

5.1.3　引号、括号、书名号中的两部分标在相应项目的两端，各占一个字位置。其中前一半不出现在一行之末，后一半不出现在一行之首。

5.1.4 破折号标在相应项目之间，占两个字位置，上下居中，不能中间断开分处上行之末和下行之首。

5.1.5 省略号占两个字位置，两个省略号连用时占四个字位置并须单独占一行。省略号不能中间断开分处上行之末和下行之首。

5.1.6 连接号中的短横线比汉字“一”略短，占半个字位置；一字线比汉字“一”略长，占一个字位置；浪纹线占一个字位置。连接号上下居中，不出现在一行之首。

5.1.7 间隔号标在需要隔开的项目之间，占半个字位置，上下居中，不出现在一行之首。

5.1.8 着重号和专名号标在相应文字的下边。

5.1.9 分隔号占半个字位置，不出现在一行之首或一行之末。

5.1.10 标点符号排在一行末尾时，若为全角字符则应占半角字符的宽度（即半个字位置），以使视觉效果更美观。

5.1.11 在实际编辑出版工作中，为排版美观、方便阅读等需要，或为避免某一小节最后一个汉字转行或出现在另外一页开头等情况（浪费版面及视觉效果差），可适当压缩标点符号所占用的空间。

5.2 竖排文稿标点符号的位置和书写形式

5.2.1 句号、问号、叹号、逗号、顿号、分号和冒号均置于相应文字之下偏右。

5.2.2 破折号、省略号、连接号、间隔号和分隔号置于相应文字之下居中，上下方向排列。

5.2.3 引号改用双引号“﹁”“﹂”和单引号“﹁”“﹂”，括号改用“︵”“︶”，标在相应项目的上下。

5.2.4 竖排文稿中使用浪线式书名号“﹏”，标在相应文字的左侧。

5.2.5 着重号标在相应文字的右侧，专名号标在相应文字的左侧。

5.2.6 横排文稿中关于某些标点不能居行首或行末的要求，同样适用于竖排文稿。

附录A （规范性附录） 标点符号用法的补充规则

A.1 句号用法补充规则

图或表的短语式说明文字，中间可用逗号，但末尾不用句号。即使有时说明文字较长，前面的语段已出现句号，最后结尾处仍不用句号。

示例1：行进中的学生方队

示例2：经过治理，本市市容市貌焕然一新。这是某区街道一景

A.2 问号用法补充规则

使用问号应以句子表示疑问语气为依据，而并不根据句子中包含有疑问词。当含有疑问词的语段充当某种句子成分，而句子并不表示疑问语气时，句末不用同号。

示例1：他们的行为举止、审美趣味，甚至读什么书，坐什么车，都在媒体掌握之中。

示例2：谁也不见，什么也不吃，哪儿也不去。

示例3：我也不知道他究竟躲到什么地方去了。

A.3 逗号用法补充规则

用顿号表示较长、较多或较复杂的并列成分之间的停顿时，最后一个成分前可用“以及(及)”进行连接，“以及(及)”之前应用逗号。

示例：压力过大、工作时间过长、作息不规律，以及忽视营养均衡等，均会导致健康状况的下降。

A.4　顿号用法补充规则

A.4.1　表示含有顺序关系的并列各项间的停顿，用顿号，不用逗号。下例解释“对于”一词用法，“人”“事物”“行为”之间有顺序关系(即人和人、人和事物、人和行为、事物和事物、事物和行为、行为和行为等六种对待关系)，各项之间应用顿号。

示例：[对于]表示人，事物，行为之间的相互对待关系。(误)

[对于]表示人、事物、行为之间的相互对待关系。(正)

A.4.2　用阿拉伯数字表示年月日的简写形式时，用短横线连接号，不用顿号。

示例：2010、03、02(误)

2010－03－02(正)

A.5 分号用法补充规则

分项列举的各项有一项或多项已包含句号时，各项的末尾不能再用分号。

示例：本市先后建立起三大农业生产体系：一是建立甘蔗生产服务体系。成立糖业服务公司，主要给农民提供机耕等服务；二是建立蚕桑生产服务体系。……；三是建立热作服务体系。……。(误)

本市先后建立起三大农业生产体系：一是建立甘蔗生产服务体系等服务。成立糖业服务公司，主要给农民提供机耕等服务。二是建立蚕桑生产服务体系。……。三是建立热作服务体系。……。(正)

A.6　冒号用法补充规则

A.6.1　冒号用在提示性话语之后引起下文。表面上类似但实际不是提示性话语的，其后用逗号。

示例1：郦道元《水经注》记载：“沼西际山枕水，有唐叔虞祠。”(提示性话语)

示例2：据《苏州府志》载，苏州城内大小园林有150多座，可算名副其实的园林之城。(非提示性话语)

A.6.2　冒号提示范围无论大小(一句话、几句话甚至几段话)，都应与提示性话语保持一致(即在该范围的末尾要用句号点断)。应避免冒号涵盖范围过窄或过宽。

示例：艾滋病有三个传播途径：血液传播，性传播和母婴传播，日常接触是不会传播艾滋病的。(误)

艾滋病有三个传播途径：血液传播，性传播和母婴传播。日常接触是不会传播艾滋病的。(正)

A.6.3　冒号应用在有停顿处，无停顿处不应用冒号。

示例1：他头也不抬，冷冷地问：“你叫什么名字？”(有停顿)

示例2：这事你得拿主意，光说“不知道”怎么行？(无停顿)

A.7 引号用法补充规则

“丛刊”“文库”“系列”“书系”等作为系列著作的选题名，宜用引号标引。当“丛刊”等为选题名的一部分时，放在引号之内，反之则放在引号之外。

示例1:“汉译世界学术名著丛书”

示例2:“中国哲学典籍文库”

示例3:“20世纪心理学通览”丛书

A.8　括号用法补充规则

括号可分为句内括号和句外括号。句内括号用于注释句子里的某些词语,即本身就是句子的一部分,应紧跟在被注释的词语之后。句外括号则用于注释句子、句群或段落,即本身结构独立,不属于前面的句子、句群或段落,应位于所注释语段的句末点号之后。

示例:标点符号是辅助文字记录语言的符号,是书面语的有机组成部分,用来表示语句的停顿、语气以及标示某些成分(主要是词语)的特定性质和作用。(数学符号、货币符号、校勘符号等特殊领域的专门符号不属于标点符号。)

A.9　省略号用法补充规则

A.9.1　不能用多于两个省略号(多于12点)连在一起表示省略。省略号须与多点连续的连珠号相区别(后者主要是用于表示目录中标题和页码对应和连接的专门符号)。

A.9.2 省略号和“等”“等等”“什么的”等词语不能同时使用。在需要读出来的地方用“等”“等等”“什么的”等词语,不用省略号。

示例:含有铁质的食物有猪肝、大豆、油菜、菠菜……等。(误)

　　含有铁质的食物有猪肝、大豆、油菜、菠菜等。(正)

A.10　着重号用法补充规则

不应使用文字下加直线或波浪线等形式表示着重。文字下加直线为专名号形式(4.16);文字下加浪纹线是特殊书名号(A.13.6)。着重号的形式统一为相应项目下加小圆点。

示例:下面对本文的理解,不正确的一项是(误)

　　下面对本文的理解,不正确的一项是(正)

A.11　连接号用法补充规则

浪纹线连接号用于标示数值范围时,在不引起歧义的情况下,前一数值附加符号或计量单位可省略。

示例:5公斤～100公斤(正)

　　5～100公斤(正)

A.12　间隔号用法补充规则

当并列短语构成的标题中已用间隔号隔开时,不应再用“和”类连词。

示例:《水星·火星和金星》(误)

　　《水星·火星·金星》(正)

A.13　书名号用法补充规则

A.13.1　不能视为作品的课程、课题、奖品奖状、商标、证照、组织机构、会议、活动等名称,不应用书名号。下面均为书名号误用的示例:

示例1:下学期本中心将开设《现代企业财务管理》《市场营销》两门课程。

示例2:明天将召开《关于“两保两挂”的多视觉理论思考》课题立项会。

示例3:本市将向70岁以上(含70岁)老年人颁发《敬老证》。

示例4:本校共获得《最佳印象》《自我审美》《卡拉OK》等六个奖杯。

示例5:《闪光》牌电池经久耐用。

示例6:《文史杂志社》编辑力量比较雄厚。

示例7:本市将召开《全目食用天然色素应用研讨会》。

示例8:本报将于今年暑假举行《墨宝杯》书法大赛。

A.13.2 有的名称应根据指称意义的不同确定是否用书名号。如文艺晚会指一项活动时,不用书名号;而特指一种节目名称时,可用书名号。再如展览作为一种文化传播的组织形式时,不用书名号;特定情况下将某项展览作为一种创作的作品时,可用书名号。

示例1:2008年重阳联欢晚会受到观众的称赞和好评。

示例2:本台将重播《2008年重阳联欢晚会》。

示例3:"雪域明珠——中国西藏文化展"今天隆重开幕。

示例4:《大地飞歌艺术展》是一部大型现代艺术作品。

A.13.3 书名后面表示该作品所属类别的普通名词不标在书名号内。

示例:《我们》杂志

A.13.4 书名有时带有括注。如果括注是书名、篇名等的一部分,应放在书名号之内,反之则应放在书名号之外。

示例1:《琵琶行(并序)》

示例2:《中华人民共和国民事诉讼法(试行)》

示例3:《新政治协商会议筹备会组织条例(草案)》

示例4:《百科知识》(彩图本)

示例5:《人民日报》(海外版)

A.13.5 书名、篇名末尾如有叹号或问号,应放在书名号之内。

示例1:《日记何罪!》

示例2:《如何做到同工又同酬?》

A.13.6 在古籍或某些文史类著作中,为与专名号配合,书名号也可改用浪线式"﹏",标注在书名下方。这可以看作特殊的专名号或特殊的书名号。

A.14 分隔号用法补充规则

分隔号又称正斜线号,须与反斜线号"\"相区别(后者主要是用于编写计算机程序的专门符号)。使用分隔号时,紧贴着分隔号的前后通常不用点号。

附录B (资料性附录) 标点符号若干用法的说明

B.1 易混标点符号用法比较

B.1.1 逗号、顿号表示并列词语之间停顿的区别

逗号和顿号都表示停顿,但逗号表示的停顿长,顿号表示的停顿短。并列词语之间的停顿一般用顿号,但当并列词语较长或其后有语气词时,为了表示稍长一点的停顿,也可用逗号。

示例1:我喜欢吃的水果有苹果、桃子、香蕉和菠萝。

示例2:我们需要了解全局和局部的统一,必然和偶然的统一,本质和现象的统一。

示例3:看游记最难弄清位置和方向,前啊,后啊,左啊,右啊,看了半天,还是不明白。

B.1.2　逗号、顿号在表列举省略的“等”“等等”之类词语前的使用

并列成分之间用顿号，末尾的并列成分之后用“等”“等等”之类词语时，“等”类词前不用顿号或其他点号；并列成分之间用逗号，末尾的并列成分之后用“等”类词时，“等”类词前应用逗号。

示例1：现代生物学、物理学、化学、数学等基础科学的发展，带动了医学科学的进步。

示例2：写文章前要想好：文章主题是什么，用哪些材料，哪些详写，哪些略写，等等。

B.1.3　逗号、分号表示分句间停顿的区别

当复句的表述不复杂、层次不多，相连的分句语气比较紧凑、分句内部也没有使用逗号表示停顿时，分句间的停顿多用逗号。当用逗号不易分清多重复句内部的层次(如分句内部已有逗号)，而用句号又可能割裂前后关系的地方，应用分号表示停顿。

示例1：她拿起钥匙，开了箱上的锁，又开了首饰盒上的锁，往老地方放钱。

示例2：纵比，即以一事物的各个发展阶段作比；横比，则以此事物与彼事物相比。

B.1.4　顿号、逗号、分号在标示层次关系时的区别

句内点号中，顿号表示的停顿最短、层次最低，通常只能表示并列词语之间的停顿；分号表示的停顿最长、层次最高，可以用来表示复句的第一层分句之间的停顿；逗号介于两者之间，既可表示并列词语之间的停顿，也可表示复句中分句之间的停顿。若分句内部已用逗号，分句之间就应用分号(见B.1.3示例2)。用分号隔开的几个并列分句不能由逗号统领或总结。

示例1：有的学会烤烟，自己做挺讲究的纸烟和雪茄；有的学会蔬菜加工，做的番茄酱能吃到冬天；有的学会蔬菜腌渍、窖藏，使秋菜接上春菜。

示例2：动物吃植物的方式多种多样，有的是把整个植物吃掉，如原生动物；有的是把植物的大部分吃掉，如鼠类；有的是吃掉植物的要害部位，如鸟类吃掉植物的嫩芽。(误)

动物吃植物的方式多种多样：有的是把整个植物吃掉，如原生动物；有的是把植物的大部分吃掉，如鼠类；有的是吃掉植物的要害部位，如鸟类吃掉植物的嫩芽。(正)

B.1.5　冒号、逗号用于“说”“道”之类词语后的区别

位于引文之前的“说”“道”后用冒号。位于引文之后的“说”“道”分两种情况：处于句末时，其后用句号；“说”“道”后还有其他成分时，其后用逗号。插在话语中间的“说”“道”类词语后只能用逗号表示停顿。

示例1：他说：“晚上就来家里吃饭吧。”

示例2：“我真的很期待。”他说。

示例3：“我有件事忘了说……”他说，表情有点为难。

示例4：“现在请皇上脱下衣服，”两个骗子说，“好让我们为您换上新衣。”

B.1.6　不同点号表示停顿长短的排序

各种点号都表示说话时的停顿。句号、问号、叹号都表示句子完结，停顿最长。分号用于复句的分句之间，停顿长度介于句末点号和逗号之间，而短于冒号。逗号表示一句话中间的停顿，又短于分号。顿号用于并列词语之间，停顿最短。通常情况下，各种点号表示的停顿由长到短为：句号＝问号＝叹号＞冒号(指涵盖范围为一句话的冒号)＞分号＞逗号＞顿号。

B.1.7　破折号与括号表示注释或补充说明时的区别

破折号用于表示比较重要的解释说明，这种补充是正文的一部分，可与前后文连读；而括号表示比较一般的解释说明，只是注释而非正文，可不与前后文连读。

示例1：在今年——农历虎年，必须取得比去年更大的成绩。

示例2：哈雷在牛顿思想的启发下，终于认出了他所关注的彗星（该星后人称为哈雷彗星）。

B.1.8　书名号、引号在“题为……”“以……为题”格式中的使用

“题为……”“以……为题”中的“题”，如果是诗文、图书、报告或其他作品可作为篇名、书名看待时，可用书名号；如果是写作、科研、辩论、谈话的主题，非特定作品的标题，应用引号。即“题为……”“以……为题”中的“题”应根据其类别分别按书名号和引号的用法处理。

示例1：有篇题为《柳宗元的诗》的文章，全文才2000字，引文不实却达11处之多。

示例2：今天一个“地球·人口·资源·环境”为题的大型宣传活动在此间举行。

示例3：《我的老师》写于1956年9月，是作者应《教师报》之约而写的。

示例4：“我的老师”这类题目，同学们也许都写过。

B.2　两个标点符号连用的说明

B.2.1　行文中表示引用的引号内外的标点用法

当引文完整且独立使用，或虽不独立使用但带有问号或叹号时，引号内句末点号应保留。除此之外，引号内不用句末点号。当引文处于句子停顿处（包括句子末尾）且引号内未使用点号时，引号外应使用点号；当引文位于非停顿处或者引号内已使用句末点号时，引号外不用点号。

示例1“沉舟侧畔千帆过，病树前头万木春。”他最喜欢这两句诗。

示例2：书价上涨令许多读者难以接受，有些人甚至发出“还买得起书吗？”的疑问。

示例3：他以“条件还不成熟，准备还不充分”为由，否决了我们的提议。

示例4：你这样“明日复明日”地要拖到什么时候？

示例5：司马迁为了完成《史记》的写作，使之“藏之名山”，忍受了人间最大的侮辱。

示例6：在施工中要始终坚持“把质量当生命”。

示例7：“言之无文，行而不远”这句话，说明了文采的重要。

示例8：俗话说：“墙头一根草，风吹两边倒。”用这句话来形容此辈再恰当不过。

B.2.2　行文中括号内外的标点用法

括号内行文末尾需要时可用问号、叹号和省略号。除此之外，句内括号行文末尾通常不用标点符号。句外括号行文末尾是否用句号由括号内的语段结构决定：若语段较长、内容复杂，应用句号。句内括号外是否用点号取决于括号所处位置：若句内括号处于句子停顿处，应用点号。句外括号外通常不用点号。

示例1：如果不采取（但应如何采取呢？）十分具体的控制措施，事态将进一步扩大。

示例2：3分钟过去了（仅仅才3分钟！），从眼前穿梭而过的出租车竟达32辆！

示例3：她介绍时用了一连串比喻（有的状如树枝，有的貌似星海……），非常形象。

示例4：科技协作合同（包括科研、试制、成果推广等）根据上级主管部门或有关部门的计划签订。

示例5：应把夏朝看作原始公社向奴隶制国家过渡时期。（龙山文化遗址里，也有俯身葬。俯身者很可能就是奴隶。）

示例 6：问：你对你不喜欢的上司是什么态度？

答：感情上疏远，组织上服从。（掌声，笑声）

示例 7：古汉语（特别是上古汉语），对于我来说，有着常人无法想象的吸引力。

示例 8：由于这种推断尚未经过实践的考验，我们只能把它作为假设（或假说）提出来。

示例 9：人际交往过程就是使用语词传达意义的过程。（严格说，这里的“语词”应为语词指号。）

B.2.3　破折号前后的标点用法

破折号之前通常不用点号，但根据句子结构和行文需要，有时也可分别使用句内点号或句末点号。破折号之后通常不会紧跟着使用其他点号；但当破折号表示语音的停顿或延长时，根据语气表达的需要，其后可紧接问号或叹号。

示例 1：小妹说：“我现在工作得挺好，老板对我不错，工资也挺高。——我能抽支烟吗？”（表示话题的转折）

示例 2：我不是自然主义者，我主张文学高于现实，能够稍稍居高临下地去看现实，因为文学的任务不仅在于反映现实。光描写现存的事物还不够，还必须记住我们所希望的和可能产生的事物。必须使现象典型化。应该把微小而有代表性的事物写成重大的和典型的事物。——这就是文学的任务。（表示对前几句话的总结）

示例 3：“是他——？”石一川简直不敢相信自己的耳朵。

示例 4：“我终于考上大学啦！我终于考上啦——！”金石开兴奋得快要晕过去了。

B.2.4　省略号前后的标点用法

省略号之前通常不用点号。以下两种情况例外：省略号前的句子表示强烈语气、句末使用问号或叹号时；省略号前不用点号就无法标示停顿或表明结构关系时。省略号之后通常也不用点号，但当句末表达强烈的语气或感情时，可在省略号后用问号或叹号；当省略号后还有别的话、省略的文字和后面的话不连续且有停顿时，应在省略号后用点号；当表示特定格式的成分虚缺时，省略号后可用点号。

示例 1：想起这些，我就觉得一辈子都对不起你。你对梁家的好，我感激不尽！……

示例 2：他进来了，……一身军装，一张朴实的脸，站在我们面前显得很高大，很年轻。

示例 3：这，这是……？

示例 4：动物界的规矩比人类还多，野骆驼、野猪、黄羊……，直至塔里木兔、跳鼠，都是各行其路，决不混淆。

示例 5：大火被渐渐扑灭，但一片片油污又旋即出现在遇难船旁……。清污船迅速赶来，并施放围栏以控制油污。

示例 6：如果……，那么……。

B.3　序次语之后的标点用法

B.3.1　“第”“其”字头序次语，或“首先”“其次”“最后”等做序次语时，后用逗号（见 4.4.3.3）。

B.3.2　不带括号的汉字数字或“天干地支”做序次语时，后用顿号（见 4.5.3.2）。

B.3.3　不带括号的阿拉伯数字、拉丁字母或罗马数字做序次语时，后面用下脚点（该符号属于外文的标点符号）。

示例 1：总之，语言的社会功能有三点：1. 传递信息，交流思想；2. 确定关系，调节关系；

3. 组织生活，组织生产。

示例 2：本课一共讲解三个要点：A. 生理停顿；B. 逻辑停顿；C. 语法停顿。

B.3.4　加括号的序次语后面不用任何点号。

示例 1：受教育者应履行以下义务：(一)遵守法律、法规；(二)努力学习，完成规定的学习任务；(三)遵守所在学校或其他教育机构的制度。

示例 2：科学家很重视下面几种才能：(1)想象力；(2)直觉的理解力；(3)数学能力。

B.3.5　阿拉伯数字与下脚点结合表示章节关系的序次语末尾不用任何点号。

示例：3　停顿

3.1　生理停顿

3.2　逻辑停顿

B.3.6　用于章节、条款的序次语后宜用空格表示停顿。

示例：第一课　春天来了

B.3.7　序次简单、叙述性较强的序次语后不用标点符号。

示例：语言的社会功能共有三点：一是传递信息；二是确定关系；三是组织生活。

B.3.8　同类数字形式的序次语，带括号的通常位于不带括号的下一层。通常第一层是带有顿号的汉字数字；第二层是带括号的汉字数字；第三层是带下脚点的阿拉伯数字；第四层是带括号的阿拉伯数字；再往下可以是带圈的阿拉伯数字或小写拉丁字母。一般可根据文章特点选择从某一层序次语开始行文，选定之后应顺着序次语的层次向下行文，但使用层次较低的序次语之后不宜反过来再使用层次更高的序次语。

示例：一、……

(一)……

1. ……

(1)……

①/a. ……

B.4　文章标题的标点用法

文章标题的末尾通常不用标点符号，但有时根据需要可用问号、叹号或省略号。

示例 1：看看电脑会有多聪明，让它下盘围棋吧

示例 2：猛龙过江：本店特色名菜

示例 3：严防“电脑黄毒”危害少年

示例 4：回家的感觉真好

——访大赛归来的本市运动员

示例 5：里海是湖，还是海？

示例 6：人体也是污染源！

示例 7：和平协议签署之后……

附录四

出版物上数字用法

（中华人民共和国国家标准 GB/T 15835—2011）

前　言

本标准按照 GB/T1.1－2009 给出的规则起草。

本标准代替 GB/T15835－2009《出版物上数字用法的规定》，与 GB/T15835－2009《出版物上数字用法的规定》相比，主要变化如下：

——原标准在汉字数字与阿拉伯数字中，明显倾向于使用阿拉伯数字。本标准不再强调这种倾向性。

——在继承原标准中关于数字用法应遵循“得体原则”和“局部题例一致原则”的基础上，通过措辞上的适当调整，以及更为具体的规定和示例，进一步明确了具体操作规范。

——将原标准的平级罗列式行文结构改为层级分类式行文结构。

——删除了原标准的基本术语“物理量”与“非物理量”，增补了“计量”“编号”“概数”作为基本术语。

本标准由教育部语言文字信息管理司提出并归口。

本标准主要起草单位：北京大学。

本标准主要起草人：詹卫东、覃士娟、曾石铭。

本标准所代替标准的历次版本发布情况为：

——GB/T15835－1995。

1　范　围

本标准规定了出版物上汉字数字和阿拉伯数字的用法。

本标准适用于各类出版物（文艺类出版物和重排古籍除外）。政府和企事业单位公文，以及教育、媒体和公共服务领域的数字用法，也可参照本标准执行。

2　规范性引用文件

下列文件对于本文件的应用是必不可少的。凡是注日期的引用文件，仅注日期的版本适用于本文件。凡是不注日期的引用文件，其最新版本（包括所有的修改单）适用于本文件。

GB/T7408—2005 数据元和交换格式信息交换日期和时间表示法

3 术语和定义

下列术语和定义适用于本文件。

3.1 计量 measuring

将数字用于加、减、乘、除等数学运算。

3.2 编号 numbering

将数字用于为事物命名或排序，但不用于数学运算。

3.3 概数 approximaten umber

用于模糊计量的数字。

4 数字形式的选用

4.1 选用阿拉伯数字

4.1.1 用于计量的数字

在使用数字进行计量的场合，为达到醒目、易于辨识的效果，应采用阿拉伯数字。

示例1：－125.03　34.05%　63%～68%　1：500　97/108

当数值伴随有计量单位时，如：长度、容积、面积、体积、质量、温度、经纬度、音量、频率等等，特别是当计量单位以字母表达时，应采用阿拉伯数字。

示例2：523.56km(523.56千米)　346.87L(346.87升)

5.34m²(5.34平方米)　567mm³(567立方毫米)

605g(605克)　100～150kg(100～150千克)

34～39℃(34～39摄氏度)　北纬40°(40度)

120 dB(120分贝)

4.1.2 用于编号的数字

在使用数字进行编号的场合，为达到醒目、易于辨识的效果，应采用阿拉伯数字。

示例：电话号码：98888

邮政编码：100871

通信地址：北京市海淀区复兴路11号

电子邮件地址：x186@186.net

网页地址：http://127.0.0.1

汽车号牌：京A00001

公交车号：302路公交车

道路编号：101国道

公文编号：国办发[1987]9号

图书编号：ISBN978—7—80184—224—4

刊物编号：CN11—1399

章节编号：4.1.2

产品型号：PH—3000型计算机

产品序列号：C84XB—JYVFD—P7HC4—6XKRJ—7M6XH

单位注册号：02050214

行政许可登记编号：0684D10004－828

4.1.3 已定型的含阿拉伯数字的词语

现代社会生活中出现的事物、现象、事件，其名称的书写形式中包含阿拉伯数字，已经广泛使用而稳定下来，应采用阿拉伯数字。

示例：3G 手机　MP3 播放器　G8 峰会　维生素 B12　97 号汽油　“5·27”事件　“12·5”枪击案

4.2 选用汉字数字

4.2.1 非公历纪年

干支纪年、农历月日、历史朝代纪年及其他传统上采用汉字形式的非公历纪年等等，应采用汉字数字。

示例：丙寅年十月十五日　庚辰年八月五日
腊月二十三　正月初五
八月十五中秋　秦文公四十四年
太平天国庚申十年九月二十四日　清咸丰十年九月二十日
藏历阳木龙年八月二十六日　日本庆应三年

4.2.2 概数

数字连用表示的概数、含“几”的概数，应采用汉字数字。

示例：三四个月　一二十个　四十五六岁
五六万套　五六十年前　几千
二十几　一百几十　几万分之一

4.2.3 已定型的含汉字数字的词语

汉语中长期使用已经稳定下来的包含汉字数字形式的词语，应采用汉字数字。

示例：万一　一律　一旦　三叶虫
四书五经　星期五　四氧化三铁　八国联军
七上八下　一心一意　不管三七二十一　一方面
二百五　半斤八两　五省一市　五讲四美
相差十万八千里　八九不离十　白发三千丈　不二法门
二八年华　五四运动　“一·二八”事变　“一二·九”运动

4.3 选用阿拉伯数字与汉字数字均可

如果表达计量或编号所需要用到的数字个数不多，选择汉字数字还是阿拉伯数字在书写的简洁性和辨识的清晰性两方面没有明显差异时，两种形式均可使用。

示例 1：17 号楼（十七号楼）　3 倍（三倍）
第 5 个工作日（第五个工作日）　100 多件（一百多件）
20 余次（二十余次）　约 300 人（约三百人）
40 天左右（四十天左右）　50 上下（五十上下）
50 多人（五十多人）　第 25 页（第二十五页）
第 8 天（第八天）　第 4 季度（第四季度）
第 45 页（第四十五页）　共 235 位同学（共二百三十五位同学）

0.5(零点五)　　76岁(七十六岁)
120周年(一百二十周年)　　1/3(三分之一)
公元前8世纪(公元前八世纪)　　20世纪80年代(二十世纪八十年代)
公元253年(公元二五三年)　　1997年7月1日(一九九七年七月一日)
下午4点40分(下午四点四十分)　　4个月(四个月)
12天(十二天)

如果要突出简洁醒目的表达效果,应使用阿拉伯数字;如果要突出庄重典雅的表达效果,应使用汉字数字。

示例2:北京时间2008年5月12日14时28分
十一届全国人大一次会议(不写为"11届全国人大1次会议")
六方会谈(不写为"6方会谈")

在同一场合出现的数字,应遵循"同类别同形式"原则来选择数字的书写形式。如果两数字的表达功能类别相同(比如都是表达年月日时间的数字),或者两数字在上下文中所处的层级相同(比如文章目录中同级标题的编号),应选用相同的形式。反之,如果两数字的表达功能不同,或所处层级不同,可以选用不同的形式。

示例3:2008年8月8日　二〇〇八年八月八日(不写为"二〇〇八年8月8日")
第一章　第二章……第十二章(不写为"第一章 第二章……第12章")
第二章的下一级标题可以用阿拉伯数字编号:2.1,2.2,……

应避免相邻的两个阿拉伯数字造成歧义的情况。

示例4:高三3个班　　高三三个班(不写为"高33个班")
高三2班　　高三(2)班(不写为"高32班")

有法律效力的文件、公告文件或财务文件中可同时采用汉字数字和阿拉伯数字。

示例5:2008年4月保险账户结算日利率为万分之一点五七五零(0.015750%)
35.5元(35元5角　三十五元五角　叁拾伍圆伍角)

5　数字形式的使用

5.1　阿拉伯数字的使用

5.1.1　多位数

为便于阅读,四位以上的整数或小数,可采用以下两种方式分节:

——第一种方式:千分撇

整数部分每三位一组,以","分节。小数部分不分节。四位以内的整数可以不分节。

示例1:624,000　　92,300,000　　19,351,235.235767　　1256

——第二种方式:千分空

从小数点起,向左和向右每三位数字一组,组间空四分之一个汉字,即二分之一个阿拉伯数字的位置。四位以内的整数可以不加千分空。

示例2:55 235 367.346 23　　98 235 358.238 368

注:各科学技术领域的多位数分节方式参照GB3101—1993的规定执行。

5.1.2　纯小数

纯小数必须写出小数点前定位的"0",小数点是齐阿拉伯数字底线的实心点"."。

示例:0.46 不写为.46 或 0。46

5.1.3　数值范围

在表示数值的范围时,可采用波浪式连接号“～”或一字线连接号“—”。前后两个数值的附加符号或计量单位相同时,在不造成歧义的情况下,前一个数值的附加符号或计量单位可省略。如果省略数值的附加符号或计量单位会造成歧义,则不应省略。

示例:－36～－8℃　400—429 页　100—150kg　12 500～20 000 元

9 亿～16 亿(不写为 9～16 亿) 13 万元～17 万元(不写为 13～17 万元)

15%～30%(不写为 15～30%)　$4.3\times10^6\sim5.7\times10^6$(不写为 $4.3\sim5.7\times10^6$)

5.1.4　年月日

年月日的表达顺序应按照口语中年月日的自然顺序书写。

示例 1:2008 年 8 月 8 日　1997 年 7 月 1 日

“年”“月”可按照 GB/T 7408—2005 的 5.2.1.1 中的扩展格式,用“－”替代,但年月日不完整时不能替代。

示例 2:2008－8－8　1997－7－1　8 月 8 日(不写为 8－8)

2008 年 8 月(不写为 2008－8)

四位数字表示的年份不用简写为两位数字。

示例 3:“1990 年”不写为“90 年”

月和日是一位数时,可在数字前补“0”。

示例 4:2008－08－08　1997－07－01

5.1.5　时分秒

计时方式即可采用 12 小时制,也可采用 24 小时制。

示例 1:11 时 40 分(上午 11 时 40 分)21 时 12 分 36 秒(晚上 9 时 12 分 36 秒)

时分秒的顺序应按照口语中时、分、秒的自然顺序书写。

示例 2:15 时 40 分　14 时 12 分 36 秒

“时”“分”也可按照 GB/T7408—2005 的 5.3.1.1 和 5.3.1.2 中的扩展格式,用“:”替代。

示例 3:15:40　14:12:36

5.1.6　含有月日的专名

含有月日的专名采用阿拉伯数字表示时,应采用间隔号“·”将月、日分开,并在数字前后加引号。

示例:“3·15”消费者权益日

5.1.7　书写格式

5.1.7.1　字体

出版物中的阿拉伯数字,一般应使用正体二分字身,即占半个汉字位置。

示例:234　57.236

5.1.7.2　换行

一个用阿拉伯数字书写的数值应在同一行中,避免被断开。

5.1.7.3　竖排文本中的数字方向

竖排文字中的阿拉伯数字按顺时针方向转 90 度。旋转后要保证同一个词语单位的文字方向相同。

示例：

示例一

雪花牌BCD188型家用电冰箱容量是一百八十八升，功率为一百二十五瓦，市场售价两千零五十元，返修率仅为百分之零点一五。

示例二

海军J12号打捞救生船在太平洋上航行了十三天，于一九九〇年八月六日零时三十分返回基地。

5.2　汉字数字的使用

5.2.1　概数

两个数字连用表示概数时，两数之间不用顿号“、”隔开。

示例：二三米　一两个小时　三五天　一二十个　四十五六岁

5.2.2　年份

年份简写后的数字可以理解为概数时，一般不简写。

示例：“一九七八年”不写为“七八年”

5.2.3　含有月日的专名

含有月日的专名采用汉字数字表示时，如果涉及一月、十一月、十二月，应用间隔号“·”将表示月日的数字隔开，涉及其他月份时，不用间隔号。

示例：“一二·八”事变　“一二·九”运动　五一国际劳动节

5.2.4　大写汉字数字

——大写汉字数字的书写形式

零、壹、贰、叁、肆、伍、陆、柒、捌、玖、拾、佰、仟、万、亿

——大写汉字数字的适用场合

法律文书和财务票据上，应采用大写汉字数字形式记数。

示例：3,504元(叁仟伍佰零肆圆)　39,148元(叁万玖仟壹佰肆拾捌圆)

5.2.5　“零”和“〇”

阿拉伯数字“0”有“零”和“〇”两种汉字书写形式。一个数字用作计量时，其中“0”的汉字书写形式为“零”，用作编号时，“0”的汉字书写形式为“〇”。

示例：“3052(个)”的汉字数字形式为“三千零五十二”(不写为“三千〇五十二”)

“95.06”的汉字数字形式为“九十五点零六”(不写为“九十五点〇六”)

“公元2012(年)”的汉字数字形式为“二〇一二”(不写为“二零一二”)

5.3　阿拉伯数字与汉字数字同时使用

如果一个数值很大，数值中的“万”“亿”单位可以采用汉字数字，其余部分采用阿拉伯数字。

示例1：我国1982年人口普查人数为10亿零817万5288人。

除上面情况之外的一般数值，不能同时采用阿拉伯数字与汉字数字。

示例2：108可以写作“一百零八”，但不应写作“1百零8”“一百08”

4000可以写作“四千”，但不能写作“4千”

附录五

中华人民共和国国家标准

GB/T 14706—1993

校对符号及其用法

Proofreader's marks and their application

1 主题内容与适用范围

本标准规定了校对各种排版校样的专用符号及其用法。

本标准适用于中文(包括少数民族文字)各类校样的校对工作。

2 引用标准

GB 9851 印刷技术术语

3 术语

3.1 校对符号 proofreader's mark

以特定图形为主要特征的、表达校对要求的符号。

4 校对符号及用法示例

编号	符号形态	符号作用	符号在文中和页边用法示例	说明
		一、字符的改动		
1		改正	增高出版物质量。 提 改革开故 放	改正的字符较多,圈起来有困难时,可用线在页边画清改正的范围 必须更换的损、坏、污字也用改正符号画出
2		删除	提高出版物物质质量。	
3		增补	要搞好校工作。 对	增补的字符较多,圈起来有困难时,可用线在页边画清增补的范围
4		改正上下角	16=42 2 H_2SO4 4 尼古拉费欣 · 0.25+0.25=0.5 . 举例 2×3=6 : X Y=1:2 :	

国家技术监督局1993-11-16批准　　　　1994-07-01实施

续表

编号	符号形态	符号作用	符号在文中和页边用法示例	说　明
二、字符方向位置的移动				
5		转　正	字符颠倒要转正。	
6		对　调	认真经验总结。 认真验结经总。	用于相邻的字词 用于隔开的字词
7		接　排	要重视校对工作， 提高出版物质量。	
8		另　起　段	完成了任务。明年……	
9		转　移	校对工作，提高出 版物质量要重视。 "。以上引文均见中文新版《 列宁全集》。 编者　年　月 …… 各位编委：	用于行间附近的转移 用于相邻行首末衔接字符的推移 用于相邻页首末衔接行段的推移
10	或	上　下　移	序号 / 名　称 / 数量 01 / 显微镜 / 2	字符上移到缺口左右水平线处 字符下移到箭头所指的短线处
11	或	左　右　移	要重视校对工 作，提高出版物质量。 3 4　5 6　5 欢呼　歌　唱	字符左移到箭头所指的短线处 字符左移到缺口上下垂直线处 符号画得太小时，要在页边重标

续表

编号	符号形态	符号作用	符号在文中和页边用法示例	说　明
12		排　齐	校对工作非常重要。 必须提高印刷质量，缩短印制周期。 国家标准	
13		排阶梯形	RH_2	
14		正　图		符号横线表示水平位置，竖线表示垂直位置，箭头表示上方

三、字符间空距的改动

15	∨ >	加大空距	一、校对程序 校对胶印读物、影印书刊的注意事项：	表示在一定范围内适当加大空距 横式文字画在字头和行头之间
16	∧ <	减小空距	二、校对程　序 校对胶印读物、影印书刊的注意事项：	表示不空或在一定范围内适当减小空距 横式文字画在字头和行头之间
17		空　1　字距 空 1/2 字距 空 1/3 字距 空 1/4 字距	第一章校对职责和方法 1．责任校对	多个空距相同的，可用引线连出，只标示一个符号
18	Y	分　开	Goodmorning!	用于外文

续表

编号	符号形态	符号作用	符号在文中和页边用法示例	说　　明
			四、其　　他	
19	△	保　　留	认真搞好校对工作。	除在原删除的字符下画△外，并在原删除符号上画两竖线
20	○＝	代　　替	兰色的程度不同，从淡兰色到深兰色具有多种层次，如天兰色、湖兰色、海兰色、宝兰色…… ○＝蓝	同页内有两个或多个相同的字符需要改正的，可用符号代替，并在页边注明
21	○○○	说　　明	第一章　校对的职责　改黑体	说明或指令性文字不要圈起来，在其字下画圈，表示不作为改正的文字。如说明文字较多时，可在首末各三字下画圈

5　**使用要求**

5.1　校对校样，必须用色笔（墨水笔、圆珠笔等）书写校对符号和示意改正的字符，但是不能用灰色铅笔书写。

5.2　校样上改正的字符要书写清楚。校改外文，要用印刷体。

5.3　校样中的校对引线要从行间画出。墨色相同的校对引线不可交叉。

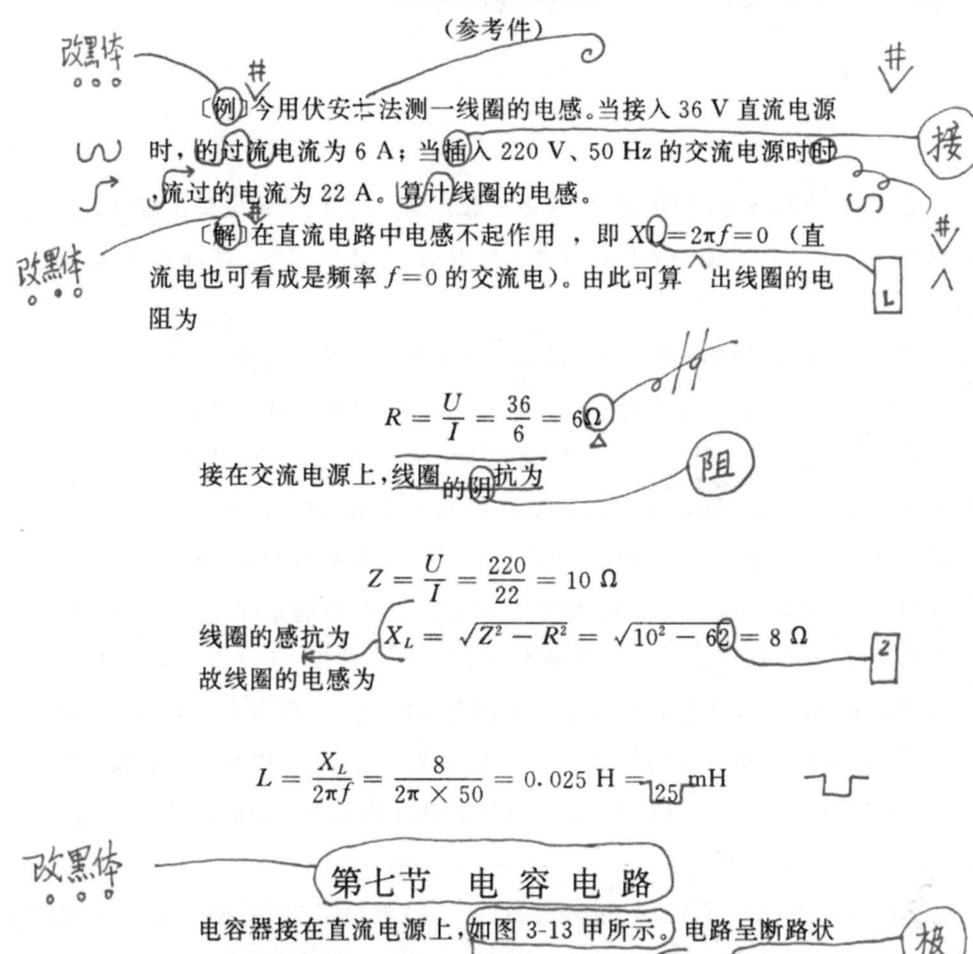

附加说明：

本标准由中华人民共和国新闻出版署提出。

本标准由全国印刷标准化技术委员会归口。

本标准由人民出版社负责起草。

参考文献

1. 沈冬娜，单立勋编著. 应用文写作（第三版）[M]. 北京：清华大学出版社，2020.

2. 夏晓鸣，张剑平主编. 应用文写作（第五版）[M]. 北京：首都经济贸易大学出版社，2018.

3. 王健主编. 文书学（第三版）[M]. 北京：中国人民大学出版社，2015.

4. 倪丽娟主编. 文书学（第三版）[M]. 北京：高等教育出版社，2014.

5. 赵国俊编著. 公文写作与处理[M]. 北京：中国人民大学出版社，2011.

6. 裴显生主编. 公文写作概论[M]. 南京：南京大学出版社，1991.

7. 张江艳主编. 应用写作案例与训练[M]. 北京：北京师范大学出版社，2015.

8. 薛颖主编. 新案例应用写作教程（第 2 版）[M]. 北京：北京理工大学出版社，2015.

9. 张军主编. 现代应用文书写作教程练习题汇[M]. 武汉：武汉大学出版社，2015.

10. 刘伟伟. 公文写作中最常见的 100 个错误[M]. 北京：中国人民大学出版社，2015.

11. 岳海翔主编. 新编公文写作技巧与实用范例[M]. 北京：中共中央党校出版社，2011.

12. 马伟胜编著. 公文写作、处理与病例评改（修订版）[M]. 南宁：广西人民出版社，2013.

13. 刘访. 党政机关公文处理工作条例精解与范例（第二版）[M]. 北京：中国法制出版社，2014.

14. 徐秋儿主编. 现代应用写作实训[M]. 杭州：浙江大学出版社，2005.

15. 傅样，郑珺露编著. 电子公文制作与传输[M]. 合肥：安徽大学出版社，2009.

16. 李佩英，叶坤妮主编. 文秘写作教程[M]. 北京：电子工业出版社，2010.

17. 杨忠慧主编. 应用文写作（第 4 版）[M]. 合肥：安徽大学出版社，2011.

18. 张涛，梅灿华主编. 现代办公实用文体写作[M]. 合肥：安徽大学出版社，2009.

19. 郭其智主编. 公文与申论写作教程[M]. 合肥：合肥工业大学出版社，2008.

20. 郭庆，思奎主编. 生活礼仪文书写作与范例[M]. 广州：华南理工大学出版社，2003.

21. 于成鲲主编. 现代应用文[M]. 上海：复旦大学出版社，1996.

22. 张大成主编. 现代礼仪文书写作[M]. 北京：首都经济贸易大学出版社，2004.